신~바람 나는 부동산경매 이야기

사법보좌관 출신 송병길의

신~바람 나는
부동산경매 이야기

초판 1쇄 인쇄일_2011년 2월 10일
초판 1쇄 발행일_2011년 2월 15일

지은이_송병길
펴낸이_최길주

펴낸곳_도서출판 BG북갤러리
등록일자_2003년 11월 5일(제318-2003-00130호)
주소_서울시 영등포구 여의도동 14-5 아크로폴리스 406호
전화_02)761-7005(代) | 팩스_02)761-7995
홈페이지_http://www.bookgallery.co.kr
E-mail_cgjpower@yahoo.co.kr

ⓒ 송병길, 2011

값 20,000원

* 저자와 협의에 의해 인지는 생략합니다.
* 잘못된 책은 바꾸어 드립니다.

ISBN 978-89-6495-013-5 13320

사법보좌관 출신 송병길의

신~바람 나는

부동산 경매 이야기

부동산경매의 핵심은 권리분석입니다. 이 책으로
권리분석의 기초를 다진 후 경매에 임한다면
큰 실패는 없을 것입니다.

BG 북갤러리

왜 부동산경매여야 하는가?

왜 경매에서 권리분석이 중요한지 이 책을 보시면 알게 됩니다. 이 책은 경매신청이나 경매 후 배당부분에 대해서는 가급적 줄이고 부동산경매를 직접 하려는 분들을 위주로 권리분석, 물건분석, 가치분석에 대한 설명이 3위1체가 되도록 썼습니다.

○ 인간이 최종적으로 의존할 수 있는 것은 재화입니다.

우리가 살아가면서 가장 민감하게 반응하고, 삶의 최후 보루로서 마지막으로 의존하게 되는 것이 바로 재화라고 할 수 있습니다. 이 재화, 즉 돈을 얻기 위한 재테크 방법으로 주식, 펀드, 부동산, 사채업 등 여러 가지가 동원됩니다. 이 가운데 부동산이 가장 위험부담이 적고 안정적입니다.

○ 부동산경매는 최고의 수익을 보장합니다.

부동산투자로 최고의 수익을 올릴 수 있는 방법은 경매로 싼 가격에 부동산을 매수하였다가 적절한 시기를 봐 가면서 파는 것입니다.

부동산경매는 한 번 유찰 시마다 30%씩 절감됩니다.

한 번 유찰 시에는 시세의 3분지 2 가격에, 두 번 유찰 시에는 시세의 절반 가격에, 세 번 유찰 시에는 시세의 3분지 1 가격에 매수할 수 있어, 잘만 잡으면 시세의 절반 가격에 사서 곱절을 남기고 팔 수 있습니다. 한 번의 기회로 인생역전 할 수도 있고, 행복한 노후를 보장받을 수도 있습니다.

경매의 핵심은 권리분석입니다.

부동산 투자 중에 가장 고수익을 올릴 수 있는 것이 바로 부동산경매입니다. 그렇다고 권리분석의 기초지식도 없이 막무가내식으로 투매해서는 안 될 것입니다.

○ 경매의 꽃은 권리분석입니다.

집행법을 잘 알고 대법원 판례의 주요 부분까지 숙지하고 있다면 고수익이 될 만한 것은 어디든지 널려 있습니다.

권리분석의 전문가가 되기란 참으로 어렵지만, 그렇다고 권리분석의 기초까지 매번 경매전문가를 찾아가 상담할 수는 없는 노릇입니다.

이 책으로 권리분석의 기초를 어느 정도 쌓고 경매에 참여한다면 큰 낭패 없이 이익을 얻을 수 있을 것입니다.

시중 은행에서 경매부동산대금 대출상품이 있습니다. 이것을 이용하면 소액의 보증금으로 대어를 낚을 수도 있습니다.

예를 들어 감정가 2억 원짜리 아파트가 한 번 유찰되어 입찰최저가격이 1억 4천만 원이었는데 이를 1억 5천만 원에 응찰하여 낙찰되었습니다. 이에 대한 입찰보증금으로 1,400만 원을 내놓았습니다. 은행에 문의한 결과 감정가 2억 원이 나온 물건이니 나머지 잔금은 대출이 된다고 해 대출을 받았습니다.

이 물건을 소유권이전등기 후 공인중개사 사무실에 감정가보다 1,000만 원이 싼 1억 9천만 원에 내놓았더니 금방 팔렸습니다. 보증금 1,400만 원을 가지고 은행에서 빌린 돈을 갚고도 4,000만 원이 남았는데 여기에서 양도소득세 및 각종세금 2,000만 원을 공제하고도 2,000만 원의 수익을 올렸습니다. 실제로 투자한 돈은 입찰보증금 1,400만 원뿐인데 두 달만에 2,000만 원을 번 것입니다.

이게 부동산경매입니다.

○ 부동산투자가 가장 안정적입니다.

세금 등 이것저것 떼이는 것은 많지만 그래도 가장 안정적으로 투자할 수 있는 것이 부동산투자입니다. 예로부터 "돈 벌면 땅에 묻어라"는 말이 있습니다. 주식이나 펀드로 절반 이상을 날렸다는 소문은 들려도 부동산으로 큰 손해를 봤다는 소문은 잘 들리지 않습니다. 부동산은 밑져 봤자 본전입니다.

○ 부동산투자는 1석3조의 이익을 창출할 수 있습니다.

부동산은 임대수익을 올림과 동시에 필요한 경우 금융기관의 대출을 얻을 수 있고, 장래 부동산값의 상승을 기대할 수도 있어 임대료, 담보대출, 가격 상승 등 안정적 투자를 통한 1석3조의 이익을 얻을 수 있습니다.

○ 부동산투자는 목표를 정해야 합니다.

부동산투자에는 분명한 목표가 있어야 합니다. 특히 경매로 부동산에 투자를 하는 경우 자신이 살 집을 필요로 한다든지, 단기차익을 노린다든지, 임대료수익을 원한다든지, 장래를 보고 임야나 농지를 원한다든지 하는 목표가 있어야 계획된 경매를 볼 수 있습니다. 목표 설정이 우선되어야 합니다.

○ 경매전문가(사법보좌관)가 경매 초보자의 입장에서 썼습니다.

이 책은 필자가 사법연수원에서 사법보좌관 연수(6개월) 과정을 수료하고 얻은 풍부한 학문적 지식과 사법보좌관(경매판사)으로 부동산경매업무를 직접 처리하면서 얻은 풍부한 실무지식을 바탕으로 썼습니다.

누가 읽어도 흥미진진하고 두세 번 읽으면 경매에 자신이 붙을 것입니다.

첫째, 누가 읽어도 이해가 갈 수 있도록 쉽게 썼습니다. 법률지식
에 문외한 초보자가 읽어도 이해할 수 있도록 법률적 용어를
줄이고 쉬운 어휘를 사용하였습니다.

둘째, 필자가 사법보좌관으로 직접 경매업무를 처리하면서 경매를
보려는 분들에게 어느 분야가 가장 중요한가를 찾았습니다.
이를 바탕으로 권리분석, 물건분석, 가치분석의 3위1체를 분
석해 독자가 경매전문가가 되어 한눈에 모든 것을 파악함으
로써 경매에서 낭패를 보는 일이 없도록 하였습니다.

셋째, 경매를 보려는 분들에게 불필요한 경매신청절차, 경매진행
절차, 배당절차 등은 가급적 줄이고 경매로 부동산을 매수하
려는 분들이 꼭 필요로 하는 부분만 쉽고 간단하면서도 깊이
있게 수록하였습니다.

넷째, 권리분석의 각 주요사항마다 판례를 달아 읽으면서 바로바
로 이해가 되도록 하였으며 각 분야별 실전사례를 들어 이해
가 빠르도록 하였습니다.

여러 가지로 부족한 점이 많아 부끄러움이 앞섭니다. 그러나 최선을 다했다는 말씀과 이 책을 잘 읽고 난 후 큰 욕심을 버리고 합리적 사고로 법원 경매의 입찰에 응하신다면 행운을 잡을 수 있을 것이라는 말씀을 드리고 싶습니다.

경매로 편안한 노후를 보내시려는 분, 인생역전을 노리시는 분들에게 조금이라도 도움이 되었으면 합니다.

2011년 새해를 맞이하며 **송병길** 드림

신~바람 나는 부동산경매 이야기

Part 1

부동산경매

　우리들이 부동산을 취득하기 위한 방법으로는 통상적인 공인중개사 사무실을 이용하는 방법과 아는 사람의 소개로 취득하는 방법, 법원의 경매나 자산관리공사 등의 공매를 통하여 취득하는 방법이 있다.

　부동산경매란 채무자가 갚아야 할 돈을 갚지 않을 때 채권자의 신청으로 민사집행법이 정한 법에 따라 채무자 또는 물상보증인의 부동산을 법원이 팔아 그 대금으로 배당을 하여 채권자들이 만족을 취하게 하는 제도이다.

　결국 법원이 채권자의 신청에 의해 채무자 측의 재산을 팔아 채권자들에게 나누어 주는 것이 부동산경매다.

　종전에는 부동산경매절차가 민사소송법의 적용을 받아 왔으나 2002년 7월 1일부터 민사집행법(2002. 1. 26. 법률 제6627호) 시행으로 부동산경매는 민사집행법의 적용을 받고 있다.

부동산경매는 강제경매와 임의경매로 구분되고, 임의경매를 다시 담보권 실행을 위한 경매, 유치권에 의한 경매, 협의의 형식적 경매로 나누어진다.

참고로 경매를 좀 더 폭넓게 이야기하면 개인 간에 이루어지는 사경매와 법원, 자산관리공사에서 실시하는 공경매가 있다. 따라서 법원의 경매는 공경매의 일종인데 이를 경매라 부르고 자산관리공사에서 실시하는 공경매는 공매라고 부른다.

여기서 강제경매와 임의경매 부분의 담보권 실행을 위한 경매를 실질적 경매라고 한다.

그리고 임의경매 부분의 유치권에 의한 경매와 협의의 형식적 경매를 형식적 경매라고 한다.

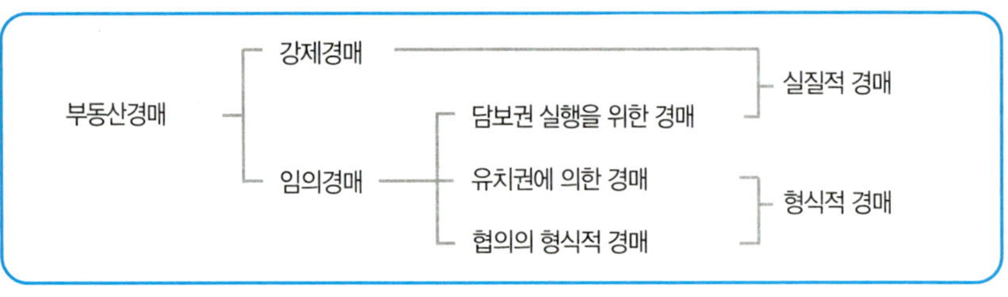

(1) 강제경매란

강제경매란 법원의 판결, 즉 집행권원이 표시된 공정문서(집행력 있는 판결, 지급명령정본, 확정된 이행권고결정정본, 조정조서정본, 화해조서정본 공정증서정본 등)의 내용에 따라 채무자의 부동산을 채무자의 의사와 관계없이 말 그대로 강제로 매각시켜 그 대금을 채권자에게 줌으로써 채권자의 만족을 얻게 하는 것이다.

결국 채권자가 채무자를 상대로 법원에 소를 제기해 판결을 받아 채무자의 재산을 강제로 팔아서 그 돈을 채권자들에게 나누어 주는 것이 강제경매이다.

> 예) 갑이 을에게 돈 1억 원을 월 2부이자로 변제기를 정하여 빌려주었다. 그러나 을이 변제기가 지나도 빌린 돈을 갚지 않고 이자도 지급하지 않자 갑은 을을 상대로 법원에 지급명령 신청을 하여 지급명령을 받았다. 위 지급명령정본에 의해 을의 유일한 재산인 아파트를 경매 신청하였다.

이를 강제경매라고 한다.

(2) 임의경매란

　　임의경매란 강제경매처럼 법원의 판결(집행권원)을 필요로 하지 않고 채권자와 채무자의 의사에 따라 이미 약정된 저당권(근저당권), 전세권, 담보가등기 등에 의해 실행되는 경매를 말한다. 이미 담보된 내용에 따른 경매로 "담보권실행을 위한 경매"라고 하는 것이 정확한 표현이다.

　　결국 임의경매에서는 채권자와 채무자 사이에 약정을 하면서 담보를 제공하고 그 약정이 지켜지지 않을 경우 담보권이 실행(경매)된다는 것을 이미 채무자가 충분히 알고 있다.

> 예) 갑 은행이 을에게 돈 1억 원을 빌려주면서 담보로 을 소유의 아파트에 근저당권을 설정하였다. 그러나 을은 변제기가 지나도 갚을 생각을 하지 않아 갑 은행은 근저당권에 기한 경매를 신청하였다.

이를 임의경매라고 한다.

　　정리해 보면 강제경매는 법원의 판결 등을 통해 채무자의 부동산에 대하여 채권자가 강제적으로 실현하는 경매이고, 임의경매란 그 기초부터 채무자가 알고 있는 내용으로서 채권자와 채무자 사이의 약정으로 담보된 내용대로 담보권을 실행하는 경매를 말한다.

　　근저당권이란 계속적인 거래관계에서 장래의 결산기까지 담보되는 제도로 담보권의 범위는 채권최고액의 범위 내에서 원금, 이자, 지연이자, 위약

금 등에 미친다.

즉, 갑이라는 사람이 경매로 취득한 아파트의 매수대금으로 시민은행에서 1억 원을 대출받았다면 장래 결산기에 발생할 지연이자 등을 보전하기 위해 채권자인 위 은행을 근저당권자로, 채무자(매수인)를 근저당권설정자로, 채권최고액금을 1억 3천만 원으로 근저당설정등기를 경료한다. 이 경우 장래의 결산기에 1억 3천만 원의 범위 내에서 시민은행에 채권이 확보된다.

(3) 강제경매와 임의경매의 차이

경매의 공신력

경매에 있어 공신력이란 매수인이 대금을 완납한 뒤 경매 자체에 어떤 흠이 있을 경우 경매의 무효를 주장하여 경락인의 소유권취득을 부정할 수 있느냐 하는 문제이다. 강제경매에는 공신력이 있으나 임의경매에는 공신력이 없다.

강제경매의 경우 일단 유효한 법원판결의 집행권원에 기한 매각절차가 완료된 때에는 이후 그 집행권원에 의한 채권이 처음부터 부존재 또는 무효 변제 되었다 하더라도 매수인이 매각대금을 납부한 이상 유효하게 경매물을 취득한다.

그러나 임의경매의 경우 담보권설정 계약이 무효이거나 담보권설정 등기가 위조서류에 의한 경우와 같이 처음부터 담보권이 부존재인 경우에는 경매절차는 무효이고 매수인이 매각대금을 납부하였다 하더라도 경매물을 취득하지 못한다.

무효인 경매

강제경매나 임의경매 모두가 당연 무효인 경우가 있는데 첫째, 경매개시 결정이 채무자 또는 소유자에게 통지되지 않은 상태에서 경매가 진행되었을 경우와(대법원 2005마912 결정), 둘째, 학교법인의 기본재산이나 전통사찰 소유의 부동산, 사회복지법인 소유의 부동산이 주무관청의 허가 없이 매각허가 되었다면 매각대금이 완납되었다 하더라도 소유권을 취득할 수 없는 경우가 있다(사립학교법 제28조 1항, 전통사찰보존법 제6조 1항).

경매의 불복방법

강제경매에서는 집행채권의 부존재, 소멸, 변제기의 연기 등과 같이 실체상의 잘못이 있을 경우 별도의 청구이의소로서만 이를 주장할 수 있다. 경매절차 내에서 경매개시 결정에 대한 이의, 매각허가 결정에 대한 이의 또는 매각허가 결정에 대한 항고의 사유로 다툴 수는 없다.

그러나 임의경매의 경우 담보권의 부존재, 소멸, 피담보채권의 불발생, 소멸, 변제기의 연기 등과 같은 실체상의 흠을 내세워 경매절차 내에서 경매개시 결정에 대한 이의를 제기할 수 있으며, 매각허가에 대한 이의 및 매각허가 결정에 대한 항고 사유로 하여 다툴 수 있다.

결국 법원의 판결에 기한 강제경매는 실체법상의 흠을 이유로 들어 경매절차에서 이의를 제기할 수 없고, 당사자의 약정에 의한 임의경매는 실체상의 흠을 이유로 들어 경매절차에서 이의를 제기할 수 있다. 이것이 판결에 의한 경매와 당사자의 약정에 의한 경매의 차이점이다.

송달의 특례

금융기관부실자산 등의 효율적 처리 및 한국자산관리공사의 설립에 관한 법률에서는 여러 가지 매각절차상의 특례를 정하고 있다. 그중 경매사건의 진행을 빠르게 하기 위해 송달에 관한 특례를 두고 있는데 송달 특례에 관해서는 임의경매 절차에만 적용되며 강제경매 절차에서는 적용되지 않는다.

송달에 관한 특례를 보면 한국자산관리공사의 설립에 관한 법률 제45조
및 제45조의 2는 일정한 금융기관 등의 부동산경매 신청이 있는 경우 부동
산등기부에 기재된 주소 또는 주민등록표에 기재된 주소로 우편물을 발송함
으로써 송달이나 통지가 이루어진 것으로 본다.

결국 자신의 부동산을 담보로 금융기관에서 돈을 빌렸을 경우 변제기가
도래하거나, 이자의 연체로 부동산에 경매가 들어올 것을 예견하고 있는 채
무자가 고의로 경매개시결정정본을 송달받지 않을 경우의 경매절차 지연을
막기 위해 송달의 특례제도를 둔 것이다.

실질적 경매와 형식적 경매의 차이점

실질적 경매란 앞에서 이야기한 것처럼 채권자가 법원의 힘을 빌려 채무
자의 부동산을 매각, 만족을 얻는 제도이다.

형식적 경매에는 광의로 보면 유치권에 의한 경매가 있고, 협의로 보면
공유물 분할을 위한 경매, 특정물의 인도의무를 면하기 위한 경매, 청산을
위한 경매가 있다.

먼저 유치권에 의한 경매가 무엇인지 살펴보자. 유치권은 법정담보물권
에 유치적 효력이 있으려면 그 물건을 점유해야 한다는 특칙을 요구한다.
따라서 유치권의 경매는 담보권 실행을 위한 경매라고도 볼 수 있다. 그러
나 그보다는 유치권의 대상인 물건을 채무변제 시까지 보관해야 한다는 부

담을 덜기 위해 현금화하는 방법으로 이용되고 있기 때문에 이를 광의의 형식적 경매라고 할 수 있다.

이 유치권 경매에서 유치권의 물건인 매각대금 위에 유치권이 행사되도록 그 매각대금을 경매신청인인 유치권자에게 교부하고, 유치권자는 채무자가 위 유치물의 소유자일 경우 교부받은 매각대금과 자기의 채권에서 상계할 수 있다. 민사집행법은 유치권 등에 의한 경매의 경우 담보권 실행을 위한 경매의 규정에 의거해 실시하도록 하고 있다.(민사집행법 274조 1항)

특정물의 인도의무를 면하기 위한 경매란 특정물의 인도를 부담하는 자가 인도의무를 면하기 위하여 그 특정물을 법원의 경매를 통해 현금화하는 것을 말한다. 매각대금을 교부받은 경매신청인은 보관 또는 법원에 공탁하여야 한다.(민법 제490조, 민사집행법 제258조 6항, 상법 제67조, 제70조, 제71조, 제109조, 민사집행규칙 제142조 3항)

공유물 분할을 위한 경매란 공유재산을 분할하여 나누기 위한 방법으로 공유대상인 부동산을 법원의 경매를 통해 매각한 다음 현금화된 매각대금을 공유자의 지분 비율로 나누는 것을 말한다.(민법 제269조 2항, 제278조, 제1013조 2항) 여기서는 공유자 우선매수청구권의 적용은 없다.

청산을 위한 경매란 어떤 특정의 재산을 매각하여 여러 사람의 채권자에게 각 채권의 비율로 청산하기 위해 재산을 현금화하는 경매이다.(민법 제1037조, 제1051조 3항, 파산법 제192조)

경매와 기일입찰, 기간입찰의 차이점

　경매란 매각기일에 입찰자들이 상대방의 매수가격을 알 수 있도록 말로 호가하여 경쟁을 통해 최고가 매수가격으로 낙찰자를 정하는 경매방법을 말한다. 기일입찰이란 매각기일에 입찰자들이 상대방의 입찰가격을 모르는 상태에서 입찰표에 매수가격을 기재하여 제출하고, 개찰을 통해 가장 높은 가격에 입찰한 최고가 매수인이 낙찰자가 되도록 하는 방식이다. 또 기간입찰이란 어떤 시점에서 어떤 시점까지 기간을 정해 입찰하도록 해 최고가 매수인에게 낙찰이 되도록 하는 방법이다.

　현재의 법원입찰 방법은 기일입찰 방법을 택하고 있고 부수적으로 기간입찰 방법을 활용하고 있다.

(4) 경매의 대상물

① 아파트

② 단독주택

③ 연립주택

④ 빌라, 다세대주택

⑤ 근린생활시설, 상가, 사무실, 오피스텔

⑥ 대지

⑦ 임야

⑧ 농지

⑨ 공장저당법 제10조에 의한 공장재단

⑩ 공업재단저당법 제5조에 의한 광업재단

⑪ 광업권(광업법 12조), 어업권(수산업법 15조)

⑫ 소유권보존등기된 입목(입목에 관한 법률 2조)

⑬ 선박에 관한 법률(20톤 이상의 기선과 범선 및 총 톤수 100톤 이상의 부선)

⑭ 등록된 자동차 및 건설기계

⑮ 항공기 및 소형선박저당법 제2조에 따른 소형선박

건축 중인 건물은 최소한 기둥과 지붕 그리고 주벽이 있어야 독립된 부동산으로 인정을 받는다. 기둥과 지붕 주벽이 제대로 이루어지지 않았을 경우 경매의 대상물이 될 수 없다.(대법원 2002다21592, 21608 판결 및 2003다29043 판결)

건물이 완공되었으나 사용승인을 받지 못한 경우에는 아래의 서류를 제출하도록 해 경매기입등기촉탁에 의하여 등기관으로 하여금 소유권보존등기를 하도록 하고 있다.(집행법 제81조 1항 2호 단서, 규칙 제42조, 부동산

등기법 제134조 3항)

※ 건물이 채무자의 소유라는 것을 증명하는 서류(건축허가서, 건축신고서, 건축도급계약서)

※ 건물의 지번, 구조, 면적을 증명하는 서류

(5) 부동산경매의 장·단점

장점

※ 부동산투자가 가장 안정적이다.

증권의 투자나 사채업보다는 훨씬 안정적이다. 한마디로 "부동산투자는 망해 봤자 본전이다." 증권이나 펀드의 경우 큰 손해를 볼 수 있으나 부동산에 대한 투자는 가격이 오르면 올랐지 어지간한 사회변화로는 내리지 않는다. 또 시세보다 약간만 싸게 내놓으면 금방 팔려 현금화가 쉽다.

※ 고수익이 보장된다.

경매로 잘만 잡으면 고수익의 이익을 남길 수 있다. 단기간에 투자비의 배 이상을 얻을 수 있는 재테크 방법은 부동산경매 말고는 없다.

유찰 시마다 30%씩 절감이 되면 두 번째 기일엔 감정가의 70%에, 세 번째 기일엔 49%에, 네 번째 기일엔 35%의 가격에 응찰할 수 있다. 현재 경매 물건의 감정가격이 현 시세보다 높은 경우는 별로 없고 거의 현 시세와 비슷하거나 현 시세보다는 약간 낮다.

즉, 두 번째 기일에는 현 시세의 2/3 가격에, 세 번째는 절반가격에, 네 번째 기일에는 1/3 가격에 취득할 수 있어 잘만 고르면 고수익이 보장된다.(현재 유찰 시 절감 가격이 30%인 법원과 20%인 법원으로 나뉘어져 있다.)

※ 절차가 간단하다.

공부를 약간만 하면 입찰에서 명도까지의 절차를 혼자의 힘으로 다 할 수 있다.

※ 물건이 다양하다.

전국의 법원에 경매로 나와 있는 물건이 아파트, 단독주택, 상가, 대지, 임야 등 다양하고 가격도 천차만별이다. 전국법원에 백화점식으로 나열되어 있는 경매물건을 잘만 잡으면 횡재를 할 수 있다.

※ 규제를 받지 않는다.

부동산 위에 있는 각종 규제를 경매에서는 제약을 받지 않는다. 만일 경매에서 제약을 한다면 경매로 나온 부동산을 팔 수 없어져 집행법이 무용지물이 될 것이기 때문이다. 그래서 경매에서는 토지거래허가 등의 규제를 받지 않는다.

※ 등기부 등 권리관계가 정리된다.

복잡하게 얽혀 있던 등기부상의 권리가 매수인 앞으로 이전등기하는 순간에 소멸주의에 의해 깨끗이 정리된다. 단, 매수인이 인수하여야 할 권리도 있다. 인수할 권리와 소멸될 권리는 권리분석에서 상세히 설명할 것이다.

단점

※ 정확한 권리분석을 위한 전문적인 지식이 필요하다.

일반 부동산 취득과 달리 경매 물건은 하자담보 책임이 매수인에게 있고,

매수인이 인수해야 할 권리도 있다. 따라서 정확한 권리분석과 현장 확인을 통해 경매물건을 잘 선택해야 한다. 경매에 대한 전문지식이 약한 경우 반드시 전문가의 도움을 받아야 한다. 낭패를 본 뒤 후회해도 소용이 없다.

※ 명도가 어려울 수 있다.

주택이나 상가의 경우 명도에 어려움이 있을 수 있다. 소유자 및 채무자나 임차인들이 이사를 가기 위한 준비가 안 된 상태에서 경매가 진행되는 경우가 허다하다. 그래서 이들 점유자와 매수인이 심하게 다투는 경우가 발생하고 결국 인도명령이나 명도소송을 해야 명도를 받을 수 있다. 단기매매로 이익을 얻으려는 매수인 입장에서는 명도로 시간을 끌 경우 막대한 손해가 예상되므로 입찰 시 항상 이를 염두에 두어야 한다.

※ 대금을 일시에 납부해야 한다.

일반 매매는 계약을 한 뒤에도 중도금, 막대금 등으로 시간적인 여유를 두지만 경매에서는 짧은 기간인 1개월 이내에 대금을 전부 납부해야 한다. 따라서 사전에 충분한 자금계획이 서 있어야 하고, 금융권의 대출을 받을 경우 입찰 전에 등기부등본, 감정가격 등 자료를 가지고 대출은행과 교섭해 두어야 한다.

※ 일반매매절차와 달리 경매절차는 낙찰 후에도 소유권을 취득하기까지 많은 변화가 있다.

경매부동산에 대한 이해관계인들의 각종 이의 제기로 소유권 취득이 늦어지거나, 신청채권자의 경매 취하나 집행법원의 경매취소로 경매가 중도에 그치는 수도 있다.

※ 부동산을 경매로 취득 할 경우 절세가 되지 않는다.

부동산으로 수익을 올리려는 사람이 공인중개사 수수료와 세금을 겁내면 성공하지 못한다는 말이 있다. 공인중개사 수수료를 적게 주면 좋은 물건을 소개받지 못하고, 세금을 걱정하면 좋은 물건을 살 수가 없다는 뜻이다.

취득 시 내야 할 취득세, 등록세, 교육세, 농어촌특별세 등이 경매취득가액을 표준으로 하여 부과되므로 그만큼의 세금이 부담된다.

(6) 경매목적물의 담보책임

민법은 매매 목적물에 대하여 일반 매매의 경우 하자담보 책임을 매도인에게 묻고 있으나 경매에서는 하자담보 책임이 매수인에게 있도록 하였다. 단, 경매절차가 유효하게 이루어졌으나 경매목적이 된 권리의 전부 또는 일부가 타인에게 있는 등의 하자가 있어, 매수인이 완전하게 소유권을 취득할 수 없거나 이를 잃을 수 있는 경우에 한하여 채무자와 채권자에게 담보책임을 인정하고 있다.

즉, 권리관계에 한하여 채무자와 채권자에게 담보책임을 묻고 있는 것이다. 권리의 하자에 대하여 1차적으로 채무자에게 계약의 해제 또는 대금의 감액을 청구할 수 있고, 채무자가 자력이 없는 경우에는 대금의 배당을 받은 채권자에 대하여 그 대금의 전부 또는 일부의 반환을 청구할 수 있다.

만일 채무자가 권리의 흠결을 알고도 고지하지 아니하거나 채권자가 이를 알고 경매를 신청하였다면, 매수인은 그 하자를 안 채무자나 채권자에 대하여 손해배상을 청구할 수 있다.

경매목적물의 면적이나 수량이 부족한 경우와 일부가 계약 당시에 이미 멸실된 경우에 매수인이 그 부족 또는 멸실을 알지 못했을 때, 즉 매수인이 선의일 경우에만 대금감액 청구권과 손해배상 청구권을 인정한다. 그리고 남아 있는 부분만으로는 매수인이 매수하지 아니하였으리라는 사정이 있을 경우 최고 없이 계약의 전부해제권을 행사할 수 있다.

그러나 매수인이 악의인 경우, 즉 매수인이 흠을 알고 있었던 경우에는 대금감액 청구권이 없다. 경매의 목적물이 선순위 지상권, 지역권, 전세권, 유치권, 임차권의 목적이 된 경우, 매수인이 이를 알지 못한 때에는 그로 인해 목적을 달성할 수 없는 경우에 계약해제권을 행사할 수 있다. 그러나 이를 소명하기 어려워 법원에서 잘 받아들이지 않으므로 주의를 요한다.

위의 담보책임의 행사 방법은

① 매각절차가 진행 중일 때는 최고가매수인은 매각허가에 대한 이의신청을,

② 대금을 납부할 때까지는 매각허가 결정의 취소신청 및 대금감액청구를,

③ 대금납부 후 배당 전인 때에는 집행법원에 대하여 매각허가 결정에 대한 매매계약을 해제하고 납부한 매매대금의 반환을 청구하거나 감액분에 해당하는 대금의 반환을 청구할 수 있으며,

④ 매각절차 외에서는 별도의 소에 의하여 청구할 수도 있다.

부동산경매 절차의 도해

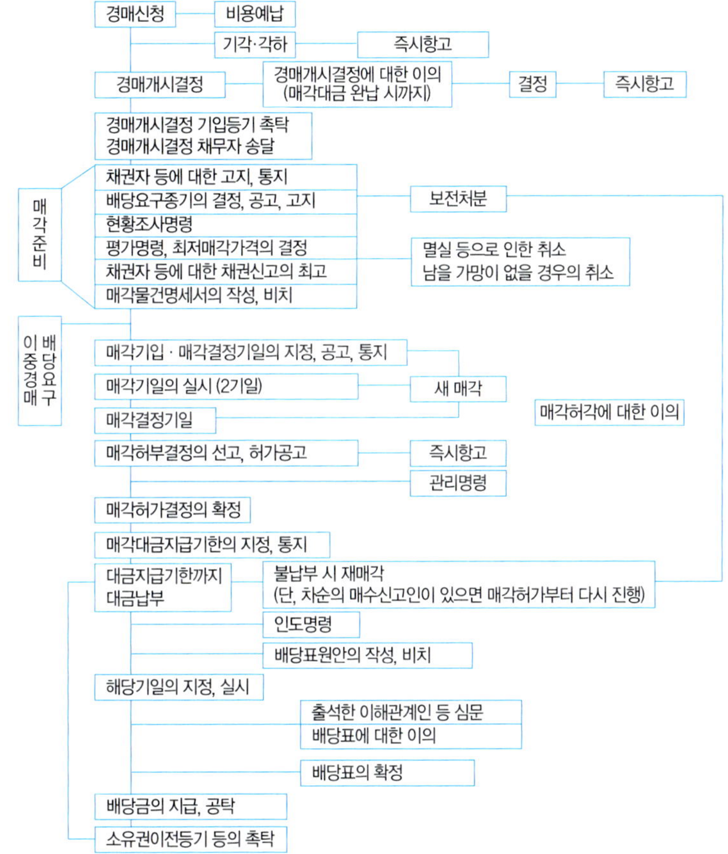

경매신청 — 비용예납
기각·각하 — 즉시항고
경매개시결정 — 경매개시결정에 대한 이의 (매각대금 완납 시까지) — 결정 — 즉시항고
경매개시결정 기입등기 촉탁
경매개시결정 채무자 송달
매각준비
채권자 등에 대한 고지, 통지
배당요구종기의 결정, 공고, 고지 — 보전처분
현황조사명령
평가명령, 최저매각가격의 결정 — 멸실 등으로 인한 취소 / 남을 가망이 없을 경우의 취소
채권자 등에 대한 채권신고의 최고
매각물건명세서의 작성, 비치
이중경매 배당요구
매각기입 · 매각결정기일의 지정, 공고, 통지
매각기일의 실시 (2기일) — 새 매각
매각결정기일 — 매각허각에 대한 이의
매각허부결정의 선고, 허가공고 — 즉시항고 / 관리명령
매각허가결정의 확정
매각대금지급기한의 지정, 통지
대금지급기한까지 대금납부 — 불납부 시 재매각 (단, 차순의 매수신고인이 있으면 매각허가부터 다시 진행)
인도명령
배당표원안의 작성, 비치
해당기일의 지정, 실시 — 출석한 이해관계인 등 심문 / 배당표에 대한 이의
배당표의 확정
배당금의 지급, 공탁
소유권이전등기 등의 촉탁

경매신청

채권자의 경매신청이 있으면 부동산경매사건부에 등재한다. 사건번호 "2010 타경 234"처럼 "타경"으로 나가면 경매사건이다. 강제경매와 임의경매가 표시된다. '2010 타경 234 부동산 강제경매, 2010 타경 123 부동산 임의경매'와 같은 식이다.

관할법원은 부동산 소재지의 지방법원 또는 그 지원이다.

법원 경매개시 결정 및 등기촉탁

사법보좌관의 경매개시 결정이 있으면 압류가 이루어지도록 등기관에게 촉탁한다. 등기완료의 통지가 오면 채무자 및 소유자에게 경매개시결정정본을 송달한다. 등기부 접수일자와 경매개시 결정정본이 채무자에게 송달일자를 따져 빠른 날이 압류일자이다(집행법 제83조4항). 경매개시결정정본이 채무자 또는 소유자에게 송달이 안 된 상태에서 경매가 진행되었을 경우 이는 원천적으로 무효이다.

배당요구의 종기결정 및 공고

법원은 압류의 효력이 발생된 때부터 1주일 이내에 배당요구를 할 수 있는 종기를 첫 매각기일 이전 날짜로 정하여 공고한다.

현황조사명령

집행관에게 부동산의 현상 점유관계, 임대차관계 및 그 밖의 현황을 조사하여 보고하도록 명한다.

감정평가명령

감정인으로 하여금 부동산을 감정평가하여 보고토록 해 그 평가액을 경매 최저가격으로 삼도록 한다.

공과금을 주관하는 공공기관 및 이해관계인에 대한 최고

공과금을 주관하는 공공기관 및 이해관계인에 대한 채권신고의 최고 배당을 요구할 수 있는 채권자 및 공과금을 주관하는 공공기관에 대하여 채권의 유무 및 액수 등을 배당요구 종기까지 법원에 신고하도록 최고한다.

공유자에 대한 통지

공유부동산의 지분에 관하여 경매개시 결정을 하였을 때는 다른 공유자에게 그 경매개시 결정이 있다는 것을 통지하여야 한다. 공유자에게는 우선매수 신청권이 있다.

매각물건명세서의 작성비치

법원은 사법보좌관 명의로 물건명세서에 경매물건에 대한 권리관계(부동산의 물적 부담상태, 최선순위 근저당일자, 임차관계, 취득할 종물 등)를 상세히 작성, 비치하여야 한다. 매각물건명세서 작성에 중대한 잘못이 있을 경우 매각허가에 대한 이의사유 및 매각불허 사유가 된다.

매각조건의 결정

민사집행법이 정한 매각조건을 법정매각조건이라고 하고, 이해관계인 전원의 합의 또는 직권으로 법정매각조건을 변경하거나 직권으로 새로운 매각조건을 만드는 것을 특별매각조건이라 한다.

매각방법 및 매각기일의 지정

매각방법으로는 호가경매, 기일입찰, 기간입찰이 있다. 이 셋 중 하나의 방법을 선택하여야 한다.

감정인의 감정평가서를 통하여 최저매각가격 결정의 절차가 끝나고 경매절차를 취소할 사유가 없으면 배당요구 종기일부터 1개월 내에 매각기일 또는 입찰기간 등과 매각결정기일을 정하여 공고하고 이해관계인에게 통지하여야 한다.

매각기일의 공고

매각기일과 매각결정기일을 정한 뒤에는 이를 공고한다. 법원게시판에 게시하거나 관보, 공보, 또는 일간신문이나 전자통신매체를 이용한 공고 중 하나를 선택해 공고하고 있는데, 신문에 공고할 경우 전국 법원 모두 첫 기일만 일간신문에 공고하고 있다.

3. 잉여주의
(남을 가망이 없을 경우의 경매취소)

최저매각 가격으로 경매신청을 한 채권자의 채권에 우선하는 부동산 위의 모든 채권의 부담과 절차비용을 변제하고 나면 남을 것이 없다고 판단될 경우, 그 사실을 신청채권자에게 통지하고 통지를 받은 날부터 1주일 내에 위의 부담액과 절차비용을 제한 후 남을 만한 가격을 정하여 경매신청 채권자가 그 가격으로 매수하겠다는 신청이 없을 경우 경매절차를 취소하겠다는 것을 통지한다.

즉 경매를 진행해 봤자 경매비용과 선순위채권자들의 채권을 공제하고 나면 신청채권자에게 돌아갈 돈이 없을 경우 신청채권자로부터 경매비용과 선순위채권을 합한 금액에 매수하겠다는 신청이 없을 경우 경매절차를 취소한다.

이를 잉여주의라고 한다.

1번 근저당권 1억 원

2번 저당권자 8천5백만 원

3번 배당요구한 소액임차인 1,200만 원

4번 강제경매신청 채권 3,000만 원

감정가격 2억 5천만 원

경매비용 300만 원일 경우 4번 경매신청인이 부담하여야 할 금액은,

선순위 채권(1억 9,700만 원)+경매비용(300만 원) = 2억 원이다.

제1회 입찰기일에 입찰자가 없어 유찰되면서 30%가 절감되었고, 제2회 입찰기일에 최저입찰가격이 1억 7천5백만 원이 됨으로써 경매가 진행되더라도 4번 경매신청채권자에게는 한 푼도 돌아가지 않게 되었다. 이런 경우 법원은 선순위채권과 경매비용을 합한 2억 원을 부담하고 남을 만한 가격에 매수를 할 의사가 있는지 4번 신청채권자에게 물어보고, 응하지 아니하면 경매절차를 취소한다.

여기서 만일 2번 저당권자가 경매신청인이라면 어떻게 될까. 최저입찰가격이 1억 7천5백만 원이므로 선순위 근저당권 1억 원과 소액임차인 1,200만 원, 경매비용 300만 원을 공제하여도 남을 가망이 있으므로 경매절차는 취소되지 않고 계속 진행된다.

배당관계는 상당히 복잡하다. 그러나 배당은 법원의 경매계장. 사법보좌관 등 실질적으로 배당에 관여하는 사람들과 금융권의 채권담당자 등에게 필요한 내용이지 경매법정에서 입찰을 하려는 사람들에게는 중요한 내용이 아니므로 여기서는 간략하게 설명하기로 한다.

매수인이 매각대금을 지급하면 법원은 배당기일을 정하고 이해관계인과 배당을 요구한 채권자들에게 통지와 동시에 채권계산서를 1주일 내에 제출할 것을 최고한다.

집행법원은 배당기일 3일 전에 배당표 원안을 작성하여 법원에 비치한다. 배당표는 이해관계인의 합의에 의해 다시 작성할 수 있다.

배당에 관하여 이의가 있는 사람은 배당기일에 출석하여 이의를 제기하고 1주일 이내에 배당이의소를 제기한 소제기 증명서를 집행법원에 제출하여야 한다. 이때 반드시 배당기일에 출석하여 배당이의 진술을 하여야 한다. 서면으로 배당이의를 하였다고 하여 배당기일에 출석하여 이의를 진술하지 않으면 배당표대로 확정된다.

배당할 금액이 채권액을 초과하면 아무런 문제가 없다. 그런데 항상 배당할 금액이 채권총액에 부족하여 문제를 복잡하게 만든다. 현재는 배당할 금액이 부족하면 일단 배당액과 채권총액을 안분으로 배당하여 선순위가 후순위를 흡수하는 방법을 취하고 있다. 이를 흡수주의라고 한다.

배당받을 수 있는 채권자
※ 경매신청 채권자
※ 이중경매신청 채권자
※ 압류 전에 등기한 담보물권자(담보가등기권리자, 전세권자 포함)
※ 가압류권자
※ 최선순위 전세권자로서 배당신청을 한 전세권자
※ 배당요구 종기일까지 배당요구를 한 채권자

배당을 받겠다는 배당요구 신청은 배당요구 종기일까지 마쳐야 한다. 배당요구 종기일까지 제출된 자료를 토대로 배당을 하기 때문이다.

따라서 각종 조세의 교부청구 우선변제권이 있는 소액임차인, 일반채권자 등은 배당요구 종기일까지 배당요구를 하여야 배당을 받을 수 있다.

배당순위

1순위 – 경매비용(경매비용에는 배당까지의 모든 비용이 포함된다)

2순위 – 경매부동산의 보존비용(경매부동산을 보존하기 위한 화재보험료 등)

3순위 – 최종 3개월분 임금, 최종 3년간의 퇴직금, 재해보상금, 소액임차보증금

4순위 – 경매목적부동산에 부과된 당해세

5순위 – 저당권, 가등기 담보권

6순위 – 당해세 아닌 각종의 조세채권

7순위 – 의료보험, 국민연금보험, 고용보험, 산업재해보상보험 등 각종 공과금

8순위 – 일반채권

예) 위 배당의 순서에 따라 실제배당을 해 보면

배당할 금액 1억 원

가압류	2003. 2. 5.	갑	5,000만 원	25%
근저당권	2003. 4. 8.	을	5,000만 원	25%
가압류	2003. 5. 7.	병	5,000만 원	25%
저당권	2003. 6. 4.	정	5,000만 원	25%
근저당권자	2003. 10. 1.	을	경매신청	

채권총액이 2억 원이고 배당할 금액이 1억 원이어서 배당할 금액이 채권총액에 못 미치므로

안분을 하면

가압류권	갑	2,500만 원	25%
근저당권자	을	2,500만 원	25%
가압류권자	병	2,500만 원	25%

저당권자　　　　정　　　　　2,500만 원　　　　　25%가 된다.

여기서 가압류권자 갑은 채권이므로 채권자 평등주의에 의하여 후순위를 흡수할 수 없다. 따라서 갑은 2,500만 원이 확정된다. 근저당권자 을은 물권으로서 물권우선주의에 의해 후순위 가압류권자 병과 저당권자 정의 배당을 흡수하게 되는데, 병, 정의 동일 비율로 병에게서 1,250만 원, 정에게서 1,250만 원을 흡수, 선순위 근저당권자로서 부족함 없이 만족을 취하게 된다.

다시 병과 정의 관계에서 가압류권자 병이 저당권자 정보다 선순위여서 채권평등주의가 적용된다. 그래서 정의 근저당권이 병에게 흡수되지 않고 그대로 각자 1,250만 원씩의 배당을 받게 된다.

배당액은
가압류권자　　　갑　　　　2,500만 원
근저당권자　　　을　　　　5,000만 원
가압류권자　　　병　　　　1,250만 원
저당권자　　　　정　　　　1,250만 원이 된다.

여기서 만약 병의 채권이 저당권이었다면 정의 저당권은 선순위 저당권인 병에게 흡수되어 2,500만 원이 배당되고 정은 한 푼도 받지 못하게 된다. 또 병의 채권이 저당권이고 정의 채권이 가압류였다면 병의 저당권에 정의 가압류가 흡수되어 병은 2,500만 원의 배당을 받고 정은 한 푼도 받지 못하게 된다.

또 여기에 임차인이 있다고 가정을 해 보자. 부동산이 대구의 물건이며 임차인은 2003년 6월 8일 이사해 주민등록을 옮겼고 임대보증금이 3,000만 원이라고 가정을 하면, 임대보증금의 적용기준일은 경매부동산의 최선순위인 가압류 날짜가 말소기준 등기가 되므로 2003년 2월 5일자가 기준이 된다.

2003년 2월 5일의 주택임대차보호법은 대구의 경우 3,500만 원 이하 중

1,400만 원이 최우선 변제권이 있으므로 최선순위로 소액임차인에게 1,400만 원을 배당하여야 한다. 물론 소액임차인은 전입과 주민등록이 임차주택으로 되어 있어야 하고, 배당요구 종기까지 배당요구가 되어 있어야 한다.

이러할 경우 배당은

소액임차인	무	1,400만 원
가압류권자	갑	2,150만 원
근저당권자	을	5,000만 원
가압류권자	병	725만 원
저당권자	정	725만 원이 된다.

만일 여기서 저당권자 정이 가압류권자 병보다 순위가 빠르면 어떻게 될까?

가압류권자 병의 배당은 정에게 흡수되고 병은 한 푼도 받지 못한다.

소액임차인 무가 가압류권자 갑보다 빠른 최선순위 임차인으로서 확정일자까지 받은 대항력을 갖춘 임차인이라면 어떨까? 우선 두 가지를 생각할 수 있다. 무가 배당신청을 했을 경우와 배당신청을 하지 않았을 경우이다.

배당신청을 했다면 제1순위로서 3,000만 원의 보증금 전액을 배당받고, 배당신청을 하지 않았다면 매수인이 인수해야 한다. 매수하려는 사람은 배당요구 종기일에 대항력 있는 임차인 무가 배당신청을 하였는지 알아보고, 배당신청을 하지 않았다면 매수대금에서 무의 보증금 3,000만 원이 인수된다는 것을 감안해 응찰하여야 한다. 매수인에게 인수된다는 것은 매수인이 지급할 책임이 있다는 의미이다.

단 임차보증금이 6천만 원이고, 임차인이 가압류권자 갑보다는 후순위이나 근저당권자 을보다는 선순위로 임차인 무가 가압류 금액 5천만 원을 변제하여 가압류가 말소되었다면, 임차인은 대항력을 갖춘 임차인으로서 임차인이 배당 요구를 하지 않았을 경우 매수인이 임차 보증금 6천만 원을 인수해야 한다.

신청채권자는 매수신고가 있기 전에는 자유로이 경매신청을 취하할 수 있으나 매수신고가 있으면 취하에 제약을 받는다.

매수신고가 있기 전에 취하하는 경우

경매신청 후 매각기일에 적법한 매수신고가 있을 때까지 신청채권자는 다른 사람의 동의를 받을 필요 없이 임의로 경매신청을 취하할 수 있다.

매수신고가 발생한 뒤에 취하하는 경우

이때에는 최고가매수 신고인과 차순위매수 신고인이 있을 경우 차순위매수 신고인의 동의를 받아야 한다. 단, 재매각 명령을 한 후에는 원래의 대금지급 기한까지 그 의무를 이행하지 아니하여 재매각 절차를 야기한 전 최고가 매수인의 동의는 받을 필요가 없다.

이중경매신청의 취하

　이중경매개시결정이 내려진 경우에 먼저 개시 결정된 경매신청을 취하하면 뒤의 경매신청인 동의는 필요가 없다. 앞 경매사건의 취하와 동시에 뒤의 경매사건이 속행되기 때문이다.

대법원 홈페이지를 이용하는 방법

대법원은 경매정보시스템을 구축해 국민들에게 정확한 경매정보를 알리고 있다. 대법원 홈페이지(www.scourt.go.kr)나 법원 경매정보사이트(www.courtauction.go.kr)에 들어가 무료로 제공되는 정보 가운데 대상물건을 고르는 방법이 최선이다.

대법원의 경매정보시스템을 이용하면 전국 각 법원 및 지원의 경매정보를 신속하게 알 수 있다. 너무 조급하게 서두르지 말고 충분한 시간을 들여 보물찾기하듯이 차근차근 연구하면서 찾다 보면 좋은 물건을 만나게 되고 고수익도 올릴 수 있다.

대상물건은 먼저 주택, 상가, 나대지, 임야, 농지 등으로 구분을 한다. 처음부터 너무 어려운 물건을 선정하지 말고 아파트 등과 같이 큰 수익은 못 내지만 그렇다고 큰 손실도 없는 간편하고 안전한 물건을 선정하는 것이 좋다. 초보자로서 만족도 얻을 수 있고, 이를 바탕으로 앞으로 서서히 나아가면 자신감도 붙고 차차 상가, 농지, 임야 등의 입찰로 고수익도 얻을 수 있다.

경매물건을 찾기 위해서는 대법원의 홈페이지를 이용하는 방법, 인터넷상 민간경매정보 업체를 이용하는 방법, 사설경매 정보지를 구독하는 방법 등 다양한 방법이 있는데 대법원 홈페이지를 이용하는 방법이 가장 좋을 것이다.

법원 경매정보사이트(www.courtauction.go.kr)에서 물건 찾기의 순서

※ 대법원 홈페이지 좌측 중간의 법원 경매정보를 클릭하면 사이트 맨 위에 경매공고, 경매물건, 매각통계, 경매지식, 이용안내, 나의경매 창이 뜬다.

※ 경매물건창을 클릭하면 물건상세검색, 지도검색, 기일별 검색, 자동차 · 중기 검색, 인기조회물건, 인기관심물건, 매각예정물건, 매각결과검색, 경매사건검색의 창이 뜬다.

※ 기일별 검색을 클릭하면 각 법원 및 지원별로 진행 중인 기일을 알 수가 있다. 매각기일 중 담당계를 클릭하면 그 기일의 매각물건 전체를 알 수 있고 사건번호를 클릭하면 그 사건의 진행 내역 전체를 상세하게 알 수 있다.

※ 현황보고서, 감정평가서, 현장사진 등을 살펴보면서 물건을 선택하면 된다.

※ 이렇게 선택한 물건은 등기부등본 등 각종 공부확인과 현장답사를 통해 꼭 점검하여야 한다.

사설경매 정보지

경매정보지는 각 법원별, 지원별 경매계를 중심으로 만들어진다. 현재 시중에는 경매에 대한 사설정보지가 홍수를 이루고 있다. 월 구독료를 내면 우편 등을 통하여 전국 법원의 경매물건과 진행과정 물건 위에 존재하는 권리 최저입찰가격을 알 수 있다. 물건에 따라서는 현장사진도 수록하는 등 상세히 기록해 경매물건을 찾으려는 사람들에게 많은 도움을 주고 있다. 주의할 점은 마음에 드는 물건이 있어 입찰을 원할 경우 꼭 법원에 와서 사설정보지에 기록된 내용들을 확인하고 현장을 답사한 후 입찰해야 한다는 것이다. 경매정보지에 입력된 후에도 기일변경 등 변경사항이 있을 수 있기 때문이다.

경매법원의 매각기일 공고

법원에서는 경매기일이 지정되면 일간신문이나 전자매체를 이용해 매각기일을 공고하고 있다. 현재 각 법원에서는 매각기일 14일 전에 일간지상 신건에 한하여 공고를 하고 있으므로, 공고내용을 보고 관심 있는 물건은 메모해 두었다가 대법원 경매정보시스템을 통해 과정을 알아보면 편리하다.

인터넷상의 민간 부동산경매정보업체

현재 국내에서는 수많은 인터넷상의 법원 경매정보 업체들이 활동하고 있다. 이들 업체들은 일정한 수수료를 받고 정보를 주고 있는데 이들 업체들을 이용하는 것도 좋을 것이다. 그러나 이들 업체의 정보를 토대로 직접 발품을 팔아 본인의 노력으로 경매에 대한 실력도 쌓고 현장도 누비면 더 보람이 있을 것이다.

인터넷 시세정보

국민은행 홈페이지(www.kbstar.com)에 들어가 보면 전국의 아파트 시세 · 분양권 시세 및 경매물건을 볼 수가 있다. 이곳을 이용하면 현재의 시세와도 비교분석할 수 있어 여러 가지로 도움이 될 것이다.

자료의 열람

법원 경매계에 가면 기일입찰에 관련된 서류를 경매기일 1주일 전부터 열람할 수 있다. 기일입찰에 관련된 서류는 매각물건명세서, 감정평가서, 임대차조사서 등이다.

등기부등본을 확인해 보고 인수할 권리가 있는지 상세히 조사해 본다.

토지대장, 건축물관리대장, 임야대장, 토지이용계획확인서 등을 열람해 물건의 상태와 공부상의 상태가 맞는지 확인을 해 본다.

현장답사를 통해 대상 부동산의 위치가 다른 부동산과 균형을 이루고 있는지, 경사도는 없는지, 도로가 있는지, 건물의 상태는 어떤지, 이용할 수 있는 적정한 용도 및 규모는 어떤지를 꼭 확인한다.

입지조건으로는 주택지의 경우 접근성 편리성 환경 등을 살펴보고, 상가의 경우 상권이 형성되어 있는지, 장래 전망은 어떤지, 죽은 도로는 아닌지 등을 확인한다. 또 주변 사람들에게 주변의 여건과 시세 임차관계 등을 알아보고 근처 공인중개사 사무소에 들러 개발가능성 등 각종의 정보를 얻는다. 공인중개사 사무소는 3개 이상 들려야 정확한 정보를 얻을 수 있다.

가능한 많은 사람을 만나 정보를 풍부하게 얻도록 한다. 얻은 정보는 메모를 꼭 해 두어야 하는데 대화중에 메모를 하면 대화자가 부담스러워해 정확한 정보를 얻을 수 없으니 대화 후에 혼자서 메모를 하도록 한다. 현장 확인은 아주 중요하므로 꼼꼼히 챙겨야 한다.

　실제 입찰 후 경매대금이 지급되지 않아 재경매에 들어가는 경우가 자주 있는데 현장확인 없이 입찰을 한 후 현장에 가 보면 알고 있던 것도 아주 다른 경우가 있다. 예를 들어 토지에 진입로가 없는 맹지인 경우, 임야에 분묘가 많고 임도가 없는 경우, 토지의 경사도가 높아 쓸모가 없는 경우, 주택의 주거환경이 너무 나쁜 경우, 건물이 노후해 수리비가 너무 많이 드는 경우 등 치유할 수 없는 경우들이다. 또 농지나 임야는 전용허가나 형질변경을 하는 경우도 참고해야 하므로 해당 관공서에 문의해 전용이나 형질변경이 가능한지 알아보아야 한다. 따라서 현장답사는 아주 중요하고 필수적이다.

　현장확인 없이 입찰하여 보증금을 포기하는 경우가 많이 있다. 이처럼 현장답사 없이 입찰을 한다는 것은 낭패를 자초하는 일이다.

(1) 등기부

부동산은 그 권리관계가 복잡해 토지나 건물의 겉모양만 보고서 권리관계를 판단하기에 어려움이 있다. 따라서 등기부라는 공적인 장부에 그 권리관계를 공시해 관심이 있는 사람은 누구나 등기부를 열람하거나 등본을 발급받아 봄으로써 권리관계를 알 수 있도록 하고 있다.

등기부는 표제부, 갑구, 을구의 세 부분으로 구분되어 있다. 그러나 을구에 등기사항이 없거나 을구에 등기되었던 사항이 말소되어 현재 을구사항이 없을 때에는 을구가 없는 등기부등본을 발급한다.

표제부는 그 부동산의 표시를 나타내는데 토지는 소재지와 지번, 지목, 지적 등을, 건물은 지번, 구조, 용도, 면적 등을 나타낸다. 집합건물은 전체 건물에 대한 표제부와 구분된 개개의 건물에 대한 표제부로 되어 있다. 등기부의 표제부는 행정관공서에 있는 토지대장, 건축물관리대장과 일치한다.

갑구는 소유권에 관한 사항으로 부동산의 소유자가 누구인지를 비롯해 압류, 가압류, 가처분, 예고등기, 가등기, 환매등기, 경매개시결정등기 등이 표시된다.

을구는 소유권 이외의 권리로 저당권, 전세권, 지상권, 지역권, 임차권 등이 기재된다.

등기의 순위는 갑구, 을구의 경우는 접수번호 순서에 의하고, 같은 구의 순위는 순위번호에 의한다. 즉 갑구의 가압류 접수번호가 접수 2000. 11. 21. 제2354호이고, 을구의 저당권 접수번호가 접수 2000. 11. 21. 제2355이면 갑구의 가압류 순위가 빠르고, 같은 을구끼리의 순위는 1번, 2번 등 순위번호의 순서에 의한다. 또 부기 등기의 순위는 주 등기의 순위번호에 의한다.

★ 등기부에 대한 설명은 Part 2-9에 상세히 설명되어 있다.

(2) 토지이용계획확인서

대상토지의 소재지 지번, 지목, 면적과 토지이용계획 확인 내용으로 도시
관리계획이나 군사시설, 농지법, 산림법, 자연공원법 등 대상토지에 대한 이
용계획을 확인할 수 있다.

용도지역관리체계

※ 종전용도지역	도시지역	주거지역
		상업지역
도시지역		공업지역
준도시지역		녹지지역
농림지역	관리지역	생산관리지역
준농림지역		보전관리지역
자연환경보전지역		계획관리지역
	농림지역	
	자연환경보전지역	

관리지역

구분	관리지역의 세분
보전관리지역	자연환경보호, 산림보호, 수질오염방지, 녹지공간 확보 및 생태계보전 등을 위하여 보전이 필요하나, 주변 용도지역과의 관계 등을 고려할 때 자연환경보전지역으로 지정하여 관리하기가 곤란한 지역
생산관리지역	농업·임업·어업생산 등을 위하여 관리가 필요하나, 주변 용도지역과의 관계 등을 고려할 때 농림지역으로 지정하여 관리하기가 곤란한 지역
계획관리지역	도시지역으로의 편입이 예상되는 지역 또는 자연환경을 고려하여 제한적인 이용·개발을 하려는 지역으로서 계획적·체계적인 관리가 필요한 지역

용도지역의 세분

국토의 계획 및 이용에 관한 법률에 의한 용도지역	국토의 계획 및 이용에 관한 법률 시행령에 의한 용도지역		용도지역의 구체적인 내용
주거지역	전용 주거지역	제1종 전용주거지역	단독주택 중심의 양호한 주거환경을 보호하기 위하여 필요한 지역
		제2종 전용주거지역	공동주택 중심의 양호한 주거환경을 보호하기 위하여 필요한 지역
	일반 주거지역	제1종 일반주거지역	저층주택(4층 이하)을 중심으로 편리한 주거환경을 조성하기 위하여 필요한 지역
		제2종 일반주거지역	중층주택(15층 이하)을 중심으로 편리한 주거환경을 조성하기 위하여 필요한 지역
		제3종 일반주거지역	중고층주택을 중심으로 편리한 주거환경을 조성하기 위하여 필요한 지역
	준주거지역		주거기능을 위주로 이를 지원하는 일부 업무·상업기능을 보완하기 위하여 필요한 지역
상업지역	중심상업지역		도심·부도심의 업무 및 상업기능의 확충을 위하여 필요한 지역
	일반상업지역		일반적인 상업 및 업무기능을 담당하게 하기 위하여 필요한 지역
	근린상업지역		근린지역에서의 일용품 및 서비스의 공급을 위하여 필요한 지역
	유통상업지역		도시 안 및 지역 간 유통기능의 증진을 위하여 필요한 지역
공업지역	전용공업지역		주로 중화학공업·공해성 공업 등을 수용하기 위하여 필요한 지역
	일반공업지역		환경을 저해하지 아니하는 공업의 배치를 위하여 필요한 지역
	준공업지역		경공업 기타 공업을 수용하되, 주거기능의 보완이 필요한 지역

(3) 임야대장, 토지대장, 지적도

임야대장, 토지대장, 지적도, 임야도, 수치지적도는 지적법에 규정된 지적공부로서 국가가 규정으로 등록할 내용을 정해 놓았다. 지적도와 임야도는 각 토지대장과 임야대장에 등록된 토지에 관한 내용들을 알기 쉽게 표시하여 놓은 공적 장부이다.수치지적부는 지적에 관한 사항을 직각종횡으로 수치가 붙어 있는 좌표에 의하여 나타내는 지적공부이다. 수치지적부는 다른 지적공부와 달리 전국적으로 작성, 비치되는 것이 아니라 소관청이 필요하다고 인정하는 지역에 한해 작성, 비치한다.

(4) 건축물관리대장

　건축물관리대장은 시장, 군수, 구청장이 건축물의 소유, 이용 상태를 확인하거나 건축정책의 기초자료로 활용하기 위하여 건축물 및 대지에 관한 현황을 기재한 문서이다.

물건이 선정되고 권리분석과 물건분석, 가치분석이 끝나 입찰가격을 정하였다면 이제 법원 경매기일에 입찰을 하여야 한다.

입찰에는 기일입찰, 기간입찰이 있다. 기일입찰이란 날짜와 시간을 정하여(2010년 10월 13일 10:00) 법원의 경매법정에서 이루어지는 입찰방법이고 기간입찰이란 입찰기간(2월 5일부터 2월 11일까지)을 정하여 우편으로 입찰신청을 받는 방법이다.

통상 기일입찰의 방법이 이루어지므로 기일입찰에 대하여 먼저 알아보자.

입찰 전 준비

입찰은 보통 10시부터 이루어진다.

집에서 법원으로 출발하기 전에 대법원이 운영하고 있는 전국법원 경매 사이트(www.courtauction.go.kr)에 접속해 입찰할 물건의 진행상황을 알아보아야 한다. 간혹 취하되어 있는 일이 있고 또 기일이 변경이나 연기가 되어 있는 경우도 있다. 취하나 연기 또는 기일변경이 되어 있는데 입찰에 참가한다고 준비해서 법원까지 간다면 공연히 소중한 시간만 낭비하는 일이 생긴다.

입찰 준비물

　※ 주민등록증 또는 신분증(운전면허증, 공무원증)

　※ 보증금(현금 또는 자기앞 수표, 최저입찰가격의 10%에 해당하는 금액)

　※ 도장

　※ 대리입찰 시에는 입찰자의 인감도장이 날인된 위임장, 입찰자의 인감증명서

　※ 법인인 경우 법인등기부등본, 대표자 위임장, 법인인감증명, 보증금 수령인 도장

공동입찰의 경우에는 각자의 지분 표시를 정확하게 기재하여야 한다.

진행확인

10시에 법정이 개정되면 법정게시판에 게시된 해당 물건의 진행여부(취하, 취소, 변경, 연기)를 다시 한 번 확인해 본다.

매각물건명세서의 확인

매각기일에 매각사건 목록과 매각물건 명세서, 현황조사보고서, 감정평가서의 사본을 매각이 실시되는 장소에 비치한다. 매각사건 목록과 물건명세서에 기재된 사건번호, 감정가격, 최저입찰가격, 재매각여부 등을 확인한 후 그에 따라 입찰표를 작성한다.

이때 매각물건 명세서의 기재내용에 변경은 없는지 반드시 확인하여야

한다. 혹 특정 사건의 매각물건 명세서를 살피는 과정에서 경쟁자들이 눈치를 챌 수 있으니 숨기는 방법으로 확인해야 경쟁자가 있더라도 입찰가격이 올라가지 않는다. 어느 사건에 입찰자가 있다고 짐작이 되면 누구든지 불안해서 더 많은 금액을 적어 넣게 되고 결국 낙찰하기 어려워진다.

집행관의 입찰개시 선언

집행관은 입찰개시를 선언하면서 경매기록을 열람하도록 허용한다. 경매기록의 열람은 통상 1시간 정도 이루어진다. 이때 입찰자들은 자기가 입찰할 물건이 권리관계, 임대차관계 등 입찰에 필요한 사항들을 최종점검한다.

보통 경매기록의 열람 때 본인이 입찰하려는 물건에 경쟁자가 있는지가 확인된다. 그러나 경험이 많은 사람들은 절대로 경매법정에서 기록 열람을 하지 않는다. 그것은 보안을 위해서이다. 어느 물건에 관심을 보이면 그 물건에 관심을 가지고 있는 사람이 더 높은 가격에 입찰을 하게 되므로 숨기는 게 좋다.

입찰표의 기재 및 입찰함에 투함

집행관은 입찰개시를 선언하고 1시간가량의 경매기록 열람과 입찰표 작성 시간을 준 후 입찰을 마감하게 된다. 입찰신청은 매각장소에 비치된 기일입찰표, 공동입찰일 경우 공동입찰 신고서, 매수신청 보증봉투(흰색 소봉투), 기일입찰봉투(황색 큰 봉투)의 기재사항을 기재한 다음 보증금(최저매각가격의 10%, 재경매나 특수한 경우 법원이 정한 금액)을 흰색 소봉투에 넣고 입찰표와 함께 황색 큰 봉투에 넣어 신분증을 제시하고 집행관에게 제출한다.

이때 입찰기재 금액을 수정하거나, 보증금이 부족하거나, 입찰가격란과 우측의 보증금액란을 서로 바꾸어 기재하여 입찰가격이 최저매각가격 미만일 경우 무효가 되므로 주의를 요한다.

입찰기재 금액을 수정하고 날인하여도 무효가 되니 잘못기재하였다면 새 용지에 새로 기재하여야 한다. 현장의 복잡한 상황을 아는 매수인은 응찰표를 집에 몇 장 갖다 두고 집에서 응찰표를 작성해 오기도 한다.

판례

> 최근 대법원 판례를 하나 소개한다. 입찰최저가격이 4억 8천만 원인 아파트를 5억 3천만 원에 입찰하면서 입찰금액을 530,000,000원으로 기재한다는 것이 실수로 5,300,000,000원으로 기재하였다. 입찰자의 명백한 실수였고 누가 보아도 합당한 금액이 아니었으므로 입찰자는 낙찰불허가 신청을 하였고 사법보좌관은 낙찰불허가 결정을 하였다. 이에 경매신청인이 항고하였으나 항고법원 역시 낙찰불허가 결정이 맞다는 취지로 결정을 하였다. 이에 경매신청인이 다시 대법원에 재항고하였는데 대법원에서는 입찰자의 실수를 인정하지 않고 불허가 결정이 잘못되었다는 취지로 파기환송하였다.(대법원 2009마2252 결정)

위의 경우 결국 입찰자는 보증금 4천 8백만 원을 날리고 말았다. 이처럼 입찰신청에 있어서는 조금의 실수도 용납이 되지 않으니 세심한 주의가 필요하다. 법정 분위기에 휘말리다 보면 위와 같은 실수가 나올 수 있으니 반드시 차분한 가운데 세 번 이상 확인할 필요가 있다.

개찰의 실시

집행관은 입찰을 마감한 후 즉시 개함하여 입찰봉투를 펴서 사건번호별로 입찰기록과 함께 정리한 뒤 입찰자가 없는 사건은 입찰불능으로 종결한다.

입찰이 있는 사건은 사건번호대로 정리하여 개찰을 시작한다. 집행관은 사건번호 순서에 따라 입찰자들을 법정 앞으로 불러내 개봉된 입찰표의 이름과 입찰액수를 밝히고, 입찰자 중에서 가장 높은 가격에 입찰한 사람을 최고가 매수인으로 결정을 한다.

나머지 입찰자들에게는 입찰표를 제외한 입찰보증금을 즉시 반환한다. 이와 동시에 차순위매수 신고인은 누구이며 차순위매수 신고를 할 것인지 여부를 묻는다. 차순위매수 신고를 하겠다고 하면 그 이름과 가격을 부른 다음 매각기일을 종결한다. 차순위매수 신고인은 최고가매수인이 매각대금을 지급하지 아니할 때 최고가 매수인의 자격을 승계한다.

낙찰의 허부결정

입찰을 받은 후 입찰일로부터 7일 후가 낙찰 허·부 기일이 된다. 낙찰 허·부 기일이라는 것은 집행관이 사법보좌관을 대신해 실시한 경매가 적법하게 실시되었는지, 경매담당판사인 사법보좌관이 경매진행과정 전체를 검토하여 이의가 있는 사람들의 의견을 들어 낙찰을 허가할 것인지 불허가할 것인지를 결정하는 날을 말한다.

보통은 낙찰허가결정이 나지만 간혹 입찰자가 권리분석을 잘못해 부동산 상의 채권을 인수하게 되었거나, 매수가격 신고 후에 천재지변 등 입찰자가 책임질 수 없는 사유로 인해 부동산이 훼손되어 본래의 목적을 달성할 수 없음을 이유로 낙찰불허가 신청을 할 수 있는데, 사법보좌관은 여러 가지의 사정들을 감안해 낙찰허가 또는 불허가 결정을 하게 된다. 낙찰의 허가나 불허가 결정에 대하여는 고지받은 날부터 7일 내에 즉시항고를 할 수 있다.

항고장에 항고이유서를 적지 아니한 때에는 항고인은 항고장을 제출한 날부터 10일 내에 항고 이유서를 원심법원에 제출하여야 한다.

즉시항고를 제기할 수 있는 사람은 경매사건의 이해관계인들로서 낙찰인, 채무자, 임차인, 근저당권자 등이다.

여기서 중요한 것은 낙찰허가 또는 불허가 결정은 선고한 때에 효력이 발생하므로 송달하지 않는다는 것이다. 이해관계인은 낙찰기일에 법원에 출석하든지 아니면 즉시항고기간 동안 법원에 허·부의 내용을 알아보아야 한다. 또 항고하고자 하는 이해관계인은 항고 시 최초매각가격의 10분지 1에 해당하는 항고보증금을 법원에 공탁하여야 한다.

항고가 기각되면 항고보증금은 배당재단에 편입된다. 낙찰인이 제기한 즉시항고가 기각된 때에는 항고인은 보증으로 제공한 금액에서 항고한 날부터 항고기각 결정이 확정된 날까지의 낙찰대금에 대한 대통령령이 정하는 이율에 의한 금액에 대하여 반환청구를 하지 못한다.

즉 낙찰인의 항고가 기각이 되면 항고보증금 전체를 반환받지 못하는 것이 아니라 이자부분만 공제되고 나머지는 반환받을 수 있다.

즉시항고가 있을 때에는 낙찰대금 납부 등의 경매절차가 정지되고 항소심의 재판이 이어진다. 보통 항고심 재판은 2 ~ 3개월이 소요된다. 항고심의 결정에 따라 다시 재항고하여 대법원의 결정을 받아볼 수 있는데 이것 또한 2~3개월이 걸린다.

농지를 매수한 경우 낙찰허·부 결정 시까지 농지취득자격 증명원을 제출하여야 한다.

대금의 납부

법원은 낙찰허가 결정이 확정된 날부터 1개월 이내로 대금지급 기일을 정하여야 한다.

낙찰인이 낙찰대금을 지급하면 소유권을 취득한다. 낙찰인의 대금지급이 있으면 차순위매수신고인은 매수신청의 책임을 면하고 즉시 보증금의 반환을 청구할 수 있다.

만일 낙찰인이 대금지급 기일에 대금지급을 하지 않는 경우에 차순위매수 신고인에 대한 낙찰허·부 결정을 하여야 한다. 차순위 매수신고인에게 낙찰허가가 있으면 차순위매수인은 매수의 보증으로 보관하게 한 금전이나 유가증권의 반환을 청구하지 못한다.

　법원은 매수인이 대금지급 의무를 이행하지 않고 차순위 매수인 신고가 없을 때에는 직권으로 부동산의 재경매를 명해야 한다. 재경매의 경우 종전에 정한 가격이 최저낙찰 가격이고, 기타의 매각조건은 재경매 절차에 그대로 적용이 된다.

　매수인이 재경매 3일 전까지 낙찰대금과 지연이자, 경매절차 비용을 지급한 때에는 재경매 절차는 취소된다. 만일 차순위매수 신고인이 법원으로부터 경락허가 결정을 받고 낙찰대금을 먼저 지급하는 경우 차순위 매수인이 소유권을 취득한다.
　재경매에서 전 낙찰인은 경매에 참가하지 못한다.

소유권이전등기 촉탁

　대금지급이 완료되면 매수인이 소유권을 취득하였으므로 소유권이전등기를 하여야 권리행사를 할 수가 있다.

소유권이전등기를 하기 위해서는
※ 주민등록등본 1통
※ 등록세영수필통지서 및 영수필확인서
※ 국민주택매입필증(해당 시)
※ 낙찰허가결정 등본
※ 토지·건축물관리대장
※ 기타 서류

위와 같은 서류를 준비해 낙찰인이 소유권이전 등기신청을 하면 법원은 낙찰인의 소유권이전 등기와 매수인이 인수하지 아니할 부동산 위의 각종 권리를 말소하게끔 촉탁하게 된다.

법원은 매수인이 낙찰대금을 모두 지급하고 등기촉탁 신청이 들어오면 배당 전이라도 소유권이전등기 촉탁을 하여야 한다.

위 임 장

대리인	성 명		직 업	
	주민등록번호		전화번호	
	주 소			

위 사람을 대리인으로 정하고 다음 사항을 위임함.

다 음

지방법원   타경   호 부동산

경매사건에 관한 기입입찰행위 일체

본인 1	성 명	인감란	직 업	
	주민등록번호		전화번호	
	주 소			
본인 2	성 명	인감란	직 업	
	주민등록번호		전화번호	
	주 소			
본인 3	성 명	인감란	직 업	
	주민등록번호		전화번호	
	주 소			

*본인의 인감증명서 첨부
*본인이 법인인 경우에는 주민등록번호란에 사업자등록번호를 기재

지방법원 귀중

용지규격 210mm×297mm(A4용지)

공동입찰신고서

법원 집행관 　　　 귀하

사건번호　　　　 20　　　 타경　　 호
물건번호
공동입찰자　　　 별지　목록과 같음

위 사건에 관하여 공동입찰을 신고합니다.

20　 년　 월　 일

신청인　　　　　 외　　 인(별지목록 기재와 같음)

※ 1. 공동입찰을 하는 때에는 입찰표에 각자의 지분을 분명하게 표시하여야 합니다.
　 2. 별지 공동입찰자 목록과 사이에 공동입찰자 전원이 간인하십시오.

공동입찰자 목록

용지규격 210㎜×297㎜(A4용지)

번호	성 명	주 소		지분
		주민등록번호	전화번호	
	(인)	―		
	(인)	―		
	(인)	―		
	(인)	―		
	(인)	―		
	(인)	―		
	(인)	―		
	(인)	―		
	(인)	―		
	(인)	―		

입 찰 표

<table>
<tr><td colspan="3">법원 집행관</td><td colspan="3">귀하</td><td>년   월   일</td></tr>
<tr><td>사건
번호</td><td colspan="2">20   타경   호</td><td>물건번호</td><td></td><td></td><td></td></tr>
<tr><td rowspan="6">입

찰

자</td><td rowspan="3">본 인</td><td>이   름</td><td colspan="2"></td><td>전화번호</td><td></td></tr>
<tr><td>주민등록번호</td><td colspan="2"></td><td>전화번호</td><td></td></tr>
<tr><td>주   소</td><td colspan="4"></td></tr>
<tr><td rowspan="3">대리인</td><td>이   름</td><td colspan="2"></td><td>본인과의 관계</td><td></td></tr>
<tr><td>주민등록번호</td><td colspan="2"></td><td>전화번호</td><td></td></tr>
<tr><td>주   소</td><td colspan="4"></td></tr>
</table>

입찰 가액		10 억		백 억		천		원	보 증 금 액		10 억		백 만		천		원

보증금을 반환받았습니다.

입찰자   (인)

주의사항

1. 입찰표는 물건마다 별도의 용지를 사용하십시오. 다만, 일괄매각 시에는 1매의 용지를 사용하십시오.
2. 한 사건에서 입찰물건이 여러 개 있고 그 물건들의 개별적으로 입찰에 부쳐진 경우에는 사건번호 외에 물건번호를 적으십시오.
3. 입찰자가 법인인 경우에는 본인의 이름란에 법인의 명칭과 대표자의 지위 및 이름을, 주민등록번호란에는 법인의 등록번호를 적고, 대표자의 자격을 증명하는 문서(법인의 등기부 등ㆍ초본)를 제출하여야 합니다.
4. 주소는 주민등록상의 주소를, 법인은 등기부상의 본점소재지를 기재하시고, 신분 확인상 필요하오니 주민등록증을 꼭 가지고 오십시오.
5. 금액의 기재는 수정할 수 없으므로, 입찰가액란의 기재를 수정할 필요가 있는 때에는 새 용지를 사용하십시오.
6. 대리인이 입찰하는 때에는 입찰자란에 본인 및 대리인의 인적 사항을 모두 기재하는 외에 본인의 위임장과 인감증명을 제출하십시오.
7. 위임장, 인감증명 및 자격증명서는 이 입찰표에 첨부 하십시오.
8. 일단 제출된 입찰표는 취소, 변경이나 교환이 불가능합니다.
9. 공동으로 입찰하는 경우에는 공동입찰신고서를 입찰표와 함께 제출하되, 입찰표의 본인란에는 "별첨 공동입찰자목록 기재와 같음"이라고 적은 다음, 입찰표와 공동 입찰신고서 사이에는 공동입찰자 전원이 간인하십시오.

주 : 최고가매수신고인 등이 정하여진 보증을 초과하여 보증금을 납부하였을 때에는 적당한 여백에 "보증금 중 / 10에 해당하는 금원을 초과하는 금액은 반환받았음"이라는 붉은 고무인을 찍고 영수자의 날인을 받는다.

(앞면)

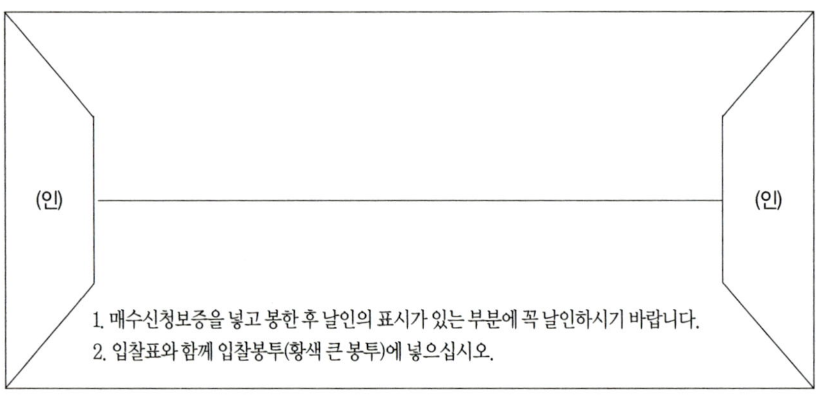

주 : 크기는 통상의 규격봉투와 같다.

(뒷면)

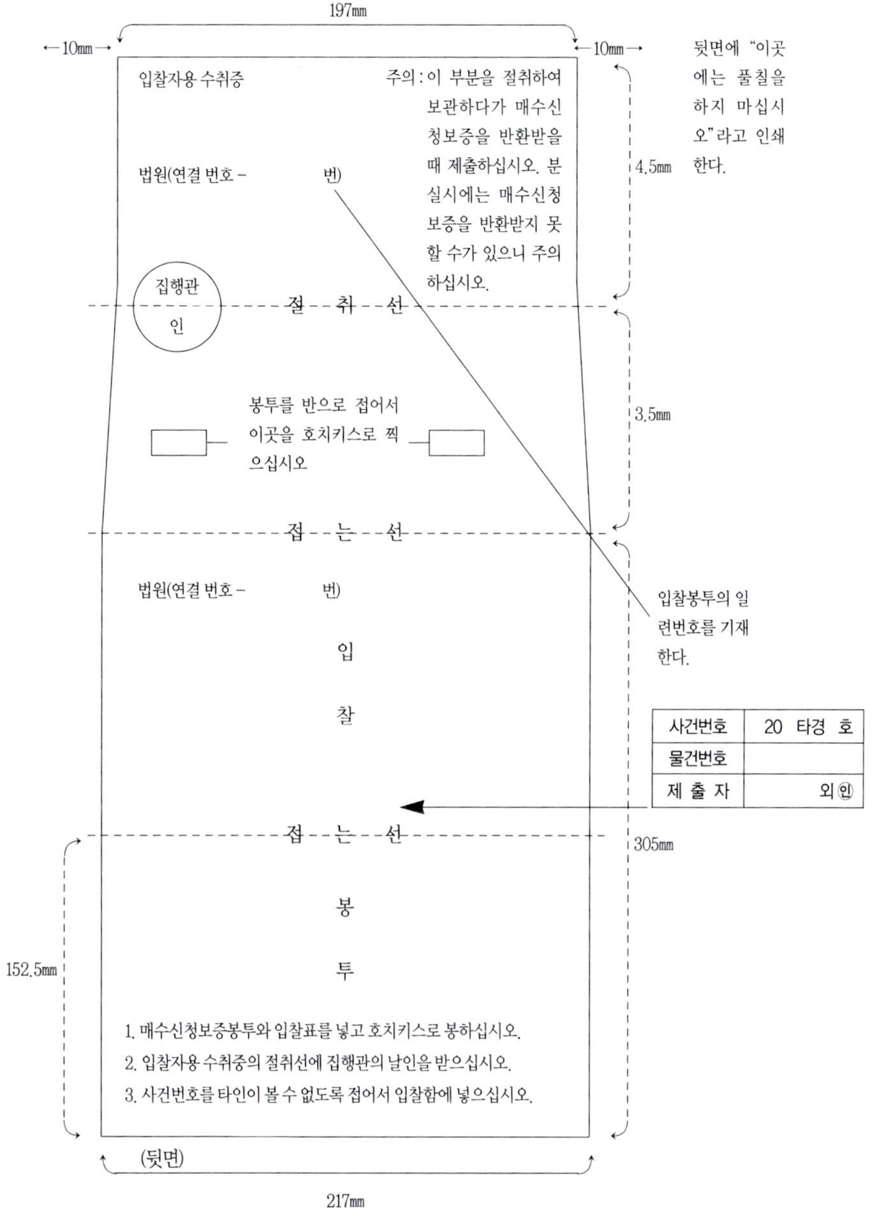

197㎜
←10㎜→
←10㎜→
입찰자용 수취증
주의:이 부분을 절취하여 보관하다가 매수신청보증을 반환받을 때 제출하십시오. 분실시에는 매수신청보증을 반환받지 못할 수가 있으니 주의하십시오.
법원(연결 번호 –   번)
집행관인
절 – 취 – 선
4.5㎜
봉투를 반으로 접어서 이곳을 호치키스로 찍으십시오
3.5㎜
접 – 는 – 선
법원(연결 번호 –   번)
입
찰
입찰봉투의 일련번호를 기재한다.
사건번호 | 20 타경   호
물건번호 |
제 출 자 | 외 인
접 – 는 – 선
305㎜
봉
투
152.5㎜
1. 매수신청보증봉투와 입찰표를 넣고 호치키스로 봉하십시오.
2. 입찰자용 수취증의 절취선에 집행관의 날인을 받으십시오.
3. 사건번호를 타인이 볼 수 없도록 접어서 입찰함에 넣으십시오.
(뒷면)
217㎜
뒷면에 "이곳에는 풀칠을 하지 마십시오"라고 인쇄한다.

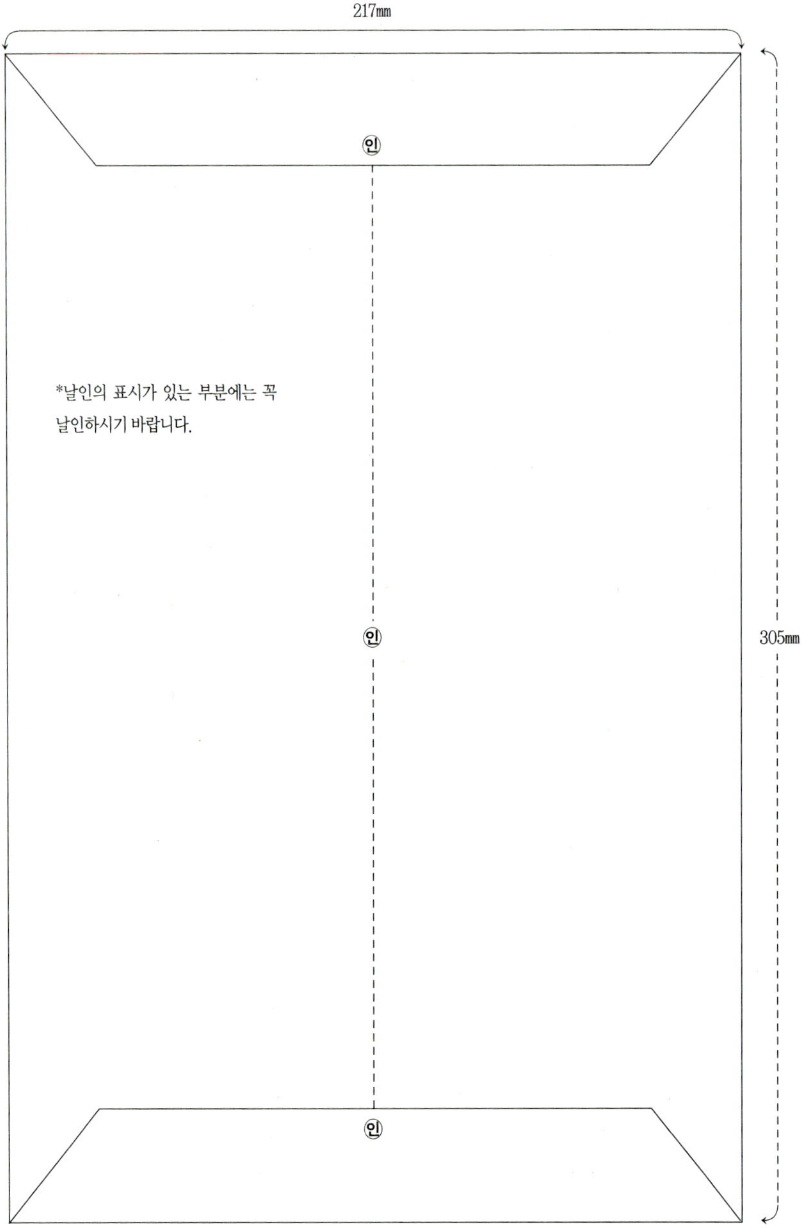

217㎜
305㎜
인
인
인
*날인의 표시가 있는 부분에는 꼭
날인하시기 바랍니다.

Part 2

권리분석

　권리분석이란 입찰물건으로 선정된 부동산의 권리관계를 철저히 조사해 매수 뒤에 닥쳐올 문제들을 미연에 방지하려는 것이다. 즉 경매물건을 안전하게 취득하려는 것이다.

　부동산은 민법 및 부동산공법상의 규제와 주택임대차보호법, 특별법상의 문제, 세법 등 여러 가지 법 절차상 문제가 산재해 있기 때문에 이러한 내용을 잘 모르고 부동산경매에 참가했다가 예상치 못한 손해를 보는 경우가 많이 있다.

　다시 말하면 일반인들이 부동산경매에 관심이 많아지면서 경매의 경험이나 지식이 없이 입찰에 응했다가 낭패를 보는 경우가 종종 있다.

　매수인이 인수해야 할 권리에 어떤 것이 있는지 등 기본적인 경매의 법률지식과 상식을 알고 입찰에 참가해야 한다. 법률적 검토 없이 매수신청을 한 후 매수한 부동산에 문제가 발견되어 매각대금을 납부하지 않는 경우도 허다하다. 이런 경우 아깝게 보증금만 떼이고 만다. 이렇게 되면 경매에 자신을 잃고 방황하게 된다.

부동산경매에서 가장 중요한 것이 권리분석이다. 경매사고의 70%가 권리분석 잘못으로, 20%는 물건분석 잘못으로, 10%가 현장 확인 잘못에서 온다고 한다.

권리분석이 잘못되어 매수 후 권리행사를 할 수 없어 장기간 묶여 있게 된다면 얼마나 답답하겠는가. 따져 보고 또 따져 보고, 두드려 보고 또 두드려 봐도 손해 볼 것이 없는 게 권리분석이다. 이렇게 해서 권리관계를 정확히 분석한 후에 입찰에 응해야 손해를 보지 않는다.

부동산 등기부등본과 현장답사를 통해 위험한 점이나 주의할 점이 없는지 조사해 보고 문제점이 있으면 해결할 방법이 있는지를 찾을 필요가 있다. 먼저 권리분석의 기초인 다음 세 가지를 꼭 기억해 두기 바란다.

첫째, 말소기준 등기의 조사

매수인이 낙찰대금을 지급하고 나면 소유권이전등기를 촉탁하게 되는데 이때 등기부위에 존재하는 권리도 모두 말소촉탁하게 된다. 이를 소멸(말소)주의라고 한다. 이때 최선순위 등기로서 자신도 소멸되면서 다른 권리의 말소의 기준이 되는 등기를 말소기준 등기라고 한다.

말소기준 등기에는 등기부에 기입이 되는 권리만 해당되고 선순위권리지만 등기되지 않는 우선변제권이 있는 확정일자부임차권 등은 말소기준등기에 해당되지 않는다.

저당권등기, 근저당권등기, 압류등기, 가압류등기, 담보가등기, 경매개시결정등기 중에서 등기일자가 가장 앞서는 등기가 말소기준 등기가 된다.

※ 소유권의 취득에 문제가 있을 수 있는 등기
예고등기와 말소기준 등기보다 선순위의 가등기, 가처분등기, 환매등기

※ 소유권의 취득에는 문제가 없으나 추가부담이 발생될 수 있는 권리
말소기준 등기보다 선순위의 대항력 있는 임차인 및 전세권, 유치권

※ 소유권취득 후 사용에 제한이 있을 수 있는 권리
말소기준등기보다 선순위의 지상권, 지역권등기, 법정지상권, 분묘기지권

※ 말소기준 등기가 될 수 있는 등기가 등기부상에는 존재하고 있으나 실제는 권리관계가 소멸되어 말소등기의 절차만 남겨두고 있을 경우, 바로 그 다음 순위의 임차권, 지상권, 지역권, 전세권, 환매권, 가처분, 가등기

※ 대지 소유자가 그 대지 위의 건물에 대하여 건물철거 및 토지인도 소송의

보전을 위해 처분금지 가처분등기를 한 경우

※ 선순위 말소기준 등기의 채무를 대위변제한 후 말소기준 등기를 말소하게

　한 대항력을 갖춘 임차권과 소유권이전청구권 가등기

※ 임차권 등기가 있는 경우 주민등록전입일자가 말소기준 등기 일자보다 앞

　선 임차권 등기

※ 세대합가로 임차인보다 먼저 전입되어 있는 자의 전입일이 말소기준 등기

　보다 앞선 경우

　민법상 부동산에 관한 권리에는 부동산을 직접 지배하여 이익을 얻는 배타적 권리인 물권과, 특정인이 특정인에 대하여 일정한 행위를 요구할 수 있는 청구권인 채권이 있다.

　물권은 그 물건을 '사실상 지배하고 있는 상태' 그 자체를 보호하는 권리인 점유권과, 물건을 사실상 지배하고 있는지에 관계없이 물건을 지배할 수 있는 권리인 본권이 있다.

　점유권이란 그 물건을 '사실상 지배하고 있느냐' 하는 문제이고, 그 물건을 '사실상 지배하고 있느냐와 관계없이 지배할 수 있는 권리' 가 본권이다.

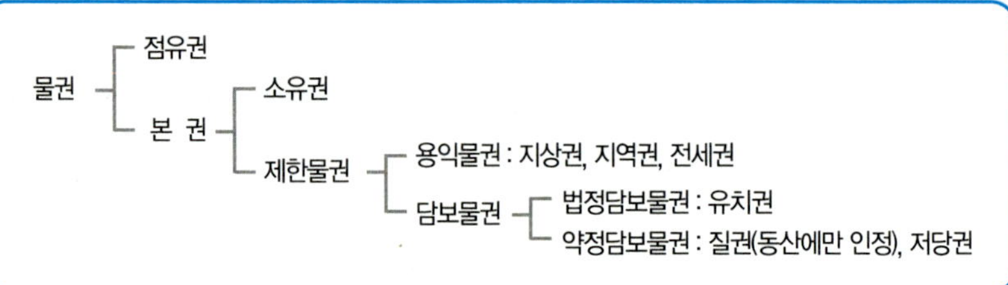

물권의 종류와 내용은 법률 또는 관습법에 의하는 것 이외에는 임의로 창설하지 못하나, 채권의 종류와 내용은 당자 간에 계약으로 자유롭게 약정할 수 있다.

물권의 객체는 하나의 독립된 물건이어야 한다. 이는 하나의 물권에 여러 개의 물건이 존재하면 공시하기 곤란하거나 공시질서를 혼란스럽게 할 수 있기 때문이다. 이것을 일물일권주의라고 한다.

　법원 경매로 부동산을 매수하려는 사람들의 가장 큰 고민은 매수한 부동산 위에 있는 권리들이 어떻게 되느냐 하는 것이다.

　어려운 과정을 거쳐 경매로 매수한 부동산 위에 소멸되지 않고 매수인이 인수해야 할 권리가 존재한다거나 또 이러한 권리로 인해 부동산을 명도받기가 어렵다면, 차라리 경매절차가 아닌 일반 공인중개사를 통한 매매로 부동산을 구입하는 게 나을 것이다.

　입찰을 위해 선정된 부동산 위에 어떤 권리가 존재하고 소멸되는 권리와 소멸되지 않아 매수인이 인수해야 할 권리에는 어떤 것들이 있는지 입찰자 스스로 조사해 보아야 하는데, 법률적 지식이 부족한 일반인이 정확한 권리분석을 하기란 매우 어렵다. 따라서 본 장에서는 권리분석의 기초부터 고단위까지 권리분석개념을 정리해 보겠다.

부동산 위에 존재하는 권리의 종류

물권의 종류에는 법정물권과 관습법상 물권이 있다. 법정물권이란 앞에서 본 바와 같이 민법이 정한 점유권, 소유권, 지상권, 지역권, 전세권, 유치권, 질권, 저당권의 8가지가 있고, 관습법상 물권에는 판례에 의하여 확인되는 분묘기지권과 관습법상 법정지상권이 있다.

물권우선주의

하나의 물건 위에 물권과 채권이 경합하는 경우에는 그 성립순서와 관계없이 물권이 채권에 우선한다. 이것을 물권우선주의라고 하는데, 물권은 그 물건에 대하여 직접 지배하는 데 반해 채권은 채무자의 행위를 통하여 간접적으로 지배하는 권리이기 때문이다. 같은 물건에 성립한 물권 상호 간에는 시간적으로 먼저 성립한 물권이 후에 성립한 물권에 우선한다.

단, 채권이라도 일정한 공시방법을 갖춘 경우라면 물권과 같은 혜택을 누릴 수가 있다. 여기에는 부동산임차권등기, 주택임대차보호법상 주택의 인도와 주민등록의 전입을 마친 경우와, 소유권이전 청구권의 보전을 위한 가등기 등을 갖춘 때에는 물권화된 권리로 보아 물권과 같이 취급된다. 이들을 준물권이라고도 한다.

채권자 평등주의

채권자나 채무자가 다수인 경우 특별한 의사표시가 없으면 각 채권자 또는 각 채무자는 균등한 비율로 권리가 있고 의무를 부담한다.(민법 제480조) 따라서 채권에는 평등주의가 적용이 되어 그 발생의 시기에 관계없이 경매로 평등하게 배당을 받게 된다.

최선순위 용익물권은 인수된다

물권에 용익물권과 담보물권이 있음을 위에서 살펴보았다. 용익물권에는 전세권, 지역권, 지상권 등이 있고, 담보물권으로는 저당권, 근저당권, 담보가등기 등이 있다. 경매로 물건이 매각되면 담보물권은 순위에 관계없이 말소된다. 전세권은 용익물권이지만 배당신청을 하면 소멸된다.

그러나 용익물권이 최선순위 담보물권보다 선순위인 경우 용익물권은 소멸되지 않으며 매수인이 인수해야 한다.

최선순위 담보물권은 소멸되는데 최선순위 용익물권이 소멸되지 않는 이유는, 담보물권은 배당에 참가해 배당받을 수 있지만 용익물권은 배당에 참가할 수 없기 때문이다.

또 채권적 성격이 있는 임차보증금도 최선순위일 경우 배당신청을 하지 않으면 소멸되지 않고 매수인이 인수해야 한다. 대항력을 갖춘 임차인은 준물권적 권리로 보기 때문이다.

등기부등본상에 기재된 등기권리 중 최초에 설정된 저당권을 기준으로 저당권보다 후순위의 권리는 말소대상이다. 최초의 저당권이 없는 경우에는 최초의 압류등기가 말소기준등기가 된다.

말소기준 대상 등기로는 저당권, 근저당권, 담보가등기, 가압류등기, 경매개시결정등기가 있다.

말소기준 등기는 대단히 중요하므로 상세히 설명을 해 보겠다. 최초의 등기(근저당권, 저당권, 담보가등기, 가압류, 강제경매)가 2010년 3월 25일 접수 제2345호라고 가정하자. 이보다 빠른 선순위의 전세권, 가등기(순위보전), 가처분, 지상권, 유치권. 예고등기, 환매등기가 있다면 이는 매수인의 인수대상이 되고 2010년 3월 25일 접수 제2345호보다 늦은 위의 등기가 있다면 말소 대상이 된다. 일단은 늦은 등기가 있더라도 예고등기는 말소 대상이 아니며, 가처분 등기에도 말소 대상이 아닌 경우가 있으므로 주의가 요구된다.

(1) 근저당권(저당권)

최선순위 근저당권(저당권)등기는 말소기준등기이다. 근저당권은 채무자 또는 제3채무자(물상보증인)의 부동산을 담보로 제공하고 담보로 제공된 부동산을 채무자 또는 물상보증인이 그 부동산의 효용가치대로 사용하도록 하였다가, 채무자가 채무의 변제를 못할 때에 담보로 제공된 부동산을 경매로 처분해 만족을 느끼는 제도이다. 근저당 제도의 최대 장점은 소유자(점유자)가 부동산의 용도에 따라 실제로 사용하면서 담보로 제공한다는 데 있다.

근저당권은 현재 우리의 금융거래 및 상거래에서 가장 많이 이용되는 제도이며 부동산경매의 대부분이 근저당권에 의한 임의경매로 이루어지고 있다.

강제경매로 취득한 물건은 공신력이 있으나 임의경매로 취득한 물건은 공신력이 없다는 것을 기억해야 한다. 근저당권에 의한 임의경매는 개인 간의 약정을 토대로 한 거래로서 법원의 판결에 의한 강제경매보다 공신력이 없기 때문이다. 따라서 임의경매로 취득한 물건은 소유권이전 등기가 되었다 하더라도 후일 근저당권설정 과정에 문제가 있어 근저당권이 무효로 되면 소유권을 잃는다.

근저당권은 담보할 채무의 최고금액만 정하고 장래의 결산기에 채무액이 확정이 된다. 이에 반해 저당권은 담보할 채무액을 미래 정해 놓는 것이다. 즉 근저당권은 장래에 발생할 채권을 채권최고액으로 정해 놓는 것이고, 저당권은 담보권 설정 전에 채권액이 확정되는 것이다.

근저당권은 채권최고액금 5,000만 원, 저당권은 채권 5,000만 원으로 되었을 때 근저당권은 담보권설정이 아직 채권이 확정되지 않은 상태로 장래 결산기에 5,000만 원의 범위 내에서 담보가 되는 것이고, 저당권은 담보권 설정 시에 5,000만 원의 채권이 확정된 상태를 의미한다. 저당권은 이율을 정하여야 한다. 저당금액 5,000만 원, 이윤 연 2할5푼 이렇게 정해진다. 저당권은 저당금액 외에 이행기일 경과 후 1년간의 이자도 담보된다.(민법 제360조)

근저당권은 계속되는 상거래에서 많이 이용되고 저당권은 금전의 대여에서 많이 이용된다. 근저당권과 저당권은 담보제공 시에 채권액이 확정되느냐 아니면 결산기에 확정되느냐의 차이와 이행기일 후 1년간의 이자가 담보되는 차이가 있고, 나머지는 전혀 차이가 없다.

대지 위에 근저당권을 설정한 다음 건물이 신축되었을 경우 대지 위에 근저당권을 설정한 근저당권자는 신축된 건물도 함께 경매신청을 할 수 있다. 그러나 건물의 매각대금에서는 배당을 받지 못한다.

특별한 사정이 없는 한 토지와 건물에 공동담보로 근저당권을 설정하는 것이 보통이다. 토지와 건물에 근저당권이 설정된 후 건물을 철거하고 그 토지 위에 건물이 신축되었다면 그 토지와 건물을 일괄하여 경매를 신청할 수 있다.

집합건물에 있어서 대지 부분이 각 세대별로 구분되어 있어도 대지권이 정리되기 전에 토지 부분에 가압류나 근저당권등기가 되어 있는 경우가 있다. 이때는 집합건물의 표제부에 '토지별도등기 있음' 이라고 표시된다.

집합건물에 대지권등기 없이 토지 근저당권이 설정되어 있을 때 법원에서 토지에 대한 근저당권에 매수인이 인수하는 특별매각조건을 붙이는 경우가 많다. 이렇게 될 경우 토지 위에 있는 근저당권을 매수인이 인수하는 것이 되어 위험부담이 생기므로 유찰이 계속될 위험이 있다.

경매사건의 유찰을 피하기 위해 법원에서는 매수인이 토지상의 근저당권을 인수해야 한다는 특별매각 조건을 붙이지 않고 토지의 근저당권자도 채권신고를 하도록 하여 배당하고 구분건물의 대지권 비율에 상응하는 만큼 말소시킨다.

아파트를 입찰할 경우 등기부의 표제부에 대지권 등기가 되어 있는지 잘 살펴본다.

대지권 등기가 없거나 '토지 별도등기 있음' 이라고 기재되어 있으면 경매기록을 열람해 기록상에 토지에 대한 근저당권을 인수한다는 특별매각조건이 있는지, 토지의 근저당권자가 채권신고를 하였는지 확인한다.

토지 위에 있는 근저당권을 인수한다는 특별매각 조건이 있는 경우 매수를 하면 근저당권이 인수되므로 입찰에 응하지 않는 것이 좋다.

토지 위의 근저당권자가 채권신고를 하였다면 아파트 매각대금에서 아파트의 대지 지분만큼 토지 근저당권자가 배당받으므로 토지 등기부에는 'O동 O호의 대지권에 대한 부분에 해당하는 지분 말소' 라는 토지근저당권의 변경등기가 부기등기로 이루어진다. 따라서 입찰에 참가하여도 별 문제가 없다.

 사례

<table>
<tr><td colspan="4">토지별도등기가 있는 경우</td></tr>
<tr><td>토지 소유자</td><td>갑</td><td>2007. 3. 3.</td><td>소유권이전등기</td></tr>
<tr><td>근저당권자</td><td>을</td><td>2007. 5. 4.</td><td>토지에 근저당권 설정등기</td></tr>
<tr><td>건축회사</td><td>병</td><td>2008. 12. 6.</td><td>아파트 완공(소유자)</td></tr>
<tr><td>아파트 105호</td><td>정</td><td>2008. 12. 12.</td><td>수분양자</td></tr>
<tr><td>정의 아파트 근저당권자</td><td>무</td><td>2008. 12. 13.</td><td>아파트에 근저당권 설정</td></tr>
<tr><td>매수인</td><td>소</td><td>2009. 10. 31.</td><td>소유권 취득</td></tr>
</table>

위의 경우 토지 소유자는 갑, 아파트 소유자는 병이다. 토지소유자와 건물 소유자가 각각 달라 법정지상권이 성립될 여지가 없다. 경매절차에서 토지 근저당권자 을이 채권신고를 하였다면 아파트점유 지분별로 환산한 내용대로 아파트 매각대금에서 배당을 받고, 매수인 소의 소유부분에 대한 토지근저당권은 말소되어 매수인 소는 아무런 문제 없이 소유권을 가질 수 있다.

그러나 매각조건이 토지근저당권을 인수하는 것이 되었다면 을이 나중에 근저당권에 의한 경매를 신청하여 토지매수인이 정해졌을 때 법정지상권이 성립되지 않으므로 아파트가 철거될 수 있다.

이 경우 만약에 인수조건이 붙으면 아파트 매수인은 토지에 대한 소유권이 없으므로 담보제공 등 소유권 행사에 많은 제약이 따른다. 소단지 아파트에서 이런 물건이 경매로 나오는 경우가 종종 있다. 이런 경우 문제가 복잡해 여러 번 유찰되는 경우가 많은데 3~4회 유찰 후 권리분석과 가치분석을 잘해 입찰하면 의외로 고소득을 올릴 수도 있다.

(2) 가등기

담보가등기는 말소기준등기이나 순위보전가등기는 말소기준가등기가 아
님에 유의해야 한다.

가등기는 장래의 순위보전을 위한 가등기와 담보를 위한 담보가등기가
있다. 법원은 가등기권리자에게 경매통지 시에 순위보전을 위한 가등기인지
담보가등기인지를 경매법원에 신고할 것을 최고하는데, 가등기권리자가 신
고를 하지 않거나 가등기권리자가 배당요구 종기일까지 배당요구를 하지
아니하였을 경우 순위보전을 위한 가등기로 보고, 배당요구가 있을 경우 담
보를 위한 가등기로 본다.

가등기 권리자가 배당요구를 하였다면 그 순위에 관계없이 경매절차에서
가등기는 말소되지만, 배당요구를 하지 않은 말소기준 등기보다 선순위의
가등기는 매수인이 인수해야 한다.

선순위 가등기가 있는 경우 배당요구 종기까지 배당요구가 있었는가를
잘 살펴 배당요구가 없었다면 매수인이 인수를 하여야 하므로 입찰에 참가
하면 안된다.

집행법원에서 순위보전을 위한 가등기인지 담보가등기인지에 대하여는
배당요구 종기일까지 신고할 것을 가등기 권리자에게 최고하고 있다. 가등
기 권리자가 배당요구를 하였는가는 대법원 경매정보란에 들어가 관할법원

을 찾아 사건번호를 입력한 후 접수된 문건을 확인하면 알 수 있다.

또 물건이 좋아 관심이 많다면 미리 가등기 권리자를 찾아 담보가등기인지 순위보전을 위한 가등기인지 확인해 보는 것도 좋다.

순위보전을 위한 가등기로 판명이 된 경우 등기부에 나타나는 원인이 매매예약으로 되어 있다면 매매예약 완결권은 형성권으로서 제척기간에 해당된다. 매매 예약일로부터 10년이 경과하면 매매 예약은 소멸되고 가등기는 말소 대상이 된다. 일단 등기부에 나타난 원인이 매매 예약으로 되어 있다면 매매 예약일로부터 10년이 지났는지 따져 보고 10년이 지났다면 입찰을 하여도 무방하다.(대법원 94다22682 판결)

 판례

> ※ **가등기관련 판례**
> · 대법원 1996. 11. 10. 선고 94다22682, 22699(반소)소유권이전등기
> 【판시사항】
> 가. 매매예약 완결권의 법적 성질 및 그 행사기간
> 나. 매매예약 완결권의 행사시기에 관한 약정이 있는 경우, 그 제척기간의 기산점
> 【판결요지】
> 가. 매매의 일방예약에서 예약자의 상대방이 매매예약 완결의 의사표시를 하여 매매의 효력을 생기게 하는 권리, 즉 매매예약의 완결권은 일종의 형성권으로서 당사자 사이에 그 행사기간을 약정한 때에는 그 기간 내에, 그러한 약정이 없

는 때에는 그 예약이 성립한 때로부터 10년 내에 이를 행사하여야 하고, 그 기간을 지난 때에는 예약 완결권은 제척기간의 경과로 인하여 소멸한다.

나. 제척기간은 권리자로 하여금 당해 권리를 신속하게 행사하도록 함으로써 법률관계를 조속히 확정시키려는 데 그 제도의 취지가 있는 것으로서, 소멸시효가 일정한 기간의 경과와 권리의 불행사라는 사정에 의하여 권리 소멸의 효과를 가져오는 것과는 달리 그 기간의 경과 자체만으로 곧 권리 소멸의 효과를 가져오게 하는 것이므로 그 기간 진행의 기산점은 특별한 사정이 없는 한 원칙적으로 권리가 발생한 때이고, 당사자 사이에 매매예약 완결권을 행사할 수 있는 시기를 특별히 약정한 경우에도 그 제척기간은 당초 권리의 발생일로부터 10년간의 기간이 경과되면 만료되는 것이지 그 기간을 넘어서 그 약정에 따라 권리를 행사할 수 있는 때로부터 10년이 되는 날까지로 연장된다고 볼 수 없다.

【참조조문】

민법 제162조 , 제564조

【참조판례】

대법원 1992. 7. 28. 선고 91다44766,44773 판결

또 등기부에 나타나는 원인이 매매계약인 경우에는 가등기의 청구권은 채권적 청구권이므로 채권이 소멸시효인 10년의 소멸시효에 해당된다. 가등기가 10년이 넘어 소멸시효에 걸릴 경우 그 부동산을 취득한 매수인은 그 가등기 권리자에 대하여 본등기 청구권의 소멸시효를 주장하여 그 가등기의 말소를 구할 수 있다.

그러나 매매계약의 경우는 소멸시효 대상이므로 시효중단 사유가 있을 경우 시효가 중단될 수 있다. 10년이 넘었다 하더라도 시효중단 사유가 없

었는지 잘 살펴보고 응찰을 하여야 한다.

순위보전을 위한 가등기일 경우 가등기권리자가 본등기를 하면 가등기이후의 모든 등기는 등기관이 통지 후 직권말소 한다. 경매로 취득을 했다고 하더라도 소유권은 말소되고 매수인은 배당을 받은 채권자들을 상대로 부당이득반환소송을 제기할 수 있을 것인데, 생면부지의 채권자들과 재판을 한다는 것이 얼마나 어려울지를 상상해 보기 바란다.

 사례

등기부에 다음과 같은 순위로 기재되어 있다면

소유자	갑	2005. 5. 18.	소유권취득
가등기권리자	을	2006. 6. 15.	순위보전을 위한 가등기
근저당권자	병	2006. 9. 23.	근저당권설정 등기
가압류권자	정	2007. 1. 4.	가압류등기
경매신청자	병	2007. 2. 10.	경매신청
매수인	무	2007. 7. 25.	경매대금 지급 소유권이전등기
가등기권리자	을	2007. 7. 30.	매매예약을 원인으로 소유권이전등기

을의 가등기의 본등기로 가등기 이후의 등기인 병, 정, 무의 등기는 모두 말소되고 가등기권리자인 을이 소유자가 된다. 경매로 매수한 무는 이 경매 절차에서 배당을 받은 병과 정에게 배당받은 금액을 돌려줄 것을 사정해 보고 돌려주지 않으면 부당이득반환청구 소송을 해야 한다.

(3) 가압류

가압류란 금전채권이나 금전채권으로 바꿀 수 있는 채권의 청구권 보전을 위해 미리 채무자의 재산을 잡아 두는 제도이다. 소를 제기해 승소판결을 받아 강제집행(경매신청)을 하자면 많은 시간이 소요되는데, 그 동안에 채무자가 재산을 도피하거나 채무자의 재산이 줄어들 염려가 있을 때 미리 가압류로 채무자의 재산을 잡아 두는 제도이다.

경매부동산에서 가압류가 최선순위일 경우 가압류가 말소기준 등기가 된다. 따라서 가압류는 배당을 받고 말소의 대상이 된다.

그러나 전 소유자를 상대로 가압류가 있는 상태에서 현 소유자 앞으로 이전등기가 된 후 현 소유자가 저당권을 설정하여 경매가 진행이 되었을 때 전 소유자의 가압류도 말소대상인가 하는 문제가 있다.

전 소유자를 상대로 한 가압류는 배당요구 대상도 말소 대상도 아니다. 따라서 매수인이 인수해야 하므로 가압류 금액만큼 낮추어 입찰을 하여야 한다.

 사례

좀 더 상세히 설명을 하면			
김O돌	2005. 7. 1.	가압류	금액 3,000만 원
마을금고	2005. 9. 2.	근저당권	금액 3,000만 원

이○순	2006. 5. 5.	가등기	금액 2,000만 원 배당요구종기일에 배당요구
신한은행	2007. 3. 6.	저당권	금액 2,000만 원
신한은행	2009. 10. 3.	임의경매	
배당할 금액		8,000만 원	

위의 경우 최선순위인 김○돌의 가압류가 말소기준 등기가 되고 말소기준 등기보다 후순위인 가등기 저당권은 모두 말소된다.

가압류의 배당을 좀 더 깊이 있게 설명해 보면

우선 채권총액이 1억이다. 그러나 배당할 금액이 8,000만 원으로서 채권총액에 2,000만 원이 부족하다.

그렇다면 안분해서 나눌 수밖에 없다. 10,000/8,000하여 안분하면

가압류권자인	김○돌	2,400만 원	30%
근저당권자인	마을금고	2,400만 원	30%
가등기권자인	이○순	1,600만 원	20%
저당권자인	신한은행	1,600만 원	20%

으로 안분이 되었다.

물권은 우선순위에 의해서 순위가 정해지며 채권은 채권자 평등주의로 우선순위가 없다.

1번 가압류권자인 김○돌은 2,400만 원이 그대로 배당되지만 마을금고보다 후순위인 이○순과 신한은행은 선순위인 마을금고가 만족을 취하지 못하고 있으므로 각 300만 원씩 흡수가 된다.

그러면 마을금고는 3,000만 원으로 만족을 얻고, 가등기권자인 이○순과 신한은행에게는 각 1,300만 원이 남게 된다. 다시 가등기권리자 이○순 신한

은행보다 선순위이므로 만족을 얻을 때까지 흡수가 되어 이○순이 2,000만 원, 신한은행 600만 원으로 배당이 되어 다음과 같이 배당표가 작성이 된다.

가압류권자	김○돌	2,400만 원
근저당권자	마을금고	3,000만 원
가등기권자	이○순	2,000만 원
저당권자	신한은행	600만 원

여기서 가등기권자 이○순의 권리가 가압류였다면 배당은 어떻게 될까?

근저당권자 마을금고의 만족을 위해 흡수된 부분 300만 원을 저당권자 신한은행의 배당에서 찾지 못하고 다음과 같은 배당표가 작성된다. 이것은 채권이 물권보다 앞서더라도 우선순위가 아니기 때문이다.

가압류권자	김○돌	2,400만 원
근저당권자	마을금고	3,000만 원
가압류권자	이○순	1,300만 원
저당권자	신한은행	1,300만 원

그러나 가설해서 2005년 7월 2일 소유권이 '갑'에서 '을'로 이전이 되었고 2005년 9월 2일 '을'을 채무자로 마을금고의 근저당권설정 등기가 있었다면 가압류는 전 소유자 '갑'을 상대로 한 가압류이므로 배당절차에서 제외되고, 말소되지 않고 매수인이 인수해야 한다.

매수인은 이해관계가 있는 제3자로서 가압류의 청구금액을 전 소유자에게 변제하거나 법원에 공탁하고 말소 신청할 수 있다.

만일 전 소유자의 가압류권자가 판결에 승소를 하여 집행권원을 얻고 경매신청을 하여 배당절차가 이루어진다면, 전 소유자의 가압류권자가 전액 배당을 받은 후 남은 금액으로 후 소유자의 채권자들이 배당을 받게 된다. 만일 후 소유자의 채권자들이 없다면 남은 금액은 후 소유자에게 돌아간다.

 판례

※ 가압류 관련 판례

• 대법원 2007. 4. 13. 선고 2005다8682 소유권말소

【판시사항】

선순위 가압류등기 후 목적 부동산의 소유권이 이전되고 신소유자의 채권자가 경매신청을 하여 매각된 경우, 위 가압류등기가 말소촉탁의 대상이 되는지 여부의 판단 기준

【판결요지】

부동산에 대한 선순위가압류등기 후 가압류목적물의 소유권이 제3자에게 이전되고 그 후 제3취득자의 채권자가 경매를 신청하여 매각된 경우, 가압류채권자는 그 매각절차에서 당해 가압류목적물의 매각대금 중 가압류결정 당시의 청구금액을 한도로 배당을 받을 수 있고, 이 경우 종전 소유자를 채무자로 한 가압류등기는 말소촉탁의 대상이 될 수 있다. 그러나 경우에 따라서는 집행법원이 종전 소유자를 채무자로 하는 가압류등기의 부담을 매수인이 인수하는 것을 전제로 하여 위 가압류채권자를 배당절차에서 배제하고 매각절차를 진행시킬 수도 있으며, 이와 같이 매수인이 위 가압류등기의 부담을 인수하는 것을 전제로 매각절차를 진행시킨 경우에는 위 가압류의 효력이 소멸하지 아니하므로 집행법원의 말소촉탁이 될 수 없다. 따라서 종전 소유자를 채무자로 하는 가압류등기가 이루어진 부동산에 대하여 매각절차가 진행되었다는 사정만으로 위 가압류의

효력이 소멸하였다고 단정할 수 없고, 구체적인 매각절차를 살펴 집행법원이 위 가압류등기의 부담을 매수인이 인수하는 것을 전제로 하여 매각절차를 진행하였는가 여부에 따라 위 가압류 효력의 소멸 여부를 판단하여야 한다.

【참조조문】

민사집행법 제135조, 제144조 제1항, 제148조 제3호

【참조판례】

대법원 2006. 7. 28. 선고 2006다19986 판결

위 판례에 의하면 선순위가압류 등기부 소유권이 제3자에게 이전되되 제3취득자의 채권자에 의한 경매진행이 된 경우 집행법원은 선순위가압류권자를 배당에 참가시키든지, 선순위가압류를 매수인에게 인수시키든지 양자택일할 수 있다는 것이다.

배당에 참가시킬 경우 배당의 범위는 가압류 결정 당시 청구금액의 한도 이내에서 우선변제받을 수 있다. 실무에서는 매수인이 인수하는 쪽으로 이루어지고 있는 경우가 대부분이다.

(4) 가처분

　가처분이란 금전채권 이외의 권리 또는 법률관계에 관한 보전처분으로서 어떠한 권리관계에서 임시로 그 지위를 정해 놓고 장래에 확정판결을 받아 집행하기 위한 제도이다.

　확정판결을 받아서 집행하려면 그 실현이 불가능할 경우에 법원의 가처분 결정을 받아서 먼저 가집행을 하고 장래에 본안 소송에서 판결을 받는 것을 말한다.

　장래에 집행할 청구권을 보전하기 위한 제도라는 점에서 가압류와 같으나 그 청구권이 금전채권이 아니라는 점, 그 대상이 채무자의 일반재산이 아닌 특정의 물건이나 권리라는 점은 가압류와 다르다. 금전채권으로 다투는 사안에 대하여는 가처분이 이루어지지 않는다.

　예를들어 집을 경매로 매수해 낙찰대금을 모두 지급하였는데 대항력 없는 임차인이 집을 비워주지 않아 인도명령 기간인 6개월이 지나고 명도소송을 준비 중인데, 임차인의 행위로 보아 명도소송 중에 점유권을 제3자에게 넘길 염려가 있을 경우 미리 점유이전금지가처분 결정을 받아 임차인에게 점유이전금지가처분 집행을 한 후 명도소송을 한다.

　또 부동산 등기부상에 나타나는 가처분으로는 처분금지 가처분이 있는데 매매 등의 이유로 소유권 이전에 관한 처분금지 가처분이 되어 있는 경우가 종종 있다.

말소기준 등기보다 선순위 가처분은 말소대상이 아니고 매수인이 인수하여야 하므로 입찰 시 유의하여야 한다. 입찰을 하지 않는 것이 좋다.

말소기준 권리인 마을금고의 근저당 등기일보다 가처분이 선순위여서 말소대상이 아니므로 매수인이 인수해야 한다.

그러나 김○돌의 가처분이 2005년 10월 5일로서 말소기준 권리인 마을금고보다 후순위라면 말소 대상이다.

또 가처분권자가 일정한 기간 동안 가처분의 피보전권리인 본안소송을 제기하지 않으면 채무자 또는 이해관계인은 가처분의 말소를 법원에 청구할 수 있다. 그 기간이 가처분이 등기부에 등재된 때로부터 10년이었는데, 민사집행법이 시행된 2002년 1월 26일부터는 5년, 2005년 1월 27일부터는 3년으로 개정이 되었다.

※ 가처분 관련 판례

• 대법원 2004. 4. 9 선고 2002다58389 소유권말소등기등 공2004. 5. 15.[202], 786

【판시사항】

구 민사소송법상 부동산에 대한 처분금지가처분 집행 후 10년이 지난 후에 가처분채권자가 본안소송을 제기하여 승소판결을 받은 경우, 가처분 집행 후가처분결정 취소판결 전에 이루어진 타인 명의의 소유권이전등기에 대하여 가처분채권자가 가처분의 효력을 주장할 수 있는지 여부(적극)

【재판요지】

구 민사소송법(2002. 1. 26. 법률 제6626호로 전문 개정되기 전의 것) 제715조에 의하여 가처분에도 준용되는 같은 법 제706조 제2항은 보전처분을 집행한 때부터 10년이 경과할 때까지 채권자가 본안의 소를 제기하지 않은 경우에는 채무자가 보전처분 취소소송을 제기하여 그 취소를 구할 수 있다는 것에 불과하고, 보전처분 집행 후 10년간 본안소송이 제기되지 아니하였다고 하여 보전처분 취소판결 없이도 보전처분의 효력이 당연히 소멸되거나, 보전처분 취소판결이 확정된 때에 보전처분 집행 시로부터 10년이 경과된 시점에 소급하여 보전처분의 효력을 소멸하게 하는 것으로 볼 수 없으므로, 그 가처분의 피 보전권리가 소멸되었음에도 불구하고 가처분이 취소되지 않고 있음을 이용하여 다른 동종의 권리로 그 가처분을 유용하였다는 등의 특별한 사정이 없는 한 그 가처분에 반하는 권리를 취득한 제3자는 가처분권자에게 대항할 수가 없게 된다고 해석할 수밖에 없으며, 이러한 법리는 본안소송이 제기된 시점이나 소유권이전등기가 된 시점이 가처분 집행 후 10년이 경과한 후라고 하여 달리 볼 것도 아니다.

(5) 지상권

　장래에 토지 위에 발생될 권리를 차단하기 위해 지상권이 설정된다. 지상권이 설정된 토지 위에 건축을 하려면 지상권자의 동의를 받아야 한다. 지상권 설정 없이 토지 위에 건물이 있을 경우 토지소유자는 법정지상권이 성립되든 안 되든 건물소유자에게 토지소유자로서 지료청구나 건물철거를 요구할 권리가 있다.

지상권은
① 지상권(약정지상권)
② 법정지상권
③ 관습상법정지상권
④ 분묘기지권
⑤ 구분지상권
이렇게 대별되는데 약정지상권과 구분지상권은 약정(법률행위)에 의하여 성립되고 등기를 요한다. 그러나 법정지상권, 관습상 법정지상권, 분묘기지권은 법률규정에 의하여 성립되며 등기를 요하지 않는다.

　지상권이란 타인 소유의 토지 위에 건물 기타 공작물 또는 수목을 소유하기 위해 그 토지를 사용할 수 있는 용익물권을 말한다.(민법 제279조)

　법정지상권이란 저당물의 경매로 인하여 토지와 그 지상 건물이 다른 소유자에게 속한 경우에는 토지 소유자는 건물 소유자에 대하여 지상권을 설정한 것으로 본다. 그러나 지료는 당사자의 청구에 의하여 법원이 이를 정한다.(민법 제366조)

관습상 법정지상권이란 토지와 건물이 동일한 소유자에 속하였다가 건물 또는 토지가 매각 기타의 원인으로 인하여 양자의 소유자가 다르게 될 때에는 특히 건물을 철거한다는 조건이 없는 이상, 건물 소유자는 토지 소유자에 대하여 그 건물을 위한 관습상 법정지상권을 취득한다.

분묘기지권이란 판례에 의한 관습상 법정지상권으로 이해하면 된다.

구분지상권이란 타인토지의 지하 또는 지상에 일정한 범위를 정하여 건물 기타 공작물 터널, 고가도로, 송전선, 지하철을 소유하기 위하여 구분층의 사용을 위한 지상권을 말한다.(민법 제289조의2)

법정지상권이 성립되면 지료청구가 가능하고, 법정지상권이 성립되지 않았으면 건물철거를 구하거나 협상의 여지가 있지만 토지 위에 지상권등기가 있으면 그야말로 아무 것도 할 수가 없다. 절대 경매에서 입찰을 하면 안 된다. 해결방법이 없다.

지상권도 말소기준 등기보다 후순위일 경우 말소대상이 되고 말소기준 등기보다 선순위일 경우는 매수인이 인수를 하여야 한다.

그러나 지상권이 말소기준 등기보다 선순위라 하더라도 말소대상이 된다는 대법원 판례가 있다. 이는 토지에 근저당권을 설정하면서 법정지상권 성립의 문제를 사전에 차단하기 위해 근저당권의 설정등기와 동시에 지상권을 설정하는 경우이다.

이때 근저당권말소 시 지상권의 말소를 위해 대부분 근저당권설정등기보다 후순위로 지상권을 등기하는데, 간혹 근저당권설정등기보다 먼저 지상권등기를 하는 경우가 있다.

위와 같이 근저당권의 실현을 위해 지상권을 설정한 경우 근저당권보다 먼저 지상권이 선순위로 등기가 되었다 하더라도 위 지상권은 근저당권을 위해 설정된 지상권으로서 말소 대상이라는 것이다.

소유자	갑	2009. 5. 3.	소유권이전등기
지상권자	을	2009. 9. 5.	지상권설정등기
근저당권자	을	2009. 9. 5.	근저당권설정등기 채권최고액금 2,000만 원
경매신청	을	2009. 11. 6.	경매신청
매수인	병	2010. 2. 7.	병의 경매신청으로 매수

위의 경우 을의 지상권은, 을의 근저당권의 담보물인 대지 위에 지상물 설치로 근저당권이 침해될 우려 때문에 설정된 지상권이므로 을의 근저당권 말소와 동시에 말소된다.

그러나 을의 채권이 다 회수되지 않아 말소에 이의를 달 경우 문제가 발생될 수도 있으니 을의 채권이 모두 회수될 수 있는지를 파악해 보고 입찰에 응하기 바란다.

또 소유권이전 청구권 보전을 위한 가등기를 경료하면서 그 토지 위에 건물 등을 축조할 경우 토지의 권리행사에 방해가 될 것 같아 지상권을 설정한 경우에도, 가등기에 기한 본등기청구권이 시효로 소멸한 경우 가등기의 가치를 높이기 위해 설정된 지상권은 그 목적을 잃었으므로 당연히 소멸되었다고 보아야 할 것이다.

(6) 전세권

　전세권이 있으면 전세금을 지급하고 타인의 부동산을 그 용도에 따라 사용, 수익을 얻고, 전세기간이 만료되면 당해 부동산으로부터 전세금을 우선변제받을 수 있다. 또 전세금의 반환이 지체되면 경매를 청구할 수도 있다. 전세권은 주택을 사용할 시에는 용익물권적 성격을 가지다가 주택의 사용이 끝나면 전세금을 받을 때까지 담보물권적 성격을 지닌다.

　전세권자가 전세목적물에 대한 경매를 청구하려면 먼저 전세권 설정자에 대하여 전세목적물의 인도와 전세권설정 등기말소 의무를 제공하여 전세권 설정자를 이행지체에 빠뜨려야 한다.

　전세권 등기와 확정일자의 차이점은, 전세권설정 등기는 건물에서만 배당이 되고 확정일자가 있는 임차인은 건물 토지 양쪽 모두에서 배당을 받을 수 있다는 것이다.

　전세권설정 등기는 기간이 종료하면 바로 임의경매를 신청할 수 있다. 그러나 확정일자 있는 임차권은 임차기간이 종료한 후 보증금반환 청구소송에서 승소한 후 집행권원을 얻어 강제경매 신청을 하여야 한다.

　전세권설정 등기는 임대기간 만료 후 다른 곳으로 이사를 하여도 그 효력이 그대로 살아 있다. 그러나 확정일자가 있는 임차인은 낙찰기일까지 주민등록을 옮기거나 이사를 하면 대항력이 사라진다. 그러나 법원에 임차권 등기신청을 해 임차권 등기가 된 후 이사를 하면 종전 임차인의 권리가 그대로 유지가 된다.

대항력 있는 전세권 등기라도 말소가 되는 경우는 다음과 같다. 선순위 전세권자가 경매를 신청한 경우 전세권은 말소되고, 선순위 전세권자가 전입과 확정일자를 받아 두었는데 배당요구 종기일까지 배당신청을 하였다면 낙찰대금에서 전세금을 받고 말소가 된다.

등기부에 다음과 같은 순위로 기재가 되어 있다고 가정하자.

근저당권	갑	2005. 1. 6.	채권최고액금 5,000만 원
전세권	을	2005. 3. 5.	전세금 5,000만 원
가압류	병	2005. 4. 3.	금액 3,000만 원
근저당권	정	2006. 5. 2.	채권최고액금 3,000만 원
경매신청	정	2007. 3. 3.	

위의 상태대로 경매가 진행이 되었다면 부동산 위의 모든 권리는 말소된다. 그러나 갑의 근저당권과 을의 전세권이 순위가 바뀌었을 경우 을의 전세권은 배당신청을 하였다면 말소가 되지만, 배당신청을 하지 않았다면 말소되지 않는다. 이는 매수인이 인수해야 하므로 입찰 시에 을의 전세금 5,000만 원을 염두에 두고 이를 공제한 금액으로 입찰을 하여야 한다.

매수인이 매수대금을 지급하였을 때에 소유권이 매수인에게 이전이 된다. 이때에 이전 대상 부동산등기부 위에 존재하는 권리들을 어떻게 처리하느냐에 따라 매수인은 안전하게 권리를 취득할 수도 있고, 부동산 위에 존재하는 권리를 떠안은 불안한 상태에서 취득할 수도 있다.

부동산 낙찰 시 매수인이 떠안아야 할 권리를 인수주의라고 한다. 이러한 권리에는 전세권, 지역권, 지상권, 임차권, 가등기, 가처분, 환매등기, 예고등기, 유치권, 전 소유자의 압류 등이 있다.

낙찰인이 인수하는 권리들은 경락이 되더라도 낙찰자가 그 물적 부담을 안아야 하므로 낙찰인은 입찰 시 인수금액의 한도에서 차감한 금액으로 입찰을 하여야 한다. 그렇지 아니하면 시세보다 비싼 금액으로 경매부동산을 취득하게 되어 손해를 보게 된다.

(1) 매수인이 인수해야 할 권리

① 최고순위의 담보물권(말소기준등기)보다 먼저 설정된 권리

전세권

지역권

지상권

임차권

주택의 인도와 전입신고를 마친 임차인

가등기

가처분등기

환매등기

② 경매개시결정등기보다 먼저 설정된 권리(강제경매기입등기가 말소기준등기인 경우)

전세권

지역권

지상권

임차권

주택의 인도와 전입신고를 마친 임차인

가등기

가처분등기

환매등기

소멸주의란 낙찰로 인해 소멸하는 권리로서 매각된 대금에서 배당으로 해결이 되고 매수인 앞으로 이전등기가 될 때 말소등기 촉탁의 대상이 되는 것을 말한다. 매수인은 안전하게 수유권을 취득하게 된다. 즉, 인수주의와 반대되는 경우이다.

소멸되는 권리는 최선순위 담보물건보다 후순위로 설정된 각종의 권리를 말하는데 이러한 권리에는 전세권, 지상권, 임차권, 가등기, 가처분, 환매등기 등이 있다. 예고등기는 선순위 등기와 관계없이 소멸되지 않는다.

처분금지 가처분등기일 경우 최선순위가 아닌 후순위라도 말소가 되지 않는 경우가 있으니 주의를 요하고, 의심이 들면 전문가와 충분히 상담을 한 후 입찰을 해야 한다.

⑴ 매수인의 매수대금 지급과 동시에 소멸되는 권리

① 최고순위의 담보물권보다 늦게 설정된 권리

전세권

지역권

지상권

임차권

주택의 인도와 전입신고를 마친 임차인

가등기

가처분등기

환매등기

② 가압류등기보다 늦게 설정된 권리

전세권

지역권

지상권

임차권

주택의 인도와 전입신고를 마친 임차인

가등기

가처분등기

환매등기

③ 경매개시결정등기보다 늦게 설정된 권리

전세권

지역권

지상권

임차권

주택의 인도와 전입신고를 마친 임차인

가등기

가처분등기

환매등기

　위에서 전세권의 경우 기한의 약정이 없거나 경매개시결정등기부터 6개월 이내에 그 기간이 만료되는 전세권을 말한다.

대위변제란 채무자의 채무를 다른 사람이 대신 갚아 주는 것을 말한다. 경매가 진행 중인 부동산 위에 선순위의 저당권이나 가압류가 있어 그 다음 순위인 임차인이 있는 경우, 임차인은 선순위 저당권자나 가압류권자에게 대항력이 없기 때문에 매수인에게도 대항력이 없다.

따라서 소멸주의에 의해 임차권은 소멸하게 된다. 그러나 선순위 저당권의 금액이나 가압류금액을 임차인이 대위로 변제하면, 임차인은 매수인에게 대항력이 발생되어 인수주의에 의해 매수인은 임차인의 권리를 인수해야 된다.

대위변제를 할 수 있는 시기는 매수자가 대금을 완납하기 전까지 대위변제 할 수 있다. 이해관계 있는 제3자는 채무자의 채무를 대위변제 또는 변제공탁하고 집행정지결정정본을 얻어 경매법원에 제출하여야 한다.

이해관계가 있는 후순위권리자는 대위변제한 사실을 원인으로 하여 선순위 저당권등기 또는 가압류등기의 말소를 신청한다.

여기서 중요한 것은 매수인의 대금지급 전까지 대위변제를 하고 말소된 등기부등본을 경매법원에 제출해야지, 변제만 하고 말소기준등기를 말소하지 않았을 경우에는 대위변제의 효력이 없다는 점이다.

매수인은 예기치 못한 사정으로 인해 불측의 손해를 입을 수 있으므로 매수할 수 없다는 뜻에서 다음과 같이 대응한다.

매각허가 결정 전일 때 : 낙찰허가에 대한 이의 또는 낙찰불허가 신청을 한다.
낙찰허가 결정이 났을 때 : 즉시 항고한다.
대금지급 이전일 때 : 낙찰허가결정취소 신청을 한다.
대금지급 이후일 때 : 대위변제가 인정되지 않는다. 따라서 매수인에게 아무런 문제가 없다.

 사례

대위변제의 예)

저당권자 또는 가압류권자	갑	2005. 3. 25.	금액 2,000만 원
임차권자	을	2005. 7. 23.	이사 및 주민등록전입 3,000만 원
근저당권자	병	2005. 8. 20.	금액 3,000만 원
경매신청	병	2006. 12. 5.	근저당권자
매수인	정	2007. 3. 3.	6,000만 원에 매각

1번 저당권 또는 가압류말소 2007. 3. 10.   임차인 을이 대위변제

이 경우 임차인 을이 갑의 채권 2,000만 원을 대위변제하였으므로 임차인 을은 최선순위 임차인으로서 매수인 정에게 대항력이 생긴다. 매수인 정이 매각대금을 지급하였을 시 을이 배당요구를 하지 않을 경우 매수인 정은 이를 인수하여야 한다. 인수하기 싫으면 낙찰허가결정 취소 신청을 한다.

또 저당권자 갑이 채권이 없다는 채권계산서를 체출한 경우에도 임차인의 대항력이 발생되어 매수인이 인수하여야 하므로 특히 주의를 요한다.

등기부

부동산 위에 존재하는 권리를 공시하는 등기부가 권리분석에서 가장 중요한 기초자료가 된다. 등기부를 제대로 보지 못한다면 경매에서 당달봉사가 될 수 있으므로 등기부등본을 확실히 볼 줄 알아야 한다.

등기부는 표제부, 갑구, 을구로 구분되어 있다.

표제부는 그 부동산 토지의 경우 소재지와 지번, 지목, 지적이 표시되고 건물의 경우 지번, 구조, 용도, 면적 등이 표시된다.

갑구에는 소유권에 관한 등기가 기재되어 있다. 소유자, 가등기, 가처분, 가압류, 임차권등기, 각종의 압류 및 환매권의 등기가 기재되어 있다.

을구에는 소유권 이외의 등기 저당권, 근저당권, 전세권, 지역권, 지상권 등기가 기재되어 있다.

등기 우선순위의 우열은 동일 구에서는 순위번호에 의하고, 다른 구인 갑구, 을구의 우열순위는 접수일자 순에 의하며 접수일자가 같은 경우 접수번호 순에 의한다.

권리분석을 할 때 각 등기의 우열을 메모하면서 잘 가려야 한다.

표제부에서는 토지의 경우 소재지, 토지의 종류, 토지의 면적을, 건물의 경우 소재지, 구조, 용도, 면적을 확인한 후 표제부에 기재되어 있는 면적이 감정평가서에 기재되어 있는 내용과 같은지 확인한다. 제시된 것 외의 건물이 있다면 평가대상에 포함이 되었는지 알아본다. 만일 감정평가에서 제외되어 입찰에서 빠졌다면 훗날 분쟁의 소지가 될 수 있다.

갑구에서는 등기부등본상의 소유자와 경매대상 부동산의 소유자가 일치하는지, 토지와 건물의 소유자가 동일한지, 등기부등본에 경매의 압류기입등기가 어느 날짜로 되어 있는지 확인한다. 경매개시결정등기(압류등기) 기입 날이 압류 날이다.

말소기준등기인 저당권(근저당권, 가압류, 담보가등기)설정일자보다 선순위 가등기, 가처분, 전세권, 예고등기가 존재하는지 확인한다. 압류등기 후 전입한 임차인이 있는지 확인한다.

각종의 처분제한등기(가처분, 가등기, 예고등기)가 있는지, 있으면 언제 날짜인지 확인한다. 처분제한 등기가 있을 경우 경매로 소유권을 취득하였다 하더라도 분쟁에 휘말려 소유권을 잃을 수 있으니 주의를 요한다. 위와 같이 처분제한 등기가 있는 경우 특별한 사정이 있는 경우를 제외하고는 입찰에 참여하지 않는 것이 좋다.

단 가처분, 가등기가 말소기준 등기보다 후순위일 경우는 별 문제가 없다.

을구에서는 최초의 근저당설정 등기일자를 반드시 확인하여야 한다.

최초의 근저당설정 등기일자(말소기준등기)보다 먼저 전입신고를 하고 거주하는 임차인인 대항력을 갖춘 임차인과, 상가의 경우 건물의 인도와 사업자등록을 마쳐 대항력을 갖춘 임차인이 있는지 확인한다.

또 최초의 근저당권설정등기의 채권최고액이 얼마인지 확인해야 한다. 그 금액이 소액일 경우 차순위 임차인이 대위변제를 할 수 있다는 것을 감안하고 경매대금지급 때 대위변제가 없었는지 알아본 후 대금을 지급한다.

등기부등본상 권리관계 분석

가) 소유권의 진정성 판단, 기타 권리취득 가능성의 확인사항

분　류	확 인 사 항
① 소유권에 관한 사항 → 등기부상의 소유자와 등기 필증, 등기관련 증명서류와 보유자가 동일한지, 등기부상 권리자와 실제관리자가 동일한지 확인	등기부, 등기필증 등 공부나 '등기원인을 증명하는 서류(계약서, 판결정보, 화해조서, 공정증서)'를 열람 하거나 등기부등본을 발급받아서 갑구에 기재된 소 유자의 성명, 주민등록번호, 주소 등 소유권에 관한 사항(등기순위, 등기관리자, 등기인, 예비 등 기화 촉 탁등기)을 조사 확인한다.
② 소유권 이외의 각종 처분제한이나 제한물권(저당 권, 지상권, 지역권 등)의 확인	등기부에 기재된 지목, 제한물권의 내용·권리자, 피 담보채권에 대한 채무액, 권리설정액(근저당한도액) 최고금액, 이율, 연체여부, 기간, 채권자, 채무자의 내 용을 확인 조사한다. ※ 특히 임차권이 설정되어 있는 경우에는 임차인, 임대료, 임대차기간, 기타 임대차조권 등을 조사 확인하는 것 외에 다른 제한물권과의 관계, 주택 임대차보호법에 의한 제한사항 등을 확인한다.
③ 대상부동산 소유권자의 생존여부 및 주소의 일치 여부	호적등본 또는 주민등록등본
④ 대상부동산의 소유자가 사망한 경우에는 그 상속 권자 및 권리이전상의 문제 등을 조사·확인	호적등본
⑤ 행위무능력(미성년, 금치산, 한정치산 선고)에 대 한 확인	호적등본
⑥ 납세명의자와 등기부상 명의자의 상치여부에 대 한 확인	재산세 납세증명서, 제세완납증명서 등
⑦ 등기부와 지적공부상의 소유자의 동일성 확인(권 리관계는 등기부가 지적공부에 우선하는 것이 원 칙이나 등기에 공신력이 없다)	등기부등본, 등기필증, 지적공부(토지대장), 매매계 약서, 실제 관계를 증명하는 기타서류

나) 권리분석 대상물의 기본적 확인사항

분 류	확 인 사 항
① 대상물의 실제 소재지와 지적도 상의 위치가 일치하는지를 확인	실지조사 또는 현지조사에 의하여 확인하여야 한다.
② 공부상의 지목 또는 면적과 실제가 상치되는지 여부를 확인	지목 : 토지대장, 임야대장 면적 : 토지 – 토지대장, 임야대장 건물 : 건축물관리대장 경계확인 : 지적도, 임야도 ※ 만약 상치하는 경우에는 측량사 등에게 의뢰하여 실측할 필요가 있다.
③ 건물인 경우에 그 구조, 면적(건평 등) 및 건축년도 등의 공부상 기재와 실제가 일치하는지 여부를 확인	권리분석의뢰 또는 중개 의뢰된 건물의 구조확인을 위해 건축물관리대장(가옥대장)의 확인과 함께 현지조사를 한다.
④ 토지의 이용도 등과 관련하여 대상물인 토지에 대해 사도와 접하는 경우 통행권 등에는 문제가 없는지, 그 밖의 민법상 상린관계에 관하여 인접지 소유자와 법적 분쟁의 소지는 없는지를 확인	실지조사 또는 현지조사에 의하여 확인하여야 한다. 특히 법정지상권은 등기사항이 아니어서 공부로 확인할 수 없으므로 실지조사를 통해 확인해야 한다.

토지이용계획 확인원

국토이용에 관한 사항, 도시계획에 관한 사항, 도시계획시설 저촉여부, 용도제한, 군사시설에 관한 사항, 문화재보호지역, 상수도보호지역, 농지이용확인원, 농지취득 자격이 가능한지 등을 확인한다.

임야대장, 토지대장, 지적도, 임야도
지번, 지목, 경계선, 경사도, 진입로, 맹지인지 확인

★ 토지이용계획확인원의 설명은 Part 1 - 8에서 상세히 설명하였다.

매각물건명세서 확인

매각물건명세서는 법원에서 사법보좌관(경매담당 판사)이 작성, 비치하는 서류로 경매에 있어 아주 중요한 역할을 한다.

이 매각물건명세서로 경매대상부동산 위에 존재하는 말소기준등기, 임차인 관계, 제시 외 건물에 대한 사항 등 여러 가지 권리의 내용들을 알 수 있다.

매각물건명세서는 매각기일 일주일 전까지 누구나 볼 수 있도록 작성 비치 해야 한다. 또 매각물건명세서는 매번 매각기일마다 작성 비치해야 한다.

매각물건명세서에는

① 부동산의 표시

② 부동산의 점유자와 점유의 권원, 점유할 수 있는 기간, 차임 또는 보증금에 관한 관계인의 진술(임차인이 있는 경우 배당요구의 여부와 일자, 전입일, 확정일자 유무와 일자)

③ 등기된 부동산에 대한 권리 또는 가처분으로서 매각으로 효력을 잃지

않는 것(최선순위 저당권 설정일자를 기재)

④ 매각에 따라 설정된 것으로 보게 되는 지상권의 개요(법정지상권, 지
  상권의 성립여부)가 확실하게 판단이 되지 않을 경우 '법정지상권 성
  립 여지 있음'으로 기재되어 있다.

주된 건물에 종속된 물건을 부합물 또는 제시외 물건이라고 한다.

부동산의 표시가 공부상의 표시와 그 현황에서 차이가 있을 경우 현황을 우선한다. 부동산이 압류 후 또는 저당권 설정 후에 새로이 부합물이 된 경우에도 현황대로 한다. 그러나 타인의 지상권, 전세권, 임차권에 의하여 부속된 물건에 어느 정도 독립성을 갖춘 것은 포함되지 않는다.

또한 저당권 설정행위에 특정 부합물을 제외시키기로 하는 다른 약정이 있는 경우에도 제외된다. 명인방법을 갖추지 않아 공시의 효과가 없는 수목, 정원수, 정원석, 석등, 주유소의 땅 속에 부설된 유류저장 탱크는 대부분 토지의 부합물로 본다.

남의 토지에 토지 소유자의 승낙 없이 식재한 수목은 토지 소유자에게 속하고, 토지 소유자의 승낙에 의해 식재한 수목은 식재자에게 속한다. 구분소유권의 일부로 거래될 수 없는 것은 기존 건물에 부합한다.

제시 외 물건은 기존건물에 증축 또는 개축된 부분에서 미등기로 있는 부분을 말한다. 즉 기존건물의 필요에 따라 증축한 창고 및 비를 막기 위해 단가작, 개축한 화장실과 목욕탕 등이다.

법원에서 공고되는 공고문에 '제시 외 물건 있음'이라고 공고되는 경우가 많다. 제시 외 물건은 대개 감정평가에 포함되는데, 혹 감정평가에서 제외되는 경우도 종종 있으니 입찰 시 주의를 요한다.

감정평가에 포함되어있다면 일괄경매의 대상으로 매수인의 소유권 취득에 별 문제가 없다. 그러나 감정평가에서 제외되어 있고 법원의 일괄경매 결정이 없다면 소유권 취득에 문제가 있으므로 입찰을 피하고, 꼭 입찰을 하고 싶으면 경매법원에 문의를 해 볼 필요가 있다.

　종물이란 주물의 경제적 가치에 이바지하다가 주물의 처분에 따라 운명을 같이하는 것을 말한다. 즉 종물은 소유자가 동일한 주물에 부속시킨 물건이다. 경매 시 압류의 효력은 종물에도 미친다. 따라서 종물도 경매대상의 목적물이다.

　경매부동산의 종물로 문제가 되는 것으로는 주물의 본래의 사용에 이바지하는 동산으로 보일러실, 지하수 펌프시설, 주유소의 주유기, 농지에 사용된 양수시설이 있고, 부동산으로는 별동으로 되어 있으면서 주물의 사용에 기여하는 화장실, 창고, 차고 등이 있다.

　주유소의 경우 유류저장탱크는 토지에 부합된 종물이고, 주유기는 주유소건물에 부합된 종물이다.

종된 권리

경매압류의 효력은 목적부동산의 종된 권리에도 미치며 매수인은 종된 권리도 취득하게 된다. 부동산의 종된 권리로는 토지의 지역권, 건물의 지상권이 있다.

아파트의 대지권(대지사용권 포함)은 구분건물의 종물 또는 종된 권리로서 아파트 매수인은 대지권을 함께 취득한다. 그러나 대지사용권의 분리처분이 가능하도록 하는 규약이 있는 경우는 함께 취득하지 못한다.

천연과실

천연과실은 주물에서 분리되기까지는 주물의 처분에 따르므로 과수의 열매, 곡물, 석재, 토사 등은 강제집행의 대상이며 매수인의 소유가 된다.

단, 토지에서 분리하기 전의 과실로서 1월 이내에 수확할 수 있는 것은 유체동산으로 보아 낙찰허가 결정 시까지 성숙기에 달하여 채무자에 의해 수취될 것이 예상되는 경우 채무자의 소유로 본다.

(1) 법정지상권 관련 법조문

※ 민법 제305조(건물의 전세권과 법정지상권)

① 대지와 건물이 동일한 소유자에 속한 경우에 건물에 전세권을 설정한 때에는 그 대지소유권의 특별승계인은 전세권설정자에 대하여 지상권을 설정한 것으로 본다. 그러나 지료는 당사자의 청구에 의하여 법원이 이를 정한다.

② 전항의 경우에 대지소유자는 타인에게 그 대지를 임대하거나 이를 목적으로 한 지상권 또는 전세권을 설정하지 못한다.

※ 민법 제366조(법정지상권)

저당물의 경매로 인하여 토지와 그 지상 건물이 다른 소유자에 속한 경우에는 토지소유자는 건물소유자에 대하여 지상권을 설정한 것으로 본다. 그러나 지료는 당사자의 청구에 의하여 법원이 정한다.

※ 가등기담보법 제10조(법정지상권)

　토지와 그 위의 건물이 동일한 소유자에게 속한 경우 그 토지나 건물에 대하여 제4조 제2항에 따른 소유권을 취득하거나 담보가등기에 따른 본등기가 행하여진 경우에는 그 건물의 소유를 목적으로 그 토지 위에 지상권이 설정된 것으로 본다. 이 경우 그 존속기간과 지료는 당자사의 청구에 의하여 법원이 정한다.

※ 입목에 관한 법률 제6조(법정지상권)

　토지와 그 지상의 입목이 동일한 소유자에게 속하는 경우에 경매 기타의 사유로 토지와 입목이 각각 다른 소유자에게 속하게 되는 경우에는 토지소유자는 입목소유자에 대하여 지상권을 설정한 것으로 본다.

(2) 지상권과 법정지상권의 개념

지상권이란 토지 위의 건물이나 수목, 기타 공작물의 소유를 목적으로 타인의 토지를 배타적으로 사용할 수 있는 물권적 권리를 말하는데 반드시 등기를 필요로 한다. 지상권은 당사자 간 계약에 의하여 성립되나, 법정지상권은 법이 정한 일정한 요건을 갖춘 경우 건물소유자가 타인의 토지를 토지소유자의 승낙 없이 사용할 수 있는 권리를 말한다. 법정지상권은 등기 없이도 효력이 있다.

우리나라의 부동산등기 제도는 토지와 건물을 별개의 부동산으로 하고 있다. 건물을 사용하기 위해서는 토지의 사용을 필연적으로 수반하여 토지와 건물이 동일인의 소유인 경우에는 그 이용에 문제가 없으나 경매에 의하여 토지와 건물의 소유자가 달라지는 경우가 생길 수 있다.

이럴 경우 토지소유자가 내 땅위에 남의 건물이 있으니 건물을 철거하라고 하면 건물소유자는 큰 손해를 입을 수 있다. 이렇게 토지소유자와 건물의 소유자가 동일하다가 갑자기 어떤 사정으로 땅 주인과 건물 주인이 달라질 경우, 일정한 요건이 충족되면 건물소유자가 건물을 철거하지 않고 토지를 사용할 수 있도록 건물소유자를 위하여 그 토지 위에 지상권이 성립된 것으로 보고, 그 토지를 이용할 수 있게 하려는 제도를 법정지상권제도라고 한다. 법정지상권은 토지와 건물을 분리하는 우리나라에만 있는 제도이다.

법정지상권을 인정하는 취지는 토지와 건물의 소유자가 동일하다가 건물이나 토지의 소유자가 달라지는 경우 토지의 소유자가 건물철거를 요구하면 건물의 소유자가 불안한 지위에 놓이게 될 뿐만 아니라 멀쩡한 건물이 철거된다면 경제적 가치로도 큰 손실이 예상되기 때문이다. 그래서 건물소유자에게 법정지상권을 인정하여 건물과 건물소유자를 보호하고 있다.

마찬가지로 토지소유자를 보호하는 조항도 있다. 토지소유자는 건물소유자에 대하여 지료를 청구할 수 있고, 2년간 지료를 지급하지 아니할 경우 법정지상권의 소멸청구로 법정지상권이 소멸되게 할 수 있다.(민법 제287조)

그러나 법정지상권이 성립되면 토지소유자는 존속기간까지 지료를 받는 것 외에는 토지에 대한 권리행사를 할 수 없고, 건물소유자도 토지소유자의 승낙 없이는 건물유지 및 건물을 사용하기 위한 범위 외의 토지 변형행위를 할 수가 없다.

(3) 법정지상권과 관습상 법정지상권의 차이

위에서 설명한 것과 같이 지상권은 당사자 사이의 지상권 설정계약에 의하여 성립하는 것이며 등기하여야 효력이 발생한다.

법정지상권은 당사자 사이의 지상권 설정계약에 의하지 않고도 법률규정(임의경매)에 의하여 지상권이 당연히 인정이 되고 등기 없이도 효력이 발생한다. 이 규정은 강행규정으로 당사자 사이의 특약으로써 그 발생을 배제할 수 없다. 법정지상권에 대한 일반적인 효력은 지상권과 동일하므로 그에 준한다. 지료는 당사자 사이에 협의가 없으면 법원이 결정한다.(민법 제305조, 제366조)

관습상 법정지상권이란 법정지상권과 모든 점에서 비슷하나 성립과정에 차이가 있다. 법정지상권은 법률규정(저당권에 기한 경매)에 의하여 성립하나 관습상 법정지상권은 매매, 증여, 국세징수법에 의한 공매 또는 강제경매에 의하여 동일인에게 속했던 토지와 건물이 소유자를 달리 하게 된 때, 건물을 철거한다는 특약이 없으면 건물소유자가 당연히 취득하게 되는 것이다. 관습상 법정지상권은 분묘기지권과 같이 판례에 의하여 인정된다.

 판례

> • 대법원 1966. 2. 22. 선고 65다2223 건물명도 등
> 【판시사항】

01. 관습상의 법정지상권의 성립요건

【판결요지】

01. 토지와 건물이 동일한 소유자에 속하였다가 건물 또는 토지가 매각 기타의 원인으로 인하여 양자의 소유자가 다르게 될 때에는 특히 그 건물을 철거한다는 조건이 없는 이상 건물소유자는 토지소유자에 대하여 그 건물을 위한 관습상의 법정지상권을 취득한다.

• 대법원 1986. 9. 9. 선고 85다카2275 건물철거 등

【판시사항】

01. 귀속재산처리법상의 불하처분에 의하여 동일소유자에 속한 토지와 건물의 소유자가 다르게 된 경우, 관습상의 법정지상권의 성부

【판시사항】

01. 귀속재산처리법상의 불하처분이 행정행위라 하더라도 그 실질은 매매이며 매매에 의하여 동일소유자에 속한 토지와 건물의 소유자가 다르게 된 경우에 관습에 의한 법정지상권이 성립함은 물론 그 존속기간은 민법의 규정에 따라야 한다.

• 대법원 1962. 4. 18. 선고 4294민상1103 건물철거

【판시사항】

관습에 의한 법정지상권이 발생하는 경우

【재판요지】

토지와 그 위의 건물이 같은 소유자의 소유에 속하였다가 매각 또는 기타 원인으로 인하여 양자의 소유자가 다르게 될 때에 건물소유자는 특별한 사정이 없는 한 관습에 의한 법정지상권을 취득하게 된다.

• 대법원 1970. 9. 29. 선고 70다1454 건물수거 등

【판시사항】

01. 강제경매로 인하여 관습상의 법정지상권이 성립되기 위하여는 경락 당시에 토지와 그 지상 건물이 소유자를 같이하고 있었다면 족하고 강제경매를 위한 압류가 있은 때로부터 경락에 이르는 기간 중 계속하여 그 소유자를 같이하고 있었음을 요하는 것은 아니다.

【재판요지】

01. 강제경매로 인하여 관습상의 법정지상권이 성립되기 위 하여는 경락당시에 토지와 그 지상건물이 소유자를 같이하고 있으면 족하고 강제경매를 위한 압류가 있은 때로부터 경락에 이르는 기간 중 계약하여 그 소유자를 같이하고 있음을 요하는 것은 아니다.

• 대법원 1971. 12. 28. 선고 71다2124 건물철거

【판시사항】

01. 관습상의 지상권에 관한 법리를 오해하였다고 판단된 사례.

【판결요지】

01. 피고소유의 건물의 존립을 목적으로 하는 대지사용을 그 대지소유자인 원고가 승낙하였다고 하여도 그 사실만으로 그 건물이 노후 되어 멸실될 때까지 그 대지를 사용할 수 있는 관습상의 토지권이 설정되었다고 볼 수는 없다.

• 대법원 1994. 11. 22. 선고 94다5458 지료

【판시사항】

01. 나대지상에 담보가등기가 경료 되고나서 대지소유자가 그 지상에 건물을 신축한 후 본등기가 경료 되어 대지와 건물의 소유자가 달라진 경우, 건물을 위한 관습상 법정지상권이 성립하는지 여부

02. '가' 항의 경우 건물의 강제경매절차 진행 중에 본등기가 경료 되었다면 건물경락인이 관습상 법정지상권을 취득하는지 여부

03. 대지에 관한 임차권이 민법 제622조에 따른 대항력을 갖기 위한 전제요건

04. 소유권의 행사가 권리남용에 해당되기 위한 요건

01. 원래 채권을 담보하기 위하여 나대지상에 가등기가 경료되었고, 그 뒤 대지소유자가 지상에 건물을 신축하였는데, 이후 그 가등기에 기한 본등기가 경료되어 대지와 건물의 소유자가 달라진 경우에 관습상 법정지상권을 인정하면 애초에 대지에 채권담보를 위하여 가등기를 경료한 사람의 이익을 크게 해하게 되기 때문에 특별한 사정이 없는 한 건물을 위한 관습상 법정지상권이 성립한다고 할 수 없다.

02. '가' 항의 건물에 강제경매가 개시되어 압류등기가 경료되었고, 강제경매절차가 진행 중에 그 이전에 각 대지에 관하여 설정된 채권담보를 위한 가등기에 기하여 본등기가 경료되었으므로 건물경락인은 각 대지에 관하여 건물을 위한 관습상 법정지상권을 취득한다고 볼 수 없다.

03. 갑이 대지와 건물의 소유자였던 을로부터 이를 임차하였는데 그 후 갑이 그 건물을 강제경매절차에서 경락받아 그 대지에 관한 위 임차권은 등기하지 아니한 채 그 건물에 관하여 갑 명의의 소유권이전등기를 경료 하였다면, 갑과 을 사이에 체결된 대지에 관한 임대차계약은 건물의 소유를 목적으로 한 토지임대차계약이 아님이 명백하므로, 그 대지에 관한 갑의 임차권은 민법 제622조에 따른 대항력을 갖추지 못하였다고 할 것이다.

04. 토지소유자가 그 토지의 소유권을 행사하는 것이 권리남용에 해당한다고 할 수 있으려면, 주관적으로 그 권이행사의 목적이 오직 상대방에게 고통을 주고 손해를 입히려는 데 있을 뿐 행사하는 사람에게 아무런 이익이 없을 경우이어야 하고, 객관적으로는 그 권리행사가 사회질서에 위반된다고 볼 수 있어야 하는 것이며, 이와 같은 경우에 해당하지 않는 한 비록 그 권리의 행사에 의하여 권리 행사자가 얻는 이익보다 상대방이 잃을 손해가 현저히 크다 하여도 그러한 사정만으로는 권리남용이라고 할 수 없다.

• 대법원 1999. 12. 10. 선고 98다58467 건물철거 등

【판시사항】

[1] 토지와 건물이 동일한 소유자에게 속하였다가 매매 기타 원인으로 인하여 양자의 소유자가 다르게 되었으나 당사자 사이에 건물 철거의 합의가 있는 경우, 건물 소유자의 관습상의 법정지상권 취득 여부(소극)

[2] 건물 철거의 합의에 관습상의 법정지상권의 발생을 배제하는 효력을 인정하기 위한 요건

[3] 토지와 건물의 소유자가 토지만을 타인에게 증여한 후 구 건물을 철거하되 그 지상에 자신의 이름으로 건물을 다시 신축하기로 합의한 경우, 그 건물 철거의 합의는 건물 소유자가 토지의 계속 사용을 그만두고자 하는 내용의 합의로 볼 수 없어 관습상의 법정지상권의 발생을 배제하는 효력이 인정되지 않는다고 한 사례

【재판요지】

[1] 토지와 건물이 동일한 소유자에게 속하였다가 건물 또는 토지가 매매 기타 원인으로 인하여 양자의 소유자가 다르게 되었더라도, 당사자 사이에 그 건물을 철거하기로 하는 합의가 있었던 경우에는 건물 소유자는 토지 소유자에 대하여 그 건물을 위한 관습상의 법정지상권을 취득할 수 없다.

[2] 건물 철거의 합의가 관습상의 법정지상권 발생의 소극적 요건이 되는 이유는 그러한 합의가 없을 때라야 토지와 건물의 소유자가 달라진 후에도 건물 소유자로 하여금 그 건물의 소유를 위하여 토지를 계속 사용케 하려는 묵시적 합의가 있는 것으로 볼 수 있다는 데 있고, 한편 관습상의 법정지상권은 타인의 토지 위에 건물을 소유하는 것을 본질적 내용으로 하는 권리가 아니라, 건물의 소유를 위하여 타인의 토지를 사용하는 것을 본질적 내용으로 하는 권리여서, 위에서 말하는 '묵시적 합의'라는 당사자의 추정 의사는 건물의 소유를 위하여 '토지를 계속 사용한다'는 데 중점이 있는 의사라 할 것이므로, 건물 철거의 합의에 위와 같은 묵시적 합의를 깨뜨리는 효력, 즉 관습상의 법정지상권의 발생을 배제하는 효력을 인정할 수 있기 위하여서는, 단지 형식적으로 건물을 철거한다는 내용만이 아니라 건물을 철거함으로써 토지의 계속 사용을 그만두고자 하는 당사자의 의사가 그 합의에 의하여 인정될 수 있어야 한다.

관습상 법정지상권이 관습법을 근거로 성립한다는 점 이외에는 그 내용이나 효력에 있어 법정지상권과 동일하고 법정지상권과의 차이에서도 성립과정에서만 차이가 나지 다른 점은 모두 동일하므로 관습상의 법정지상권과 법정지상권을 함께 설명하여도 아무런 문제가 없다.

(4) 법정지상권의 판단기준

　법정지상권의 판단 기준은 토지 위의 건물에 대한 이해관계인인 토지소유자, 건물소유자, 또 이 물건에 근저당권을 설정한 근저당권자의 이해관계와 그 동안의 과정들을 살펴보고, 누구에게 이익을 주는 것이 가장 합당한가 등이다. 즉 누구에게 이익을 주는 것이 공정한가를 객관적으로 따지는 것 같다.

　또 법정지상권의 궁극적 목적이 건물의 철거가 아니라 언젠가는 건물과 토지를 한 사람이 소유하는 것임을 염두에 두면 법정지상권에 대한 이해가 빠를 것이다.

　토지와 건물이 동일인 소유로 있다가 토지소유자와 건물소유자가 달라지는 경우에 법정지상권을 인정하는 것은, 동일인 소유로 있던 건물을 토지소유자가 바뀌었다는 이유로 갑자기 철거하라고 할 경우에 대비해 건물소유자를 보호할 필요성이 있기 때문이다.

　토지와 건물이 동일인 소유가 아닌 상태에서 토지나 건물이 다른 사람에게 이전되었다면, 이전하는 사람이나 이전받는 사람 모두 건물이 남의 토지 위에 있다는 것을 알고 있었다는 것이다.

　그 사정을 알고 있는 건물소유자에게 법정지상권을 인정하는 것은 토지소유자에게 너무 가혹하다고 할 수 있어 토지소유자를 보호할 필요성이 있기 때문이다.

근저당권 설정당시 무허가 건물이 존재해 법정지상권의 성립여지가 있었다는 것을 근저당권자가 알고 있었을 경우는 법정지상권이 성립이 된다. 그러나 근저당권 설정당시에는 토지 위에 아무런 지상물이 없다가 근저당권 설정 후에 지상물이 존재하면 법정지상권을 인정해 주지 않고 있는 것은, 최초 근저당권자는 경매신청 시 나대지로 있어 채권회수에 어려움이 없을 것으로 판단하고 근저당권을 설정했는데 근저당권 설정 후 축조된 건물에 법정지상권을 인정한다면 근저당권자로서는 불측의 손해를 입게 되기 때문이다.

토지와 건물에 공동담보로 근저당권을 설정하였다가 건물을 철거한 후 신축한 경우, 근저당권 설정 당시 건물이 존재하여 공동담보를 설정한 자는 토지와 건물이 함께 경매될 것이라고 기대하고 설정하였을 것이므로 신축한 건물을 제외한 토지만 경매로 나왔을 경우는 법정지상권을 인정하지 않고 있는 것이다.

또 근저당권 설정 당시 토지 위에 건물이 없었으나 토지에 근저당권 설정 후 토지 위에 건축을 할 수 있도록 근저당권자가 동의를 한 경우에 법정지상권이 성립될 수 있을까 하는 문제가 남는다. 대법원 판례는 법정지상권 성립을 부정하고 있다.

이는 법정지상권의 성립문제는 건물소유자와 근저당권자만의 문제가 아니며 이 토지가 경매에 나왔을 경우 제3자(매수인)의 이익도 포함된다고 본 것이다. 즉, 근저당권자의 건축동의 표시가 외부적으로 공시되지 않아 객관적으로 나타날 수 없으므로 제3자(매수인)가 알 수 없는 상태에서 법정지상권이 인정된다면 불측의 손해를 입을 수 있기 때문이다.(대법원 2003다26051 판결)

 판례

> **• 대법원 2003. 9. 5. 선고 2003다26051 건물철거 등**
>
> 【판시사항】
>
> 지상건물이 없는 토지에 관하여 근저당권 설정 당시 근저당권자가 건물의 건축에 동의한 경우 민법 제366조의 법정지상권의 성립 여부(소극)
>
> 【판결요지】
>
> 민법 제366조의 법정지상권은 저당권 설정 당시부터 저당권의 목적되는 토지 위에 건물이 존재할 경우에 한하여 인정되며, 토지에 관하여 저당권이 설정될 당시 그 지상에 토지소유자에 의한 건물의 건축이 개시되기 이전이었다면, 건물이 없는 토지에 관하여 저당권이 설정될 당시 근저당권자가 토지소유자에 의한 건물의 건축에 동의하였다고 하더라도 그러한 사정은 주관적 사항이고 공시할 수도 없는 것이어서 토지를 낙찰받는 제3자로서는 알 수 없는 것이다. 그와 같은 사정을 들어 법정지상권의 성립을 인정한다면 토지 소유권을 취득하려는 제3자의 법적 안정성을 해하는 등 법률관계가 매우 불명확하게 되므로 법정지상권이 성립되지 않는다.
>
> 【참조조문】
>
> 민법 제366조
>
> 【참조판례】
>
> 대법원 1987. 12. 8. 선고 87다카869 판결

⑸ 법정지상권이 성립되기 위한 건물의 기준

❊ 토지와 건물이 저당권 설정 당시 또는 매매(강제경매의 경우 매각) 시에 양자가 동일인 소유에 속하고 있어야 한다. 동일인 소유에 속하는 한 미등기이거나 무허가인 건물도 등기 없이 처음 소유자는 원시취득자로서 법정지상권을 취득한다.

그러나 미등기 건물을 양수한 경우에는 법정지상권이 성립되지 않는다. 토지의 경우에도 등기를 마치지 않고 양수한 데 불과한 경우라면 법정지상권이 성립되지 않는다.

일단 법정지상권이 성립되려면 건물로서 최소한의 품위를 갖추어야 하는데, 건물로 인정되기 위한 기준은 기둥과 주벽 및 지붕이 갖추어져 있어야 한다.(대법원 2003다29043판결)

 판례

> • 2004. 2. 13. 선고 대법원 2003다29043 지상물철거 판결
> 【판시사항】
> [1] 토지에 관한 저당권 설정 당시 토지 소유자에 의하여 그 지상에 건물이 건축 중이었던 경우 법정지상권이 인정되기 위한 건물의 요건
> [2] 건물의 등기부상 소유명의를 타인에게 신탁한 토지소유자가 민법 제366조 소정의 법정지상권을 취득할 수 있는지 여부(소극)
> 【판결요지】
> [1] 민법 제366조의 법정지상권은 저당권 설정 당시 동일인의 소유에 속하던

토지와 건물이 경매로 인하여 양자의 소유자가 다르게 된 때에 건물의 소유자를 위하여 발생하는 것이다. 토지에 관하여 저당권이 설정될 당시 토지 소유자에 의해 그 지상에 건물을 건축 중이었던 경우 그것이 사회관념상 독립된 건물로 볼 수 있는 정도에 이르지 않았다 하더라도 건물의 규모, 종류가 외형상 예상할 수 있는 정도까지 건축이 진전되어 있었고, 그 후 경매절차에서 매수인이 매각대금을 다 낸 시점까지 최소한의 기둥과 지붕 그리고 주벽이 이루어지는 등 독립된 부동산으로서 건물의 요건을 갖추어야 법정지상권의 성립이 인정된다.

[2] 건물의 등기부상 소유명의를 타인에게 신탁한 경우 신탁자는 제3자에게 그 건물이 자기의 소유임을 주장할 수 없고, 따라서 그 건물과 부지인 토지가 동일인의 소유임을 전제로 한 법정지상권을 취득할 수 없다.

【참조조문】

[1] 민법 제366조 / [2] 민법 제103조[명의신탁], 제366조

【참조판례】

[1] 대법원 1992. 6. 12. 선고 92다7221 판결, 대법원 2003. 5. 30. 선고 2002다21585 판결, 대법원 2003. 5. 30. 선고 2002다21592, 21608 판결, 대법원 2003. 9. 23. 선고 2003다26518 판결

【이   유】상고이유를 본다.

1. 상고이유 제1점에 대하여

민법 제366조의 법정지상권은 저당권 설정 당시 동일인의 소유에 속하던 토지와 건물이 경매로 인하여 양자의 소유자가 다르게 된 때에 건물의 소유자를 위하여 발생하는 것으로서, 토지에 관하여 저당권이 설정될 당시 토지 소유자에 의하여 그 지상에 건물을 건축 중이었던 경우, 그것이 사회관념상 독립된 건물로 볼 수 있는 정도에 이르지 않았다 하더라도 건물의 규모, 종류가 외형상 예상할 수 있는 정도까지 건축이 진전되어 있었고, 그 후 경매절차에서 매수인이 매각대금을 다 낸 때까지 최소한의 기둥과 지붕 그리고 주벽이 이루어지는 등 독립된 부동산으로서 건물의 요건을 갖추어야 법정지상권의 성립이 인정된다(대법원 1992. 6. 12. 선고 92다7221 판결, 2003. 5. 30. 선고

2002다21585 판결, 2003. 5. 30. 선고 2002다21592, 21608 판결, 2003. 9. 23. 선고 2003다26518 판결 등 참조).

원심판결 이유에 의하면 원심은 그 채용 증거에 의하여, 원고는 부동산 임의경매절차에서 피고 소유의 인천 부평구 부평동 126-8 대 726.4㎡ 및 같은 동 126-14 대 728.3㎡(이하 '이 사건 토지'라고 한다)를 낙찰받아 2001년 9월 28일 그 매각대금을 다 내고 소유권이전등기를 마친 사실, 한편 피고 및 소외 ○○○, 망 ○○○은 이 사건 토지에 골프 연습장 및 예식장을 건축하기 위하여 1992년 3월 14일 경 공동으로 건축허가를 받아 그 무렵 공사에 착공하였으나 터파기공사를 마친 후 토사붕괴방지를 위하여 에이취빔(H-beam) 철골구조물(이하 '이 사건 구조물'이라고 한다)만을 설치한 상태에서 공사가 중단된 사실을 인정하고, 피고 등 3인이 이 사건 구조물을 균등한 비율로 공유하고 있다고 인정되므로 피고는 원고에게 이 사건 구조물 중 1/3 지분을 철거할 의무가 있다고 판시한 다음, 이 사건 구조물은 건축중의 건물로서 이를 위하여 민법 제366조의 법정지상권을 취득하였다는 피고의 항변에 대하여, 이 사건 구조물은 제1순위 근저당권설정 당시에 이미 그 건물의 규모, 종류가 외형상 예견할 수 있는 정도까지 건축이 진전된 정도에 이르렀다고 인정할 만한 증거가 없다는 이유로 이를 배척하였다.

앞서 본 법리와 기록에 비추어 살펴보면, 원심의 판시와 같이, 이 사건 구조물은 토지에 관하여 저당권이 설정될 당시 그 건물의 규모, 종류가 외형상 예상할 수 있는 정도까지 건축이 진전되어 있는 건축 중의 건물에 해당한다고 할 수 없을 뿐만 아니라 그 후 경매절차에서 매수인이 매각대금을 다 낸 때까지 최소한의 기둥과 지붕 그리고 주벽이 이루어지는 등 독립된 부동산으로서 건물의 요건을 갖추었다고 볼 수조차 없다고 할 것이므로 원심의 위와 같은 인정과 판단은 정당하고, 거기에 상고이유의 주장과 같이 법정지상권의 성립에 관한 법리오해나 채증법칙 위배로 인한 사실오인의 위법이 있다고 할 수 없다. 이 부분 상고이유의 주장은 이유 없다.

2. 상고이유 제2점에 대하여

　민법 제366조의 법정지상권은 저당권 설정 당시 동일인의 소유에 속하던 토지와 그 지상건물이 경매로 인하여 각기 그 소유자가 다르게 된 때에 건물의 소유자를 위하여 발생하는 것이므로, 토지와 그 지상건물이 각기 소유자를 달리 하고 있던 중 토지 또는 그 지상건물만이 경매에 의하여 다른 사람에게 소유권이 이전된 경우에는 위 법조 소정의 법정지상권이 발생할 여지가 없으며, 또 건물의 등기부상 소유명의를 타인에게 신탁한 경우에 신탁자는 제3자에게 그 건물이 자기의 소유임을 주장할 수 없고, 따라서 그 건물과 부지인 토지가 동일인의 소유임을 전제로 한 법정지상권을 취득할 수 없다(대법원 1995. 5. 23. 선고 93다47318 판결 등 참조).

　원심은, 이 사건 토지에 관하여 제1순위 근저당권 설정 당시에 이미 ○○○ 소유의 골프연습장 건물이 존재하였고, 이 사건 구조물은 위 ○○○ 소유의 건물을 증축하기 위하여 설치한 것이므로 최소한 위 ○○○ 소유의 구 건물의 범위 내에서는 법정지상권이 성립한다는 피고의 주장에 대하여, 이 사건 토지에 관한 1995년 6월 29일 및 1996년 9월 24일 제1순위 근저당권설정 당시 위 ○○○ 소유의 건물이 존재하였다는 증거가 부족하다는 이유로 이를 배척하였다.

　앞서 본 법리와 기록에 비추어 살펴보면, 피고 소유의 이 사건 토지에 관한 근저당권설정 당시 그 지상에 유채연 소유의 건물이 존재하였다고 하여도 저당권설정 당시 토지와 그 지상건물이 동일인의 소유에 속하는 경우에 해당한다고 할 수 없고, 피고가 위 건물을 ○○○에게 명의신탁하였다고 하여도 다를 바가 없어 이는 그 주장 자체로 이유 없다고 할 것인바, 원심이 그 주장에 따라서 판단하느라 설시가 다소 미흡하나 위와 같은 결론은 정당하고, 거기에 상고이유의 주장과 같이 채증법칙 위배와 심리미진으로 인한 사실오인으로 판결에 영향을 미친 위법이 있다고 할 수 없다. 이 부분 상고이유의 주장도 이유 없다.

대법원 판례 2003다29043은 건물의 인정범위에 있어 중요하여 전문을 실었다.

(6) 법정지상권의 성립요건

※ 저당권 설정 당시 토지 위에 건물이 존재해야 한다.

※ 저당권 설정 당시 토지와 건물이 동일소유자에 속하고 있어야 한다.

※ 토지, 건물 어느 한 쪽이나 양쪽에 저당권이 설정되어야 한다.

※ 저당권의 목적으로 되어 있는 토지나 건물이 경매로 인하여 소유자가 달라져야 한다.

※ 법정지상권에 관한 내용은 강행규정이며 저당권 설정 당사자의 특약으로 법정지상권의 성립을 막을 수 없다.

위에서 본 바와 같이 법정지상권은 근본적으로 저당권이 설정되어 있어야 하고 동일인에게 속했던 토지와 건물의 소유자가 경매나 공매에 의하여 달라져야 한다.

(7) 법정지상권의 성립여부

※ 토지와 건물의 일괄입찰의 경우 = 불성립

※ 대지나 건물 어느 한쪽이 경매에 나온 경우 = 성립

※ 물건지상에 평수미상의 건물이 소재 할 경우 = 성립

※ 제시 외 건물이 감정평가에서 제외된 경우 = 성립

※ 미등기 건물이 있는 경우 = 성립

(8) 법정지상권의 성립시기

※ 법정지상권은 낙찰인이 낙찰대금을 완납한 때 성립된다.

※ 법정지상권은 법률의 규정에 의한 물권의 취득이므로 등기를 필요로 하지는 않는다.

※ 법정지상권을 취득한 사람은 토지소유자에 대하여 지상권 등기를 청구할 수 있다.

※ 법정지상권을 제3자에게 처분하려 하면 등기를 하여야 한다.

※ 등기 없이 건물을 처분한 경우 판례는 법정지상권부 건물의 양수인이 그 양도인이 토지소유자에 대하여 가지고 있던 지상권설정등기 청구권을 대위 행사할 수 있으며, 따라서 토지소유자가 토지소유권에 기한 건물철거를 요구하는 것은 신의 측상 허용되지 않는다.

법정지상권이 성립이 되면 존속기간이 석조, 석회조 등 견고한 건물은 30년, 그 밖의 건물은 15년이다.

(9) 관습법상 법정지상권 성립요건

※ 처음부터 토지와 건물의 소유자가 동일인이어야 한다. 따라서 처음부터 남의 토지 위에 건축된 건물을 위해서는 관습법상의 법정지상권이 성립될 수 없다.

※ 토지와 건물 중 어느 한쪽이 매매 · 증여 · 강제경매 · 국세징수법에 의한 공매를 원인으로 이전되어 그 소유자가 각각 달라진 경우여야 한다.

※ 당사자 사이에 건물을 철거한다는 특약이 없어야 한다.

※ 등기는 법정지상권의 성립요건이 아니므로 등기 없이도 법정지상권을 취득한다. 그러나 취득한 법정지상권을 처분하려면 등기를 하여야 한다. 등기 없이 건물이 처분되더라도 건물의 취득자는 지상권을 취득할 지위에 있으므로 토지소유자가 건물취득자에게 건물의 철거를 청구하는 것은 신의칙상에 반하여 인정되지 않는다.

※ 관습상 법정지상권이 성립하는 건물은 건물로서의 요건만 갖추고 있으면 되지 무허가 건물이든 미등기건물이든 제한이 없다.(대법원 87다카2404 판결)

 판례

> • 대법원 1988. 4. 12. 선고 87다카2404 판결【건물철거】
>
> 【판시사항】
>
> 가. 민법 제280조 제1항 제1호 소정의 견고한 건물인지 여부의 판단기준
>
> 나. 민법 제281조 제2항의 적용요건
>
> 다. 무허가 또는 미등기건물을 소유하기 위한 관습상의 법정지상권 취득여부
>
> 【판결요지】
>
> 가. 민법 제280조 제1항 제1호가 정하는 견고한 건물인가의 여부는 그 건물이

갖는 물리, 화학적 외력, 화재에 대한 저항력 또는 건물해체의 난이도 등을 종합하여 판단하여야 한다.

나. 민법 제281조 제2항은 당사자가 지상권설정의 합의를 함에 있어서 다만 그 존속기간을 정하지 아니하고 지상권을 설정할 토지상에 소유한 공작물의 종류와 구조가 객관적으로 확정되지 않을 경우에 한하여 적용이 있는 것이므로 비록 무허가 또는 미등기건물이라 하더라도 그 건물의 종류와 구조가 확정되어 있는 경우에는 적용되는 것이 아니고 이러한 경우에는 민법 제281조 제1항에 의하여 존속기간을 정하여야 한다.

다. 동일인의 소유에 속하였던 토지와 건물이 매매, 증여, 강제경매, 국세징수법에 의한 공매 등으로 그 소유권자를 달리하게 된 경우에 그 건물을 철거한다는 특약이 없는 한 건물소유자는 그 건물의 소유를 위하여 그 부지에 관하여 관습상의 법정지상권을 취득하는 것이고 그 건물은 건물로서의 요건을 갖추고 있는 이상 무허가건물이거나 미등기건물이거나를 가리지 않는다.

【참조조문】

가. 민법 제280조 제1항 제1호/ 나. 제281조 제2항/ 다. 제366조

⑽ 법정지상권 성립 후 토지 및 건물이 양도된 경우

※ 토지가 양도된 경우

법정지상권은 법률의 규정에 의한 물권의 취득이므로 등기가 필요없고, 법정지상권을 취득한 건물의 소유자는 토지가 양도되더라도 토지의 매수인에게 법정지상권의 등기 없이 법정지상권을 주장할 수 있다. 그러나 제3자에게 법정지상권을 전득시키려면 민법 제187조 단서에 의거해 먼저 건물소유자 앞으로 법정지상권 등기를 한 다음 법정지상권 이전등기를 하여야 한다.

 판례

• 대법원 1971. 2. 23. 선고 70다2928 건물철거

【판시사항】

01. 관습에 의한 법정지상권의 주장과 등기

【판결요지】

01. 관습상 법정지상권에 있어서 그 등기는 권리를 처분하기 위하여 필요한 것이지 그 취득에는 필요하지 않는다.

⋯⋯⋯⋯⋯⋯⋯⋯⋯⋯⋯⋯⋯⋯⋯⋯⋯⋯⋯⋯⋯⋯⋯⋯⋯⋯⋯⋯⋯

• 대법원 1967. 11. 28. 선고 67다1831 지상권설정등기

【판시사항】

01. 지상권에 관한 법리를 오해한 위법이 있는 실례

【판결요지】

01. 동일인의 소유였던 대지와 지상건물이 공매에 의하여 다른 소유자에 속한 경우 건물소유자는 그 대지 위에 지상권을 취득한다 할 것인바 지상권자는 그 대지의 소유자가 변경되었을 때 지상권의 등기 없이도 그 대지의 신소유자에게 대

※ 건물이 양도된 경우

법정지상권이 성립되었으나 등기가 되어 있지 아니한 상태에서 건물이
양도되어 소유권이전등기까지 마친 경우 토지소유자가 건물매수인을 상대
로 건물철거를 구할 수 있는가에 대해 법원은 부정적으로 판시하였다.(대법
원 85. 4. 9. 선고 83다카 1131판결)

따라서 법정지상권이 있는 건물의 양수인은 법정지상권의 등기 없이도
실질적으로 법정지상권을 주장할 수 있다.

소유권과 처분권이 함께 존재하여야 법정지상권이 성립되며 처분권은 있
으나 소유권이 없는 경우 법정지상권은 부정된다.(대법원 88다카2592 판결)

 판례

• 대법원 1989. 2. 14. 선고 88다카2592 건물철거 등

【판시사항】

01. 대지소유자가 그 지상의 미등기건물에 대하여 처분권은 있으나 소유권은
없는 경우 그 대지가 경매로 인하여 타인의 소유에 속하게 된 때 법정지상권이
발생하는지 여부

【판결요지】

01. 갑의 소유인 대지와 그 지상에 신축된 미등기건물을 을이 함께 양수한 후
건물에 대하여는 미등기상태로 두고 있다가 이중 대지에 대하여 강제경매가 실

시된 결과 병이 이를 경락받아 그 소유권을 취득한 경우에는 을은 미등기인 건물을 처분할 수 있는 권리는 있을지언정 소유권은 가지고 있지 아니하므로 대지와 건물이 동일인의 소유에 속한 것이라고 볼 수 없어 법정지상권이 발생할 여지가 없다.

• 대법원 1983. 7. 26. 선고 83다카419 건물철거 등

【판시사항】

01. 대지와 건물을 모두 타에 매도한 후 대지에 관하여만 소유권이전등기를 경료해 준 경우 관습상 법정지상권

【판결요지】

01. 원 소유자로부터 대지와 지상건물을 모두 매수하고 대지에 관하여만 소유권이전등기를 경료함으로써 건물의 소유명의가 매도인에게 남아 있게 된 경우라면 형식적으로는 대지와 건물의 소유명의자를 달리 하게 된 것이라 하더라도 이는 대지와 건물 중 어느 하나만이 매도된 것이 아니어서 관습에 의한 법정지상권은 인정될 수 없고 이 경우 대지와 건물의 점유사용문제는 매매계약 당사자 사이의 계약에 따라 해결할 것이다.

(11) 지료의 지급

　법정지상권이 성립이 되면 토지 소유자는 지료를 청구하여야 하는데 토지소유자의 지료청구가 없을 시 건물소유자는 지료를 지급할 필요가 없다.

　건물소유자는 지료지급의 의무가 발생하나 그 지료는 당사자의 협의를 통하여 결정된다. 당사자들 사이에 협의가 안 될 때는 법원에 청구하여 법원이 결정하게 된다.(민법 제366조 하단)

　지료가 결정되지 아니한 상태에서 지료의 지급이 없다고 하여 건물소유자에게 불이익을 줄 수 없다. 따라서 지료가 결정되지 아니한 상태에서는 건물소유자는 지료연체의 책임을 지지 않는다. 그러나 토지소유자가 건물소유자에게 지료를 청구하였다면 지료가 협의되지 않아 지료를 지급할 수 없었다 하더라도 그날부터 연체책임이 있다.

　즉 법정지상권이 성립되어 토지소유자가 건물소유자에게 지료청구를 하였으나 협의가 되지 않아 토지소유자가 지료연체를 이유로 건물에 가압류를 해 놓고 지료청구를 법원에 하였는데 1년 후에 판결이 나왔다면, 판결이 확정된 시점부터 지료연체가 되는 것이 아니다. 1년 전인 가압류 시부터 지료연체가 되고 앞으로 1년 더 지료를 연체하면 법정지상권은 소멸되며 토지소유자는 법정지상권 소멸통지와 함께 건물철거 및 토지인도 소송을 제기할 수 있다.(민법 287조)

　지료가 토지에 관한 조세, 기타 부담의 증감이나 지가의 변동으로 인하여 상당하지 아니하게 된 때에는 당사자는 그 증감을 청구할 수 있다.(민법286조)고 규정되어 있어 지가의 상승에 따라 지료를 증액 청구할 수 있다.

 판례

> • 대법원 1993. 6. 29. 선고 93다10781 지료금 청구
>
> 【판시사항】
>
> 가. 관습상의 법정지상권도 2년분 이상의 지료를 연체할 경우 민법 제287조에 따른 지상권소멸청구의 의사표시에 의하여 소멸하는지 여부(적극)
>
> 나. 토지소유자가 지상권자의 지료연체를 이유로 지상권소멸청구를 하여 지상권이 소멸된 경우 지상물매수청구권의 인정 가부(소극)
>
> 【판결요지】
>
> 가. 관습상의 법정지상권에 대하여는 다른 특별한 사정이 없는 한 민법의 지상권에 관한 규정을 준용하여야 할 것이므로 지상권자가 2년분 이상의 지료를 지급하지 아니하였다면 관습상의 법정지상권도 민법 제287조에 따른 지상권소멸청구의 의사표시에 의하여 소멸한다.
>
> 나. 민법 제283조 제2항 소정의 지상물매수청구권은 지상권이 존속기간의 만료로 인하여 소멸하는 때에 지상권자에게 갱신청구권이 있어 그 갱신청구를 하였으나 지상권설정자가 계약갱신을 원하지 아니할 경우 행사할 수 있는 권리이므로, 지상권자의 지료연체를 이유로 토지소유자가 그 지상권소멸청구를 하여 이에 터잡아 지상권이 소멸된 경우에는 매수청구권이 인정되지 않는다.
>
> 【참조조문】
>
> 가.나. 민법 제287조/ 가. 민법 제366조/ 나. 민법 제283조 제2항
>
> 【참조판례】
>
> 가.대법원 1968. 8. 30. 선고 68다1029 판결(집16②민361)/ 나. 대법원 1972. 12. 26. 선고 72다2013 판결

• 대법원 1995. 9. 15. 선고 94다61144 지료 등

【판시사항】

01. 타인의 토지 위에 권한 없이 건물을 소유하고 있는 자가 반환할 차임 상당
액의 부당이득을 산정함에 있어, 그 건물이 존재하는 사정을 참작할 것인지 여부

02. 법정지상권자가 지급할 지료를 산정함에 있어, 그 건물이 건립되어 있
어 토지 소유권이 제한받는 사정을 참작하여야 하는지 여부

03. 법정지상권이 있는 건물의 양수인이 대지의 점거사용으로 얻은 실질적
이득을 대지 소유자에게 부당이득으로 반환해야 하는지 여부

【판결요지】

01. 타인 소유의 토지 위에 소재하는 건물의 소유자가 법률상 원인 없이 토지를
점유함으로 인하여 토지의 소유자에게 반환하여야 할 토지의 차임에 상당하는
부당이득 금액을 산정하는 경우에, 특별한 사정이 없는 한 토지 위에 건물이 소재
함으로써 토지의 사용권이 제한을 받는 사정은 참작할 필요가 없다.

02. 법정지상권자가 지급할 지료를 정함에 있어서 법정지상권 설정 당시의
제반 사정을 참작하여야 하나, 법정지상권이 설정된 건물이 건립되어 있음으
로 인하여 토지의 소유권이 제한을 받는 사정은 참작 평가하여서는 안 된다.

03. 법정지상권이 있는 건물의 양수인으로서 장차 법정지상권을 취득할 지
위에 있어 대지소유자의 건물철거나 대지인도 청구를 거부할 수 있는 지위에
있는 자라고 할지라도, 그 대지의 점거사용으로 얻은 실질적 이득은 이로 인
하여 대지 소유자에게 손해를 끼치는 한에 있어서는 부당이득으로서 이를 대
지소유자에게 반환할 의무가 있다.

• 대법원 2003. 12. 26. 선고 2002다61934 건물등철거 등

【판시사항】

[1] 법정지상권 또는 관습상의 지상권이 발생한 경우, 토지 소유자가 지료를 확
정하는 재판 전에 법원의 지료결정을 전제로 지료급부이행의 소를 제기할 수 있

는지 여부(적극)

　[2] 법원이 지료급부이행소송의 판결이유에서 정한 지료에 관한 결정의 효력

　[3] 법원에 의해 결정된 특정 기간에 대한 지료가 그 후의 기간에 대하여도 적용되는지 여부(한정 적극)

【재판요지】

　[1] 법정지상권 또는 관습에 의한 지상권이 발생하였을 경우에 토지의 소유자가 지료를 청구함에 있어서 지료를 확정하는 재판이 있기 전에는 지료의 지급을 소구할 수 없는 것은 아니고, 법원에서 상당한 지료를 결정할 것을 전제로 하여 바로 그 급부를 구하는 청구를 할 수 있다 할 것이며, 법원도 이 경우에 판결의 이유에서 지료를 얼마로 정한다는 판단을 하면 족하다.

　[2] 토지 소유자와 관습에 의한 지상권자 사이의 지료급부이행소송의 판결의 이유에서 정해진 지료에 관한 결정은 그 소송의 당사자인 토지 소유자와 관습에 의한 지상권자 사이에서는 지료결정으로서의 효력이 있다.

　[3] 지료증감청구권에 관한 민법 제286조의 규정에 비추어 볼 때, 특정 기간에 대한 지료가 법원에 의하여 결정되었다면 당해 당사자 사이에서는 그 후 위 민법규정에 의한 지료증감의 효과가 새로 발생하는 등의 특별한 사정이 없는 한 그 후의 기간에 대한 지료 역시 종전 기간에 대한 지료와 같은 액수로 결정된 것이라고 보아야 한다.

(12) 법정지상권 존부의 확인

경매물건이 공고되는 경우 법원에서는 법정지상권 성립여지가 있다는 것을 공고문이나 물건명세서를 통하여 고지하고 있다. 그러나 매수인의 입장에서는 법원의 공고내용만 믿지 말고 등기부 등으로 상세히 확인해 볼 필요가 있다.

임의경매의 경우 근저당권 설정 당시에, 강제경매의 경우 매각 시에 토지와 건물의 소유자가 동일한가를 등기부등본으로 확인해 보아야 한다. 또 미등기인 경우 건물대장의 열람과 무허가 건물인 경우는 무허가 건물대장에 등재된 내용을 확인하며 토지 소유자와 동일한지를 살펴보아야 한다.

임의경매의 경우 토지에 저당권이 설정될 당시 건물이 존재하지 않는 경우와 등기부상 토지와 건물의 소유자가 한 번도 일치되지 않는 경우, 매각물건명세서상 특별매각 조건에 건물을 철거한다는 특약이 있는 경우에는 법정지상권이 성립되지 않는다.(대법원 95마1262 결정)

 판례

> • 대법원 1995. 12. 11. 선고 95마1262 부동산 임의경매신청 기각 결정
>
> 【판시사항】
>
> [2] 나대지에 저당권이 설정된 후 저당권설정자가 그 위에 건물을 건축하고 경매로 인하여 그 토지와 건물의 소유자가 달라진 경우, 법정지상권의 성립 여부 (소극)

  [2] 건물 없는 토지에 저당권이 설정된 후 저당권설정자가 그 위에 건물을 건축하였다가 담보권의 실행을 위한 경매절차에서 경매로 인하여 그 토지와 지상 건물이 소유자를 달리하였을 경우에는, 민법 제366조의 법정지상권이 인정되지 아니할 뿐만 아니라 관습상의 법정지상권도 인정되지 아니한다.

(13) 법정지상권 성립여지가 있는 토지의 입찰

법원에서 집행관에게 현황조사 명령을 하여 집행관의 현황조사 보고서가 도착하였다. 조사 내용을 보면 '대지위에 수개의 비닐하우스가 존재함' '대지 위에 소유자 불명의 무허가 건물이 존재함' '대지위에 건축물관리대장에 나타나지 않은 소형의 건물이 있음' 등이 있다. 감정평가사의 감정평가 보고서를 보면 대지 위에 존재하는 무허가 건물과 제시 외 물건에 대하여 더 상세하게 기록해 놓았다.

감정평가사는 대부분의 제시 외 물건에 대하여 감정평가를 하는데 그 존재하는 물건이 크거나 독립성이 있으면 감정평가에서 제외하기도 한다. 또 토지 위에 있는 수목이나 과수목의 소유자가 따로 있을 경우 감정평가에서 제외하는 경우가 있다. 그러나 수목이나 과수목, 정원수는 채무자의 소유로 보이면 감정에 포함하는 것이 일반적이다.

대개 경매물건의 토지 위에 존재하는 물건이 있다는 것으로 보이면 경매 공고 비고란에 '법정지상권 성립여지 있음' 이라고 경고성 문구를 넣어 입찰자들을 보호하고 있다.

그러나 실제적으로 물건분석 및 권리분석에 들어가 보면 법정지상권이 성립되는 경우는 드물다. 토지 위에 농사를 짓기 위해 세운 비닐하우스나 농사에 필요한 도구를 보관하기 위해 만든 조그마한 창고, 농사일을 하다가 잠시 쉬기 위한 농막이 법정지상권성립의 대상이 될 수 는 없는 것이다.

또 주택의 경우 주택의 편익에 제공된 창고나 주차장, 화장실, 차고, 목욕탕, 비를 막기 위해 설치한 건물의 가작 등 제시 외 물건에 법정지상권을 인정한다면 집행법 실현에 많은 혼동이 올 것이다. 그러나 주택을 사용하기 위한 편의에 제공된 것이 아닌 독립성이 있는 별도의 건물로 볼 수 있는 경우 법정지상권이 성립될 수가 있다.

또 지상에 토지 소유자와 건물이 아닌 다른 소유자의 건물이 존재하는 경우도 있고 견고한 건축물로서 법정지상권이 성립될 수 있는 건물이 존재하는 경우도 종종 있다.

어떤 경우이든 경매공고문에 법정지상권 성립여지가 있다고 공고되면 입찰자들이 입찰을 꺼리는 물건이 되고 만다. 그래서 보통 서너 차례 유찰되고 난 후에 입찰자들이 관심을 가지게 되는데 법정지상권이 성립될 수 있다는 경고성 물건에 대한 정밀검토가 필요하다. 왜냐하면 이런 물건일수록 유찰이 많아 고수익을 올릴 수 있는 물건이기 때문이다.

우선 정상적으로 법정지상권이 성립되는 물건을 선택해 입찰에 응해 보자. 토지의 소유자와 건물의 소유자가 동일한데 토지에 대해서만 경매가 나왔거나, 반대로 건물에 대해서만 경매에 나온 경우 입찰자 입장에서는 선뜻 입찰에 나서기가 어렵다. 그러나 몇 차례 유찰되었다면 입찰에 응해 볼 필요가 있다.

　감정가가 1억 원의 토지가 경매에 나왔고 토지 위에 1억 원 정도 시세의 주택이 있어 법정지상권이 성립되는 것으로 분석되었다. 이러다 보니 2번의 유찰이 있어 최저입찰가격이 첫 번째 유찰로 7천만 원, 두 번째 유찰로 4천 9백만 원이 되었다. 세 번째 경매에서 홍길동이 5천만 원에 응찰해 낙찰되었다.

　홍길동이 매각대금을 완납하고 주택소유자에게 토지소유자는 홍길동이므로 허락 없이 대지 위에 현재 건물 외에 다른 건축물을 축조하거나 현재대로의 대지 상태를 변형할 수 없다는 내용과, 민법이 정한 지료를 지급할 것을 최고하는 내용증명을 보냈다.

　내용증명을 받아 본 주택의 소유자는 토지소유자를 만나 지료에 대하여 상의해 보았으나 의견차이가 너무 커 토지소유자가 지료 미지급을 이유로 한 가압류와 동시에 법원에 지료청구소송을 제기하였다.

　법원에서는 대지의 감정가 1억 원에 대한 금액의 통상기준 지료 연 5~7%의 중간선인 연 6%로 결정해 연 600만 원의 지료를 대지소유자인 홍길동에게 지급하도록 정하였다.

　이에 따라 대지소유자 홍길동은 월 50만 원의 지료를 받게 되었다. 이 경우 홍길동이 투자한 금액은 5,000만 원인데, 5,000만 원을 투자하고 월 50만 원의 지료를 받은 것은 상당한 수익이 된다고 볼 수가 있다. 견고한 건물의 경우 법정지상권 존립기간이 30년이므로 5,000만 원을 투자해 30년간 매월 50만 원을 꼬박꼬박 지급받는다면 이보다 좋은 연금제도가 없을 것이다. 노후자금으로 행복한 노후를 보장받을 수 있을 것이다. 또 지가 상승으로 토지의 감정

가가 올라가면 그만큼의 지료도 증액청구 할 수 있다.(민법 제286조)

건물 주인으로서는 주택의 편의에 따른 토지를 변형 사용할 수 없으면서 월 50만 원의 지료를 지급하여야 한다는 부담에 젖게 되어, 언제든지 토지소유자 홍길동과 대화만 되면 토지를 매수하거나 토지의 소유자 홍길동이 자신의 건물을 매수하여 줄 것을 원하게 될 것이다.

여기서 3가지의 협의점을 찾을 수가 있다. 우선 생각해야 할 것이 대지의 감정가격 1억 원이라는 점이다. 이는 대지의 가치가 1억 원이 된다는 것이다. 주택의 가격도 마찬가지로 1억 원으로 보자.

첫째, 토지소유자 홍길동이 건물을 1억 원에 매수하는 경우이다. 이 경우 홍길동은 2억 원짜리 부동산을 1억 5천만 원에 가지게 되고 5,000만 원의 이익이 창출된다.

둘째, 주택소유자가 토지를 1억 원에 매수하는 것이다. 여기에서도 홍길동은 단기간에 5,000만 원의 비용으로 5,000만 원의 이익이 창출된다.
셋째, 토지소유자와 주택소유자가 함께 제3자에게 토지와 주택을 매도하는 것이다. 이 경우에도 기존의 토지가격 1억 원과 주택가격 1억 원은 그대로이므로 토지소유자 홍길동은 5,000만 원의 수익을 얻는데 어려움이 없다.

만일 여기서 홍길동이 2,000만 원의 수익을 올리려고 8,000만 원에 입찰을 봤다면 어떤 결과가 났겠는가. 8,000만 원의 비용으로 월 50만 원의 지료를 받아 큰 수익을 못 얻은 경우가 되었을 것이다.

이렇게 될 경우 주택주인에게 매달리는 형국이 되어 법정지상권의 주도권을 건물주에게 빼앗겨 고수익을 내기가 어렵고, 잘못하면 30년간 갇힐 수 있으므로 주의가 요구된다. 법정지상권이 성립되는 물건은 지료수익으로 어느 정도 만족을 느낄 수 있을 때 응찰을 하여야 한다.

또 건물 주인이 지료 50만 원을 지체할 경우 어떤 결과가 오겠는가. 지료를 연체할 경우 토지소유자는 바로 위 건물을 경매 신청한다. 이 경우 건물만 경매를 보려는 사람들은 없을 것이다. 그럴 경우 낙찰가는 자꾸 떨어지게 되어 있고 결국은 토지소유자가 경매를 볼 수밖에 없다.

1억 원짜리 건물을 5천만 원에 경매한다면 토지와 건물 모두 합쳐 2억 원짜리 부동산을 1억 원에 취득한 결과가 되어 급매물로 내 놓아도 고수익을 얻을 수 있을 것이다.

제시 외 물건이 있는 경우의 경매사례

주택이나 공장 농지 등에 제시 외 물건의 법정지상권이 존재한다고 하더라도 대지소유자가 다른 경우 지상에 존재하는 건물의 편익에 따라 사용되기가 어렵다.

예를 들어 주택에 창고가 없어 서너 평 정도의 창고를 지었는데 경매로 넘어가 대지와 건물주가 홍길동으로 바뀌었다. 전 주인이 서너 평의 창고를 사용하려고 남의 집에 드나들기가 쉬울 수가 없다. 결국 매수인과 합의가 되어 몇 푼의 보상을 받든지 아니면 스스로 포기하게 된다.

농지도 마찬가지이다. 농사일을 하다가 쉼터로 농지 귀퉁이에 두 평 정도의 농막을 지었는데, 농지가 경매로 넘어간 후 전 주인이 매수인에게 법정지상권 운운하며 대들어 봤자 무슨 소용이 있겠는가. 법정지상권 성립될 수도 없고 오히려 매수인이 철거소송을 한다면 철거대상이 될 것이다. 따라서 몇 푼의 보상을 받든지 아니면 스스로 포기하고 말 것이다. 그러나 수목이나 과수목에 있어서는 재판까지 갈 경우가 생길 수 있으니 여러 가지로 장고한 후 입찰에 응해야 한다.

특히 주의를 할 것은 공장인데, 공장은 보통 몇 백 평에서 몇 천 평에 달한다. 여기에 편의에 따라 근저당권 설정 후에 몇 십 평에서 몇 백 평까지 무허가나 허가를 받아 공장이나 창고 등 시설물을 설치한 경우가 종종 있다.

이런 경우에 경매로 매수를 하면 위 건물을 사용하려는 측과 매수인이 심하게 다투게 되고 공장 전체 부지의 관리에도 문제가 있을 수 있다. 이를 해결하기 위해 소송 등으로 몇 년이 갈 수가 있다. 공장 위에 성립될지 모를 법정지상권이 존재할 경우는 그 크기와 사용용도가 무엇인지를 잘 살펴보고 응찰을 해야 한다.

필자는 법원에서 사법보좌관 업무를 처리하면서 여러 가지 형태의 법정지상권 문제를 경험했는데, 결론은 법정지상권 성립여지가 있는 물건을 피할 것이 아니라 법정지상권 성립에 의심이 있는 물건을 자세히 관찰해 볼 필요가 있다는 것이다. 이런 물건일수록 세인들의 관심이 적고 유찰에 유찰을 거듭해 온 상태이므로 싼 가격에 응찰을 한 뒤, 법정지상권이 성립될 물건의 소유자와 타협을 통해 고수익을 얻을 수 있기 때문이다.

법정지상권 성립에 의심 가는 물건이 경매로 나온 경우 법정지상권 대상의 물건이 어느 정도 크기인지 따져 보고, 대상물건의 값어치가 그리 크지 않아 법정지상권이 성립이 되더라도 소유자와 타협할 자신이 있다면 두 번째나 세 번째 기일에 응찰을 하는 것이 좋을 것이다.

예를 들어 좋은 나대지가 있는데 그 나대지 위에 소형의 판자집이 있어 법정지상권 성립여지가 있다고 공고가 된 경우, 감정가격이 2억 정도라면 한 번 유찰로 경매최저 가격이 1억 4천만 원으로 떨어진다. 두 번 유찰로 1억 미만이 될 것이다.

이 경우 두 번째 입찰기일에 1억 1천만 원 정도로 응찰해 낙찰되었다면 매각대금 지급과 동시에 등기이전촉탁 신청을 하고, 판자집 소유자에게 아무런 권한 없이 대지를 점유하였다는 내용으로 판자집 철거소송과 동시에 예비적청구로 법정지상권이 성립될 시 지료청구를 하면서 인도명령을 신청한다. 판자집 소유자도 법정지상권이 성립되면 2억에 상당하는 지료로 매월 100만 원 이상을 지급하여야 하고 연체 시에는 바로 법정지상권이 소멸되는 상황에서 매수인과 타협을 통해 해결점을 찾으려고 할 것이다.

2억짜리 대지를 1억 1천만 원에 샀으니 어떤 경우이든 9천만 원이라는 수익은 얻은 것이 된다. 또 1억 1천만 원을 넣고 매월 지료로 100만 원을 받으니 별 어려움이 없다.

이렇게 될 경우 법정지상권 문제는 쉽게 해결되고 단시간에 고수익을 올릴 수가 있을 것이다. 다시 한번 강조하지만 법정지상권의 성립여지가 있다고 하여 두려워할 것이 아니라 입찰에 적극적인 자세로 나가야 한다. 공격적인 투자만이 고수익을 얻을 수 있다.

⑭ 공동담보였던 구 건물을 철거한 후 신축한 경우와 미등기 구 건물을 공동담보를 설정하지 못한 상태에서 구 건물을 철거한 후 신축한 경우

공동담보로 잡은 건물을 철거한 후 신축한 건물에 대하여는 법정지상권이 성립되지 않는다. 이는 공동담보로 설정할 당시 토지와 건물을 공동으로 경매에 붙여 낙찰가를 최대한으로 올릴 수 있다는 기대심리로 토지와 건물에 저당권을 설정하였는데, 그 후의 변동으로 법정지상권을 인정하면 저당권자에게 불측의 손해를 가할 수 있기 때문이다.

그러나 미등기의 무허가 건물이 존재하는 토지에 저당권을 설정하면서 토지 위에 건물이 존재하지만 미등기 무허가 건물이어서 저당권 설정 등기를 할 수가 없어 토지에만 저당권설정 등기를 하였는데, 그 후 무허가 건물을 뜯어내고 건물을 신축한 후 토지에 경매가 들어왔다면 법정지상권이 성립한다. 이는 저당권자가 설정 시에 무허가 건물이 있어 경매가 들어갈 경우 법정지상권 성립에 의심이 있다는 것을 예측하고 설정하였으므로, 법정지상권이 성립이 되더라도 저당권자에게는 가혹한 행위가 아니라는 것이다.

그러나 민법 제366조는 '저당권설정 당시 건물이 존재하는 한 건물의 개축, 증축, 멸실 후 신축된 경우에도 법정지상권은 성립되고 이 경우 법정지상권의 존속기간, 법정지상권이 미치는 범위 등은 구 건물을 기준으로 한다'고 명시하고 있다. 이 내용에 따르면 법정지상권이 미치는 범위는 신축한 건물의 범위가 아니고 구 건물의 범위이므로, 구 건물이 20평이고 신축

건물이 50평이었다면 50평 전체에 대하여 법정지상권이 미치는 것이 아니라, 구 건물의 범위인 20평에 대하여만 법정지상권이 미친다.(대법원 2000다 48517, 48524, 48531 판결)

 판례

> • 대법원 2001. 3. 13. 선고 2000다48517, 48524, 48531 판결
>
> 【판시사항】
>
> [1] 건축업자가 타인의 대지를 매수하여 그 대금을 지급하지 아니한 채 자기의 노력과 재료를 들여 건물을 건축하면서 건축허가 명의를 대지소유자로 한 경우의 법률관계
>
> [2] 신의성실의 원칙 위반을 이유로 권리행사를 부정하기 위한 요건
>
> [3] 민법 제366조 소정의 법정지상권은 저당권 설정 당시의 건물과 재건축 또는 신축된 건물 사이에 동일성이 없어도 성립하는지 여부(적극) 및 그 내용인 존속기간·범위 등의 기준(구건물)
>
> 【판결요지】
>
> [1] 건축업자가 타인의 대지를 매수하여 계약금만 지급하거나 대금을 전혀 지급하지 아니한 채 그 지상에 자기의 노력과 재료를 들여 건물을 건축하면서 건축허가 명의를 대지소유자로 하는 경우에는 그 목적이 대지대금채무를 담보하기 위한 경우가 일반적이고, 채무의 담보를 위하여 채무자가 자기의 비용과 노력으로 신축하는 건물의 건축허가 명의를 채권자 명의로 하였다면 이는 완성될 건물을 담보로 제공하기로 하는 합의로서 법률행위에 의한 담보권의 설정이라 할 것이므로, 완성된 건물의 소유권은 일단 이를 건축한 채무자가 원시적으로 취득한 후 채권자 명의로 소유권보존등기를 마침으로써 담보목적의 범위 내에서 채권자에게 그 소유권이 이전된다고 보아야 한다.
>
> [2] 신의성실의 원칙에 위배되는 것으로 보아 권리의 행사를 부인하기 위하

여는 상대방에게 신의를 공여하거나 객관적으로 보아 상대방이 신의를 가짐이 정당한 상태에 이르러야 하고 이와 같은 상대방의 신의에 반하여 권리를 행사하는 것이 정의관념에 비추어 용인될 수 없는 경우라야 한다.

[3] 민법 제366조 소정의 법정지상권이 성립하려면 저당권 설정 당시 저당권의 목적이 되는 토지 위에 건물이 존재하여야 하는데, 저당권 설정 당시의 건물을 그 후 개축·증축 경우는 물론이고 그 건물이 멸실되거나 철거된 후 재건축·신축 경우에도 법정지상권이 성립하며, 이 경우 신건물과 구건물 사이에 동일성이 있거나 소유자가 동일할 것을 요하는 것은 아니라 할 것이지만, 그 법정지상권의 내용인 존속기간·범위 등은 구건물을 기준으로 하여야 할 것이다.

【참조조문】

[1] 민법 제187조, 가등기담보 등에 관한 법률 제1조/ [2] 민법 제2조/ [3] 민법 제366조

【참조판례】

대법원 1990. 4. 24. 선고 89다카18884 판결, 대법원 1992. 8. 18. 선고 91다25505 판결, 대법원 1997. 4. 11. 선고 97다1976 판결, 대법원 1997. 5. 30. 선고 97다8601 판결, 대법원 1995. 12. 12. 선고 94다42693 판결, 대법원 1996. 5. 10. 선고 95다12217 판결, 대법원 1997. 1. 24. 선고 95다30314 판결, 대법원 1993. 6. 25. 선고 92다20330 판결, 대법원 1997. 1. 21. 선고 96다40080 판결

민법 제366조의 사례

300평의 토지에 무허가인 20평짜리의 나지막한 콘테이너 같은 건물이 하나 있었다. 갑 은행은 근저당권을 설정하면서 무허가 건물이고 볼품이 없어 토지에만 근저당권을 설정하고 거액의 대출을 해 주었다. 그 후 토지소유자는 그곳에 1층의 평수가 200평인 10층짜리 건물을 신축하였다.

그 후 갑 은행에서 경매를 넣었는데 토지의 감정가가 100억 원이었다. 법정
지상권 성립여지 있음으로 공고가 되어 유찰에 유찰을 거듭, 4회에 낙찰최저
가가 35억에 이르렀다. 이 물건을 꼼꼼히 살펴온 병이 4회에 35억에 입찰하
여 낙찰을 받았다.

병의 생각으로는 민법 제366조를 들어 "무허가 건물이었던 20평에 대하여
는 법정지상권이 미치지만 나머지 부분에 대하여는 법정지상권이 미치지 않
는다"는 판단에서 입찰을 한 것이다.

따라서 나머지 부분에 대하여는 법정지상권이 미치지 않으므로 건물철거
및 토지인도 소송을 할 수가 있다고 판단, 위 민법 제366조를 들어 소송을 준
비 중이라며 건축주를 압박하였다. 또 만일 법정지상권이 성립될 시 토지 감
정가 100억 원에 대한 지료를 청구하겠다고 하였다.

그러자 건물주는 토지 감정가의 절반인 50억에 토지를 인수하겠다고 나섰
다. 100억짜리 토지이고 지료를 받아도 월 5천만 원은 받을 수 있는 토지를
50억에 팔 수 없다며 100억 전체를 요구하였는데, 결국은 80억에 합의가 되
었다. 병은 입찰보증금으로 3억 5천만 원을 넣고 며칠 만에 45억이라는 큰 이
득을 남겼다.

⑴⑸ 건물이 미등기로 소유권이 이전되어 토지에만 근저당권이 설정된 경우의 사례

갑이 자신의 토지 위에 건물을 신축하였으나 건축허가 미비로 건물의 보존등기가 되지 않은 상태에서 을에게 토지와 건물을 매도하였다. 을은 건물등기를 하지 못한 관계로 토지만을 병의 신용금고에 근저당권 설정하고 대출을 받았다. 그 후 을이 생활이 궁핍해 이자가 지체되자 병은 토지만을 경매에 넣었다.

법정지상권 문제가 있어 몇 번의 유찰이 되었고 정이 법정지상권의 성립 여지가 없다며 입찰에 참가해 감정가의 절반에 낙찰을 보았다.

을은 토지는 경매로 잃었으나 건물은 을의 소유로 남아 있어 법정지상권이 성립이 되어 온전하게 주거생활을 하리라고 믿고 있었다. 그러나 법원은 법정지상권을 인정하지 않았다. 병의 신용금고가 근저당권을 설정할 당시 토지와 건물의 소유자가 일치하지 않았다는 이유이다. (대법원 2002다9660 판결)

 판례

• 대법원 2002. 6. 20. 선고 2002다9660 건물 등 철거

【판시사항】

[1] 미등기건물을 대지와 함께 매수하였으나 대지에 관하여만 소유권이전등기를 넘겨받고 대지에 대하여 저당권을 설정한 후 저당권이 실행된 경우, 민법 제366조 소정의 법정지상권이 성립하는지 여부(소극)

[2] 미등기건물을 대지와 함께 매도하였으나 대지에 관하여만 매수인 앞으로

소유권이전등기가 경료 된 경우, 관습상의 법정지상권이 성립하는지 여부(소극)

【재판요지】

[1] 민법 제366조의 법정지상권은 저당권 설정 당시에 동일인의 소유에 속하는 토지와 건물이 저당권의 실행에 의한 경매로 인하여 각기 다른 사람의 소유에 속하게 된 경우에 건물의 소유를 위하여 인정되는 것이므로, 미등기건물을 그 대지와 함께 매수한 사람이 그 대지에 관하여만 소유권이전등기를 넘겨받고 건물에 대하여는 그 등기를 이전 받지 못하고 있다가, 대지에 대하여 저당권을 설정하고 그 저당권의 실행으로 대지가 경매되어 다른 사람의 소유로 된 경우에는, 그 저당권의 설정 당시에 이미 대지와 건물이 각각 다른 사람의 소유에 속하고 있었으므로 법정지상권이 성립될 여지가 없다.

[2] 관습상의 법정지상권은 동일인의 소유이던 토지와 그 지상건물이 매매 기타 원인으로 인하여 각각 소유자를 달리 하게 되었으나 그 건물을 철거한다는 등의 특약이 없으면 건물 소유자로 하여금 토지를 계속 사용하게 하려는 것이 당사자의 의사라고 보아 인정되는 것이므로 토지의 점유·사용에 관하여 당사자 사이에 약정이 있는 것으로 볼 수 있거나 토지 소유자가 건물의 처분권까지 함께 취득한 경우에는 관습상의 법정지상권을 인정할 까닭이 없다 할 것이어서, 미등기건물을 그 대지와 함께 매도하였다면 비록 매수인에게 그 대지에 관하여만 소유권이전등기가 경료되고 건물에 관하여는 등기가 경료되지 아니하여 형식적으로 대지와 건물이 그 소유 명의자를 달리하게 되었다 하더라도 매도인에게 관습상의 법정지상권을 인정할 이유가 없다.

• 대법원 1983. 7. 26. 선고 83다카419 건물철거 등

【판시사항】

01. 대지와 건물을 모두 타에 매도한 후 대지에 관하여만 소유권이전등기를 경료해 준 경우 관습상 법정지상권

【판결요지】

원 소유자로부터 대지와 지상건물을 모두 매수하고 대지에 관하여만 소유권

즉 토지는 전 소유자로부터 이전등기를 받아 소유권이 넘어왔지만 건물은 미등기인 상태로 아직 을에게 넘어오지 않았다는 이유이다. 우리나라의 물권변동은 등기하여야 효력이 생기고 다른 제3자에게 공시의 효과가 나타나는 표시주의를 취하고 있기 때문이다.

만일 토지 위에 건물이 있으나 미등기인 경우 토지등기부등본을 잘 살펴보고 토지가 현 소유자에게 이전된 일자 이후에 근저당권이 설정되었다면 현 소유자가 전 소유자로부터 건물을 취득하였는지를 알아낸다. 건물도 전 소유자로부터 취득하였다면 근저당권 설정 시 건물은 있었으나 토지의 소유자와 건물의 소유자가 달라진 경우에 해당되어 법정지상권의 성립여지가 없으니 입찰을 보아 건물의 소유자와 협상을 통해 고수익을 얻을 수도 있을 것이다.(대법원 2002다9660 판결 및 83다카419 판결)

 판례

366조 소정의 법정지상권이 성립하는지 여부(소극)

[2] 미등기건물을 대지와 함께 매도하였으나 대지에 관하여만 매수인 앞으로 소유권이전등기가 경료된 경우, 관습상의 법정지상권이 성립하는지 여부(소극)

【재판요지】

[1] 민법 제366조의 법정지상권은 저당권 설정 당시에 동일인의 소유에 속하는 토지와 건물이 저당권의 실행에 의한 경매로 인하여 각기 다른 사람의 소유에 속하게 된 경우에 건물의 소유를 위하여 인정되는 것이므로, 미등기건물을 그 대지와 함께 매수한 사람이 그 대지에 관하여만 소유권이전등기를 넘겨받고 건물에 대하여는 그 등기를 이전 받지 못하고 있다가, 대지에 대하여 저당권을 설정하고 그 저당권의 실행으로 대지가 경매되어 다른 사람의 소유로 된 경우에는, 그 저당권의 설정 당시에 이미 대지와 건물이 각각 다른 사람의 소유에 속하고 있었으므로 법정지상권이 성립될 여지가 없다.

[2] 관습상의 법정지상권은 동일인의 소유이던 토지와 그 지상건물이 매매 기타 원인으로 인하여 각각 소유자를 달리하게 되었으나 그 건물을 철거한다는 등의 특약이 없으면 건물 소유자로 하여금 토지를 계속 사용하게 하려는 것이 당사자의 의사라고 보아 인정되는 것이므로 토지의 점유·사용에 관하여 당사자 사이에 약정이 있는 것으로 볼 수 있거나 토지 소유자가 건물의 처분권까지 함께 취득한 경우에는 관습상의 법정지상권을 인정할 까닭이 없다 할 것이어서, 미등기건물을 그 대지와 함께 매도하였다면 비록 매수인에게 그 대지에 관하여만 소유권이전등기가 경료되고 건물에 관하여는 등기가 경료되지 아니하여 형식적으로 대지와 건물이 그 소유 명의자를 달리하게 되었다 하더라도 매도인에게 관습상의 법정지상권을 인정할 이유가 없다.

• 대법원 1983. 7. 26. 선고 83다카419 건물철거 등

【판시사항】

01. 대지와 건물을 모두 타에 매도한 후 대지에 관하여만 소유권이전등기를 경료해 준 경우 관습상 법정지상권

01. 원 소유자로부터 대지와 지상건물을 모두 매수하고 대지에 관하여만 소유권이전등기를 경료함으로써 건물의 소유명의가 매도인에게 남아 있게 된 경우라면 형식적으로는 대지와 건물의 소유명의자를 달리하게 된 것이라 하더라도 이는 대지와 건물 중 어느 하나만이 매도된 것이 아니어서 관습에 의한 법정지상권은 인정될 수 없고 이 경우 대지와 건물의 점유사용문제는 매매계약 당사자 사이의 계약에 따라 해결할 것이다.

⒃ 법정지상권이 성립된 물건을 매수한 경우 매수인의 처리 방법

　이전등기 즉시 건물의 지료청구를 원인으로 한 가압류 신청을 하면서 지료청구의 소송제기, 지료청구소송확정 후 지료 미지급 시 건물의 경매신청 및 지상권 소멸청구(2년간 지료 미지급 시)로 진행하여야 한다.

　건물에 대한 가압류는 혹 건물에 대한 경매신청이 있을 경우 소멸되지 않는 권리(대항력 있는 임차권, 가등기, 가처분)가 발생되는 것을 막기 위함이다.

　또 법정지상권이 성립하지 않는 경우에도 토지매수대금지급 즉시 부동산등기촉탁신청을 하고 지료청구를 원인으로 한 건물에 가압류를 해 두는 게 좋다.

(17) 법정지상권과 유치권과의 관계

토지 위에 건축을 하기 위해 기초공사를 하다가 중단된 상태로 경매에 나온 물건에 유치권신고가 들어온 토지를 낙찰했다면 매수인으로서는 지상물철거 및 토지인도 소송을 제기할 수 있을 것이다. 여기서 건축주나 공사업자에게 법정지상권이 성립될 여지가 있다면 매수인에게 큰 부담으로 작용하겠으나 사실은 건축이 완성된 건물이 아니므로 법정지상권이 성립될 여지가 전혀 없다.

그런데도 불구하고 법정지상권을 계속 주장한다면 지상물철거 및 토지인도 소송과 아울러 법정지상권이 인정된다면 지료청구를 예비적 청구로 할 수가 있을 것이다. 또 법정지상권이 성립되지 않을 경우 건축물은 남의 토지위에 불법으로 서 있는 건물이 되어 철거될 운명에 놓이게 되고 건물주의 점유도 불법점유가 된다.

불법 점유인 경우 유치권이 성립될 여지가 없다. 이런 경우 나중에 법원에서 어떤 판결이 날지는 모르지만 법정지상권 성립여지와 유치권 신고가 있는 건물이 유찰에 유찰을 거듭하여 감정가의 절반으로 낙찰가가 내려가 있다면 신중을 기해 입찰을 해 볼 필요가 있다. 입찰 후 유치권자 및 법정지상권자와는 여러 가지의 협상이 있을 수 있다. 이런 물건이야말로 고소득을 창출할 수 있는 물건이다.

(18) 분묘기지권

분묘기지권이란 분묘의 수호 및 제사의 필요 범위 내에서 타인 소유의 토지를 사용할 수 있는 것을 말한다. 분묘기지권은 관습에 의하여 인정된 물권으로서 판례를 중요시하여 왔는데 최근에 '장사에 관한 법률' 이 2001년 1월 13일부터 시행되어 이 법률에 많이 따르고 있다.

① 분묘의 정의

분묘는 그 내부에 사람의 시신(유골,유해,유발)이 매장되어 있고, 외부상 봉분의 형태를 갖추고 있어야 한다. 내부에 시신이 있는 경우라도 봉분이 없거나, 외부에서 보기에 봉분이 있더라도 내부에 시신이 없는 경우 분묘라 할 수 없다. 같은 취지에서 장래에 분묘를 만들기 위해 봉분을 만들어 둔 경우도 분묘로 인정하지 않는다.(대법원 판례 91다18040, 76다1359 각 판결)

 판례

> • 대법원 1991. 10. 25. 선고 91다18040 판결 【묘소철거금지】
> 【판시사항】
> 가. 분묘의 의의
> 나. 분묘기지권의 성립요건
> 【판결요지】
> 가. 분묘란 그 내부에 사람의 유골, 유해, 유발 등 시신을 매장하여 사자를 안장한 장소를 말하고, 장래의 묘소로서 설치하는 등 그 내부에 시신이 안장되어 있지 않은 것은 분묘라고 할 수 없다.

나. 분묘기지권이 성립하기 위하여는 봉분 등 외부에서 분묘의 존재를 인식할 수 있는 형태를 갖추고 있어야 하고, 평장되어 있거나 암장되어 있어 객관적으로 인식할 수 있는 외형을 갖추고 있지 아니한 경우에는 분묘기지권이 인정되지 아니한다.

【참조조문】

가.나. 민법 제279조

【참조판례】

가. 대법원 1976. 10. 26. 선고 76다1359,1360 판결(공1976,9456), 1991. 10. 25. 선고 91다18057 판결(동지)

【이　　유】

원고 소송대리인의 상고이유에 대하여

1. 원심은 이 사건 임야에 관하여 이는 소외 영일정씨 ○○공파 ○○원의 대표인 정○영이 이 사건 묘소를 영구히 보존하기 위하여 매수한 다음 피고 앞으로 소유권이전등기를 경료하여 피고에게 명의신탁된 것이라는 원고의 주장을 증거가 없다는 이유로 배척하였다.

그런데 이 사건 소송은 위 임야에 있는 이 사건 묘소의 철거금지를 구하는 것으로서 위 묘소에 대한 권리의 존부가 요건사실이고, 그 묘소가 소재하는 이 사건 임야에 대한 소유권의 귀속관계 내지 이 사건 임야를 피고에게 명의신탁하였는지 여부는 간접 사실에 지나지 아니한다. 따라서 위 임야에 대한 권리관계의 인정에 있어 채증법칙을 위배하여 사실을 오인한 위법이 있다 할지라도 그것만으로는 판결결과에 영향이 있다고 할 수 없다.

가사 원고의 주장과 같이 위 임야에 대한 명의신탁의 사실이 인정된다 할지라도 을제3호증(매매계약서), 을제12호증(등기부등본)의 기재에 의하여 피고가 1989.2.20. 피고보조참가인에게 위 임야를 매도하여 그 소유권을 넘긴 사실을 알 수 있으므로 그 매매계약이 무효라는 특별한 사정이 없는 한 위 임야에 대한 소유권은 피고보조참가인에게 이전되었다고 할 것이고 원고가 주장하는 그 실질적 소유권도 상실한 것이 될 것이다. 논지는 이유 없다.

2. 원심은 원고 주장의 분묘에 대하여 외부에서 인식할 수 있는 형상(봉분)을 갖고 있다는 증명이 없을 뿐만 아니라 그 분묘 내에 시신이 안장되어 있지 아니하여 분묘기지권의 대상이 되는 분묘라 할 수 없다고 판단하였다.

분묘란 그 내부에 사람의 유골, 유해, 유발 등 시신을 매장하여 사자를 안장한 장소를 말하고, 장래의 묘소로서 설치하는 등 그 내부에 시신이 안장되어 있지 않은 것은 분묘라고 할 수 없으며(당원 1976. 10. 26. 선고 76다1359, 1360 판결 참조), 분묘기지권이 성립하기 위하여는 봉분 등 외부에서 분묘의 존재를 인식할 수 있는 형태를 갖추고 있어야 하고, 평장되어 있거나 암장되어 있어 객관적으로 인식할 수 있는 외형을 갖추고 있지 아니한 경우에는 분묘기지권이 인정되지 아니한다.

기록에 의하면, 이 사건 묘소에는 구강서원이 철폐되면서 거기에 봉안되어 있던 정○주와 이○적의 위패와 유품이 매장되어 있을 뿐 그 시신이 매장되어 있지 아니한 점에 관하여 당사자 사이에 다툼이 없는 것으로 보이고, 객관적으로 분묘로 인식할 수 있는 외형도 구비되어 있지 아니하고 외견상 묘자리가 있었던 것으로 보일 정도에 지나지 아니한 상태인 것을 알 수 있다. 따라서 원심의 사실인정과 판단에 소론과 같은 법리오해나 채증법칙 위배로 인한 사실오인의 위법이 있다고 할 수 없다. 이상에서 본 바와 같이 원고의 청구는 이 사건 묘소에 대한 소유권 내지 관리권에 기하여 방해배제로서의 철거금지를 구하는 것이므로 원심으로서는 우선 원고가 주장하는 이 사건 임야상의 시설물인 묘소가 원심 변론종결 당시 존재하는지 여부 그리고 묘소가 존재하는 경우 그 권리의 귀속관계를 심리하여 이 사건 청구의 당부를 가려야 함에도 불구하고 이 사건 임야의 권리귀속 관계나 위 묘소의 분묘기지권에 대한 원고의 주장에 대하여만 심리판단하고 그 증거가 없다는 이유로 원고의 청구를 배척하였는바, 이러한 처사는 적절치 못하나 앞에서 본 바와 같이 이 사건 묘소는 원심 변론 당시 이미 봉분 등 외형이 없어져 존재하지 아니하거나 존재한다 할지라도 이 사건 묘소에 대한 원고의 소유권 등 권리를 인정할 만한 증거가 보이지 아니하여 결국 원고의 청구는 이유 없는 것이 되므로 원심판결은 결과에 있어 정당하다고 할 것이다. 논지는 받아들일 수 없다.

이에 상고를 기각하고 상고비용은 패소자의 부담으로 하여 관여 법관의 일치된 의견으로 주문과 같이 판결한다.

• 대법원 1976. 10. 26. 선고 76다1359 건물철거 등

【판시사항】

01. 현재 시신이 안장되어 있지 아니한 장래 묘소로서 외형상 분묘의 형태만 갖추었을 뿐인 경우에 지상권 유사의 물권이 생길 수 있는지 여부

【판결요지】

01. 현재 시신이 안장되어 있지 아니한 장래 묘소로서 외형상 분묘의 형태만 갖추었을 뿐인 경우에는 실제 분묘라 할 수 없으니 그 소유를 위하여 지상권 유사의 물권이 생길 수 없다.

② 분묘기지권의 성립요건

- 타인의 토지에 토지소유자의 승낙을 얻어 분묘를 설치한 경우
- 타인의 토지에 토지소유자의 승낙 없이 분묘를 설치하고 20년간 평온 공연하게 분묘의 기지를 점유하여 시효로 분묘기지권을 취득한 경우
- 자기토지에 분묘를 설치한 후 분묘를 굳이 한다는 특약 없이 토지소유 권이 이전된 경우

(대법원 민상539, 94다37912, 67다1920 96다14036 각 판결)

• 대법원 1957. 10. 31. 선고 4290 민상539 분묘수거청구재심

【판시사항】

시효로 인한 분묘기지권 취득

【재판요지】

타인의 토지에 그 승낙을 얻지 않고 분묘를 설치한 자일지라도 20년간 평온 또는 공연하게 분묘의 기지를 점유한 때에는 시효로 인하여 타인의 토지 위에 지상권에 유사한 일종의 물권을 취득하는 것이고 여사한 권리에 대하여는 등기 없이 이를 제3자에 대항할 수 있는 것이 관습이다.

• 대법원 1995. 2. 28. 선고 94다37912 분묘수거

【판시사항】

01. 타인 소유 토지에 분묘를 설치한 경우, 분묘기지권의 시효취득 여부

02. 분묘기지권을 시효취득하는 경우, 지료를 지급할 필요가 없는지 여부

【판결요지】

01. 타인 소유의 토지에 소유자의 승낙 없이 분묘를 설치한 경우에는 20년간 평온, 공연하게 그 분묘의 기지를 점유함으로써 분묘기지권을 시효로 취득한다.

02. 지상권에 있어서 지료의 지급은 그 요소가 아니어서 지료에 관한 약정이 없는 이상 지료의 지급을 구할 수 없는 점에 비추어 보면, 분묘기지권을 시효 취득하는 경우에도 지료를 지급할 필요가 없다고 해석함이 상당하다.

• 대법원 1967. 10. 12. 선고 67다1920 손해배상 등

【판시사항】

01. 분묘에 관하여 지상권 유사의 물권을 취득한 것으로 인정되는 실례

【판결요지】

01. 자기소유 토지에 분묘를 설치하고 이를 타에 양도한 경우에는 그 분묘가 평장되어 외부에서 인식할 수 없는 경우를 제외하고는 당사자간에 특별한 의사표시가 없으면 판 사람은 분묘소유를 위하여 산 사람이 토지에 대하여 지상권 유사의 물권을 취득한다.

• 대법원 1996. 6. 14 선고 96다14036 분묘굴이

【판시사항】

[1] 평온한 점유 및 공연한 점유의 의미

[2] 관습상 분묘기지권의 시효취득 요건 및 등기의 요부(소극)

【재판요지】

[1] 평온한 점유란 점유자가 점유를 취득 또는 보유하는 데 있어 법률상 용인될 수 없는 강포행위를 쓰지 않는 점유이고, 공연한 점유란 은비의 점유가 아닌 점유를 말한다.

[2] 타인 소유의 토지에 소유자의 승낙 없이 분묘를 설치한 경우에는 20년간 평온, 공연하게 그 분묘의 기지를 점유하면 지상권 유사의 관습상의 물권인 분묘기지권을 시효로 취득하는데, 이러한 분묘기지권은 봉분 등 외부에서 분묘의 존재를 인식할 수 있는 형태를 갖추고 있는 경우에 한하여 인정되고, 평장되어 있거나 암장되어 있어 객관적으로 인식할 수 있는 외형을 갖추고 있지 아니한 경우에는 인정되지 않으므로, 이러한 특성상 분묘기지권은 등기 없이 취득한다.

③ 분묘기지권이 미치는 효력의 범위

분묘기지권이 미치는 범위는 분묘의 수호와 제사를 모시기 위해 필요한 부분에 한하여 제한적으로 효력이 미친다.

그러나 분묘기지권이 미치는 범위는 각 분묘에 따라 개별적으로 판단하여야 하므로 사성이 조성되어 있다고 하더라도 그 전부가 분묘기지권의 대

상이 된다고 볼 수 없고, 먼저 분묘기지권이 성립된 분묘에 새로 쌍분으로 매장하는 것도 허용이 되지 않고, 먼저 성립된 분묘의 옆에 새로 분묘를 설치하는 것도 허용되지 않는다.

단, 동일한 종손의 선대분묘가 집단으로 설치되어 있는 경우에 각 분묘마다 분묘기지권을 인정하는 것보다는 집단으로 설치된 분묘와 그 토지가 결합되어 있다고 보아 분묘의 일부가 그 분묘기지권이 미치는 범위 내에서 이장된 것이라면 그 분묘기지권은 유지, 존속된다고 보아야 한다.(대법원 85다카2496, 94다15530 각 판결)

 판례

> • 대법원 1986.3.25 선고 85다카2496 분묘굴이
>
> 【판시사항】
>
> 01. 매장 및 묘지 등에 관한법률(1961. 12. 5. 법률 제799호) 부칙 제3조 제1항, 제2항 규정의 취의
>
> 02. 소위 분묘기지권이 미치는 범위
>
> 【판결요지】
>
> 01. 구 매장 및 묘지 등에 관한 법률(1961.12.5 법률 제799호) 부칙 제3조 제1항, 제2항의 각 규정은 동 법률시행 전에 설치된 묘지 및 분묘는 동 법률에 의한 허가를 받아 설치된 묘지 및 이에 설치된 분묘와 같이 본다는 취지에 불과하고 동 법률시행 전에 분묘수호자가 분묘기지에 대하여 가지고 있던 관습에 의한 지상권 유사의 물권의 범위가 동 법률 시행에 따라 동 법률이 규정한 묘지 및 분묘의 면책제한 범위 내로 축소 변경된다는 취지는 아니다.

02. 분묘수호자가 그 분묘에 대하여 가지는 관습에 의한 지상권 유사의 물권은 비단 그 분묘의 기지뿐만 아니라 그 분묘의 설치목적인 분묘의 수호 및 제사에 필요한 범위 내에서 분묘기지 주위의 공지를 포함한 지역에까지 미치는 것이다.

• 대법원 1994. 12. 23. 선고 94다15530 판결

【판시사항】

가. 동일 종손이 소유 · 관리하는 분묘가 집단설치된 경우, 분묘기지권이 미치는 지역

나. '가' 항의 분묘들 가운데 일부를 이장한 경우, 분묘기지권의 존속 여부

다. 분묘기지권이 미치는 범위

【판결요지】

가. 동일 종손이 소유 · 관리하는 여러 기의 분묘가 집단설치된 경우 그 분묘기지권이 미치는 지역은 그 종손이 그 일단의 전 분묘를 보전수호하여 묘 참배에 소요되는 범위를 참작하여 포괄적으로 정하는 것이 위 물권의 효력을 인정하는 관습의 취지라고 해석되는 것이다.

나. '가' 항의 경우 인정되는 분묘기지권은 그 집단된 전분묘의 보전수호를 위한 것이므로, 그 분묘기지권에 기하여 보전되어 오던 분묘들 가운데 일부가 그 분묘기지권이 미치는 범위 내에서 이장되었다면, 그 이장된 분묘를 위하여서도 그 분묘기지권의 효력이 그대로 유지된다고 보아야 할 것이고, 다만 그 이장으로 인하여 더 이상 분묘수호와 봉제사에 필요 없게 된 부분이 생겨났다면 그 부분에 대한 만큼은 분묘기지권이 소멸한다고 할 것이다.

다. 분묘기지권은 분묘를 수호하고 봉제사하는 목적을 달성하는 데 필요한 범위 내에서 타인의 토지를 사용할 수 있는 권리를 의미하는 것으로서, 분묘기지권은 분묘의 기지 자체뿐만 아니라 그 분묘의 설치목적인 분묘의 수호 및 제사에 필요한 범위 내에서 분묘의 기지 주위의 공지를 포함한 지역에까지 미

치는 것이고, 그 확실한 범위는 각 구체적인 경우에 개별적으로 정하여야 할 것이며, 매장및묘지등에관한법률 제4조 제1항 후단 및 같은 법 시행령 제2조 제2항의 규정이 분묘의 점유면적을 1기당 20㎡로 제한하고 있으나, 여기서 말하는 분묘의 점유면적이라 함은 분묘의 기지면적만을 가리키며 분묘기지 외에 분묘의 수호 및 제사에 필요한 분묘기지 주위의 공지까지 포함한 묘지면적을 가리키는 것은 아니므로 분묘기지권의 범위가 위 법령이 규정한 제한면적 범위 내로 한정되는 것은 아니라 할 것이다.

【참조조문】

　가.나.다. 민법 제185조, 제279조/ 다. 매장및묘지등에관한법률 제4조 제1항, 매장및묘지등에관한법률시행령 제2조 제2항

④ 분묘기지권의 존속기간 및 지료

분묘가 있을 경우 분묘를 관리하는 한 분묘기지권은 그 분묘에 미친다. 따라서 법정지상권처럼 존속기간이 없이 영구적으로 미친다고 보아야 한다. 분묘기지권이 성립된 경우 지료는 청구할 수 없다. 단, 자기 토지 내에 분묘를 가지고 있던 자가 그 토지를 처분하여 소유권이 이전된 경우 새로이 소유권을 취득한 자가 지료를 청구하면 지료를 지급하여야 한다.(대법원 94다28970 판결)

 판례

• 1994. 8. 26. 선고 94다28970 분묘철거 등

【판시사항】

　01. 분묘기지권의 존속기간

　02. 분묘기지권이 미치는 범위

【판결요지】

　01. 분묘기지권의 존속기간에 관하여는 민법의 지상권에 관한 규정에 따를 것이 아니라 당사자 사이에 약정이 있는 등 특별한 사정이 있으면 그에 따를 것이

며, 그러한 사정이 없는 경우에는 권리자가 분묘의 수호와 봉사를 계속하며 그 분묘가 존속하고 있는 동안은 분묘기지권은 존속한다고 해석함이 타당하므로 민법 제281조에 따라 5년간이라고 보아야 할 것은 아니다.

02. 분묘기지권은 분묘의 기지 자체뿐만 아니라 그 분묘의 설치목적인 분묘의 수호 및 제사에 필요한 범위 내에서 분묘의 기지 주위의 공지를 포함한 지역에까지 미치는 것이고, 그 확실한 범위는 각 구체적인 경우에 개별적으로 정하여야 하고 매장 및 묘지 등에 관한 법률 제4조 제1항 후단 및 같은 법 시행령 제2조 제2항의 규정이 분묘의 점유면적을 1기당 20평방미터로 제한하고 있으나, 여기서 말하는 분묘의 점유면적이라 함은 분묘의 기지면적만을 가리키며 분묘기지 외에 분묘의 수호 및 제사에 필요한 분묘기지 주위의 공지까지 포함한 묘지면적을 가리키는 것은 아니므로 분묘기지권의 범위가 위 법령이 규정한 제한면적 범위 내로 한정되는 것은 아니다.

⑤ 분묘기지권과 소유권과의 관계(소유권 시효취득 부정)

분묘기지의 점유자는 점유의 의사로 토지를 점유한 것으로만 보고, 소유의 의사로 토지를 점유하였다고 볼 수 없다. 따라서 분묘기지의 점유자가 소유의 의사로 점유하였다고 볼 만한 특별한 사유가 없는 한, 그 분묘기지에 관하여 지상권 유사의 권리인 분묘기지권만 취득하고 소유권자체를 시효취득하는 것이 아니다. 또 여기서 분묘기지권을 시효취득할 수 있는 자는 그 분묘의 소유자에 한하고, 분묘의 소유자가 아닌 자는 장기간에 걸쳐 분묘를 사실상 관리하였더라도 분묘기지권을 취득하지 못한다. 조상의 분묘에 대한 소유권은 관습상 종손에게 속한다.(대법원 68다1927, 민상182 각 판결)

 판례

• 1969. 1. 28. 선고 68다1927 소유권이전등기

【판시사항】

01. 타인 소유의 토지 위에 그 소유자의 승낙 없이 분묘를 설치한 자의 그 분묘기지에 대한 시효취득

【판결요지】

01. 타인 소유의 토지 위에 그 소유자의 승낙 없이 분묘를 설치한 자가 20년간 평온 공연히 그 분묘의 묘지를 점유한 때에는 그 점유자는 시효에 의하여 그 토지 위에 지상권유사의 물권을 취득하고 이에 대한 소유권을 취득하는 것은 아니다.

• 대법원 1959. 4. 30. 선고 4291 민상182 립입금지

【판시사항】

분묘를 소유할 수 없는 자는 분묘기지권을 취득할 수 없다

【재판요지】

분묘의 기지에 관하여 관습상 인정되는 지상권유사의 일종의 물권은 그 분묘를 소유하기 위한 것이므로 이를 소유할 수 없는 자는 이 물권을 시효에 의하여 취득할 수 없다.

---

⑥ 분묘기지권의 종합정리

분묘의 존재 여부는 그 형태의 특수성으로 쉽게 알 수 있다고는 하나, 분묘기지권에 대한 특별한 공시방법이 없으므로 토지취득자가 피해를 입을 수 있다. 한편 분묘기지권의 인정은 조상숭배이상에서 비롯된 것이나, 오늘날 국토의 효율적 이용에 커다란 장애요인이 되고 있다. 앞으로 분묘에 대한 전통적인 의식과 국토의 효율적 이용과의 사이에 합리적인 조절이 요구

됨에 따라 이를 위해 '장사 등에 관한 법률'이 2001년 1월 13일부터 시행되고 있다. 이 법률에 의하면 분묘의 점유면적이나 설치기간 등이 규율되어 있어, 앞으로 관습법상의 분묘기지권도 영향을 받을 것으로 예상된다.

분묘가 존재할 경우 토지의 사용에 막대한 지장을 초래하므로 낙찰가는 많이 떨어지게 되어 있다. 저렴한 가격에 낙찰을 받아 분묘가 존치된 위치는 명당이므로 옆의 토지도 묘터로 팔든지 아니면 설치되어 있는 분묘의 주인을 찾아 분묘의 이전을 타진해 보는 방법도 있다. 경매에 있어서는 여러 가지의 방법을 동원해 보는 것이 고수익의 지름길이다.

분묘가 있는 토지를 매수하였다면 우선 분묘가 연고가 있는지 아니면 무연고 분묘인지를 확인해 본다. 연고가 있는 분묘일 경우 분묘소유자를 찾아서 이 장을 협의해 본다. 다소 비용이 들더라도 이장을 하는 것이 좋다. 무연고일 경우 행정기관이나 분묘이전 전문업체를 찾아서 해결하도록 한다.

경매로 나온 물건 중에는 공유로 되어 있는 경우가 많이 있다. 이들 공유자들은 처음부터 공유로 취득한 경우도 있지만, 본인들의 의사와 관계없이 상속이나 종중의 재산을 여러 명의 명의로 신탁이 된 경우가 대부분이다. 여러 명의 공유로 있다가 공유자 중 한 사람이 경제적 어려움이 있을 경우 그 사람에 대한 지분이 경매에 나오게 된다.

일단 공유지분이 경매에 나온 경우 매수를 한다 하더라도 지분권으로 소유권행사가 힘들다. 경우에 따라서는 은행의 대출이 어렵고, 다른 공유자와 섞이기 싫어 입찰에 응하는 사람이 없어 유찰에 유찰을 거듭한다.

또 공유자 중 어느 한사람이 공유자 우선매수 신청을 하면 입찰자의 매수 신청가액에 공유자 우선매수가 이루어져 공유자에게 낙찰이 되므로, 공유지분을 경매로 취득하기도 어렵거니와 취득한 후 권리행사에도 어려움이 예상되어 모두들 기피하는 물건이 공유지분의 경매 물건이다. 그렇다고 경매로 나온 공유의 좋은 물건을 피할 필요까지는 없다. 공유지분으로 나오는 경매물건을 보면 농지와 임야가 많다. 이 물건들이 종중재산이나 선대의 재산을 상속으로 취득한 상속인들 중의 일부지분이 경매에 나오는 경우가 많기 때문이다. 도심의 집이나 상가건물이 공유지분 경매로 나오는 경우는 드물다.

공유지분 위에 다른 공유자의 건물이 있을 경우 경매로 취득한 공유지분의 토지위에 법정지상권이 성립되지 않는다. 이는 공유자는 다른 공유자를 위하여 공유물의 관리보존의무가 있기 때문이다.

일단 공유지분이 경매로 나온 경우 물건분석과 가치분석을 통해 입찰 계획이 섰다면 가격이 최대한 하락되도록 기다렸다가 3번째나 4번째 기일에 응찰을 하도록 한다. 임야나 농지의 경우 서너 차례 유찰이 되는 경우가 많다.

30%씩 절감이 되므로 세 번째 기일에 응찰을 하면 절반 가격에, 네 번째 기일에 응찰을 하면 3분지1의 가격에 낙찰을 볼 수 있다. 세 번째 기일 이후가 되면 공유지분이라도 응찰을 해 볼 만하다. 의외로 임야나 농지는 공유자 우선매수 신청이 없는 경우가 많다.

먼저 매수한 물건이 농지나 임야라면 평수가 클 것이다. 5명의 공유자가 있는 5만 평의 임야를 낙찰받아 매각대금을 지급하여 공유자가 되었다면, 우선 공유지분권자로서 공유물 관리에 참여할 수 있고, 또 단독으로 소유권을 가지고자 한다면 공유물 분할청구를 할 수도 있을 것이다. 공유물 분할

은 현물 분할을 원칙으로 한다.(대법원 2004다30583 판결 및 95다32662 판결)

 판례

• 2004. 10. 14. 선고 대법원 2004다30583 공유물분할

【판시사항】

[1] 공유물분할의 소에 있어서 공유물분할의 방법

[2] 공유물을 공유자 중의 1인 단독소유 또는 수 인의 공유로 하고 다른 공유자에 대하여는 가격배상만 하는 방법의 공유물분할이 가능한지 여부(적극)

【판결요지】

[1] 공유물분할의 소는 형성의 소로서 공유자 상호 간의 지분의 교환 또는 매매를 통하여 공유의 객체를 단독 소유권의 대상으로 하여 그 객체에 대한 공유관계를 해소하는 것을 말하므로, 법원은 공유물분할을 청구하는 자가 구하는 방법에 구애받지 아니하고 자유로운 재량에 따라 공유관계나 그 객체인 물건의 제반 상황에 따라 공유자의 지분 비율에 따른 합리적인 분할을 하면 된다.

[2] 공유관계의 발생원인과 공유지분의 비율 및 분할된 경우의 경제적 가치, 분할 방법에 관한 공유자의 희망 등의 사정을 종합적으로 고려하여 당해 공유물을 특정한 자에게 취득시키는 것이 상당하다고 인정되고, 다른 공유자에게는 그 지분의 가격을 취득시키는 것이 공유자 간의 실질적인 공평을 해치지 않는다고 인정되는 특별한 사정이 있는 때에는 공유물을 공유자 중의 1인의 단독소유 또는 수인의 공유로 하되 현물을 소유하게 되는 공유자로 하여금 다른 공유자에 대하여 그 지분의 적정하고도 합리적인 가격을 배상시키는 방법에 의한 분할도 현물분할의 하나로 허용된다.

【참조조문】

[1] 민법 제269조 / [2] 민법 제269조

• 1997. 4. 22. 선고 대법원 95다32662 공유물분할

【판시사항】

[1] 현물분할할 수 있는 공유물에 대하여 대금분할을 명할 수 있는지 여부(소극)

[2] 토지의 형상 또는 위치와 면적, 당사자 간의 지분 비율 등에 비추어 토지를 현물로 분할하는 것이 가능하다고 하면서도 당사자 사이에 토지의 처분 등에 관한 약정을 이유로 현물로 분할하는 것이 적당하지 않다고 하여 경매를 명한 원심판결을 파기한 사례

【판결요지】

[1] 재판에 의하여 공유물을 분할하는 경우에는 현물로 분할하는 것이 원칙이고, 현물로 분할할 수 없거나 현물로 분할하게 되면 그 가액이 현저히 감손될 염려가 있는 때에 비로소 물건의 경매를 명하여 대금분할을 할 수 있는 것이므로, 위와 같은 사유가 없음에도 경매를 명함은 위법하다.

[2] 토지의 형상 또는 위치와 면적, 당사자 간의 지분 비율 등에 비추어 토지를 현물로 분할하는 것이 가능하다고 하면서도, 당사자 사이에 토지 전체를 한꺼번에 매각하여 그 매각대금을 지분 비율에 따라 나누기로 하는 토지의 처분 등에 관한 약정을 이유로 현물로 분할하는 것이 적당하지 않다고 하여 경매를 명한 원심판결을, 위 약정이 토지를 함께 취득하여 처분해서 비용을 공제하고 나누자는 정도의 약정에 불과하고, 그것이 토지의 분할 방법을 약정하였던 것으로 보이지 않는다고 하여, 공유물의 분할 방법에 관한 법리의 오해를 이유로 파기한 사례.

【참조조문】

[1] 민법 제269조 제2항 / [2] 민법 제269조 제2항

이렇게 될 경우 매수인을 제외한 나머지 공유자 4명은 서로 아는 사이인 경우가 많으므로 공유자 4인이 공동으로 매수인의 공유지분을 사들이게 되

거나 4명의 공유지분을 매수인에게 매수할 것을 요구할 수도 있다. 어느 경우이든 매수인의 입장에서는 유리한 쪽을 택해 팔거나 사거나 분할을 요구할 수가 있고, 적정가격에 따라 유리한 위치에서 공유지분권자로서 권리를 행사할 수 있다.(대법원 2004다10183,10190 판결)

 판례

> • 2004. 7. 22. 선고 대법원 2004다10183,10190 수입금배분 등
>
> 【판시사항】
>
> [1] 재판에 의한 공유물분할의 방법
>
> [2] 경제적 가치가 지분 비율에 상응하도록 토지를 현물분할하는 방법의 허용 여부(적극)
>
> [3] 금전으로 경제적 가치의 과부족을 조정하게 하는 현물분할의 허용 여부(적극)
>
> 【판결요지】
>
> [1] 공유물의 분할은 공유자 간에 협의가 이루어지는 경우에는 그 방법을 임의로 선택할 수 있으나 협의가 이루어지지 아니하여 재판에 의하여 공유물을 분할하는 경우에는 법원은 현물로 분할하는 것이 원칙이고, 현물로 분할할 수 없거나 현물로 분할을 하게 되면 현저히 그 가액이 감손될 염려가 있는 때에 비로소 물건의 경매를 명하여 대금분할을 할 수 있는 것이므로, 위와 같은 사정이 없는 한 법원은 각 공유자의 지분 비율에 따라 공유물을 현물 그대로 수 개의 물건으로 분할하고 분할된 물건에 대하여 각 공유자의 단독소유권을 인정하는 판결을 하여야 하는 것이며, 그 분할의 방법은 당사자가 구하는 방법에 구애받지 아니하고 법원의 재량에 따라 공유관계나 그 객체인 물건의 제반 상황에 따라 공유자의 지분 비율에 따른 합리적인 분할을 하면 된다.
>
> [2] 토지를 분할하는 경우에는 원칙적으로는 각 공유자가 취득하는 토지의

면적이 그 공유지분의 비율과 같도록 하여야 할 것이나, 반드시 그런 방법으로만 분할하여야 하는 것은 아니고, 토지의 형상이나 위치, 그 이용상황이나 경제적 가치가 균등하지 아니할 때에는 이와 같은 제반 사정을 고려하여 경제적 가치가 지분 비율에 상응되도록 분할하는 것도 허용된다.

[3] 일정한 요건이 갖추어진 경우에는 공유자 상호 간에 금전으로 경제적 가치의 과부족을 조정하게 하여 분할을 하는 것도 현물분할의 한 방법으로 허용된다.

【참조조문】

[1] 민법 제269조 / [2] 민법 제269조 / [3] 민법 제269조

 사례

> 예) 100,000평의 임야에 5명이 공유자로 되어 있는데 1명의 지분이 경매에 나왔다. 감정가격이 1억 원이다. 공유지분경매이다 보니 유찰에 유찰을 거듭해 4,000만 원에 매수를 하였다. 매수 후 공유자들에게 분할을 제의하였더니 분할에 응할 수 없다고 해 법원에 공유물분할 청구소송을 제기하였는데, 공유자들이 지분을 넘겨줄 것을 간청해 넘겨주기로 하고 매수가의 배인 8,000만 원을 받아 4,000만 원의 이익 창출이 되었다.
>
> 또 4,000만 원에 입찰이 되어 낙찰허가가 났는데 공유자들이 몰려와 보증금의 배를 배상할 터이니 대금지급을 하지 말 것을 제의해, 2,000만 원을 받아 보증금 400만 원으로 1,600만 원의 이익을 창출했다. 이 경우 재경매에서 공유자들이 공유자, 우선매수 신청으로 입찰을 할 것이다.
>
> 도심의 상가가 공유지분 경매로 나왔을 경우도 마찬가지이다. 5억의 상가를 3인이 공유를 했는데 1인지분이 경매로 나와 매수를 하였다면 공유물 분할소송을 할 수가 있고, 상가는 공유물 분할이 어려울 것이므로 다시 형식적 경매를 통해 매각대금을 나누게 될 것인데, 경매 전에 공유자 3인이 합의로 매수인의 공유지분을 두 공유자가 사든지하여 매수인이 공유자 지분을 사든지 해

결이 될 것이다. 일단 공유지분이 경매에 나오면 유찰에 유찰을 거듭했을 경우에 적극 매수를 하는 것도 고려해야 한다.

등기부상에는 공유관계인 것처럼 지분등기가 되어 있지만 내부관계에서는 특정부분을 단독으로 소유하고 있는 경우가 있는데, 이런 물건을 낙찰을 보았다면 낙찰자는 구분소유적 공유관계를 그대로 승계하게 된다. 이 경우도 특정부분을 나누어 단독등기로 소유하고 싶다면 공유물분할 청구를 하면 된다.(대법원 91다3703 판결) 또 구분소유적 공유관계가 낙찰자에게 승계되려면 경매절차에서 구분소유공유적 관계가 감정평가서나 물건명세서에 의해 공지되어야 한다.(대법원 2006다68810,68827 판결)

 판례

> • 1991. 8. 27. 선고 대법원 91다3703 건물철거 등
>
> 【판시사항】
>
> 　가. 구분소유적 공유지분에 설정된 근저당권의 실행에 의하여 공유지분을 취득한 경락인은 그 구분소유적 공유지분을 그대로 취득하는지 여부(적극)
>
> 　나. 귀속재산에 대한 환지예정지의 토지 일부씩을 위치 특정하여 불하받아 그 불하대금을 완납한 자들의 소유관계
>
> 【판결요지】
>
> 　가. 경락에 의한 소유권취득은 성질상 승계취득이므로 하나의 토지 중 특정부분에 대한 구분소유적 공유관계를 표상하는 공유지분등기에 근저당권이 설정된 후 그 근저당권의 실행에 의하여 위 공유지분을 취득한 경락인은 구분소유적 공유지분을 그대로 취득한다고 할 것이다.
>
> 　나. 귀속재산에 대한 환지예정지의 토지 일부씩을 위치 특정하여 불하받은

자들은 그 불하대금을 완납함으로써 환지 전체에 대한 일반적인 공유지분을 취득하는 것이 아니고 각기 점용 중인 환지예정지의 특정부분의 구분소유적인 소유권을 취득하게 된다 할 것이다.

【참조조문】

가.나. 민법 제186조「명의신탁」, 제262조/ 가. 민사소송법 제646조의2

나. 토지구획정리사업법 제57조, 귀속재산처리법 제22조

【참조판례】

가. 대법원 1988. 8. 23. 선고 86다59, 86다카307 판결(공1988, 1234), 1989. 4. 25. 선고 88다카7184 판결(공1989, 812), 1990. 6. 26. 선고 88다카14366 판결(공1990, 1551)

나. 대법원 1990. 5. 25. 선고 89다카14998 판결(공1990,1361)

• 2008. 2. 15. 선고 대법원 2006다68810, 68827 임대차보증금

【판시사항】

[1] 구분소유적 공유관계가 경매에 의하여 제3자에게 승계되기 위한 요건

[2] 구분소유적 공유관계에 있는 토지지분에 대한 강제경매절차에서 그 공유지분이 토지의 특정 부분에 대한 구분소유적 공유관계를 표상하는 것으로 취급되어 감정평가와 최저경매가격 결정이 이루어지고 경매가 실시되었다는 점이 입증되지 않은 경우, 위 공유지분의 매수인은 1필지 전체에 대한 공유지분을 적법하게 취득하고 이 부분에 관한 상호명의신탁관계는 소멸한다고 본 사례

【판결요지】

[1] 1필지의 토지의 위치와 면적을 특정하여 2인 이상이 구분소유하기로 하는 약정을 하고 그 구분소유자의 공유로 등기하는 이른바 구분소유적 공유관계에 있어서, 각 구분소유적 공유자가 자신의 권리를 타인에게 처분하는 경우 중에는 구분소유의 목적인 특정 부분을 처분하면서 등기부상의 공유지분을 그 특정 부분에 대한 표상으로서 이전하는 경우와 등기부의 기재대로 1필지 전체에 대한 진정한 공유지분으로서 처분하는 경우가 있을 수 있고, 이 중 전자의 경우에는

그 제3자에 대하여 구분소유적 공유관계가 승계되나, 후자의 경우에는 제3자가 그 부동산 전체에 대한 공유지분을 취득하고 구분소유적 공유관계는 소멸한다. 이는 경매에서도 마찬가지이므로, 전자에 해당하기 위하여는 집행법원이 공유지분이 아닌 특정 구분소유 목적물에 대한 평가를 하게 하고 그에 따라 최저경매가격을 정한 후 경매를 실시하여야 하며, 그러한 사정이 없는 경우에는 1필지에 관한 공유자의 지분에 대한 경매목적물은 원칙적으로 1필지 전체에 대한 공유지분이라고 봄이 상당하다.

[2] 구분소유적 공유관계에 있는 토지지분에 대한 강제경매절차에서 이를 매수한 사람이 1필지 전체에 대한 공유지분을 취득하였다고 주장하는 사안에서, 그 공유지분이 토지의 특정 부분에 대한 구분소유적 공유관계를 표상하는 것으로 취급되어 감정평가와 최저경매가격 결정이 이루어지고 경매가 실시되었다는 점이 입증되지 않은 이상, 위 매수인은 1필지 전체에 대한 공유지분을 적법하게 취득하고 기존의 상호명의신탁관계는 소멸한다고 보아야 하며, 이는 매수인의 구분소유적 공유관계에 대한 인식 유무에 따라 달라지지 않는다고 한 사례.

【참조조문】

[1] 민법 제103조[명의신탁], 제262조, 민사집행법 제97조 제1항, 제139조 제2항 / [2] 민법 제103조[명의신탁], 제262조, 민사집행법 제97조 제1항, 제139조 제2항

(1) 공유자우선매수권제한

　공유자는 민사집행법 제140조에 의해 공유자우선매수권을 행사할 수 있어 공유자우선매수권을 행사하면 매각기일에 최고가 입찰자의 입찰가격대로 공유자우선매수권을 행사한 공유자에게 낙찰이 되도록 해 공유자를 보호하고 있다. 이는 공유물이 경매로 생면부지의 다른 공유자가 들어옴으로 인해 여러 가지 있을 수 있는 공유재산분쟁을 사전에 예방한다는 차원에서 마련된 제도이다.

　공유자는 매각기일 전에 공유자우선매수신청을 할 수 있고, 입찰기일에서도 우선매수권을 행사할 수 있다. 공유자가 우선매수신청을 하고 보증금을 납부할 경우 최고가매수인의 가격에 우선매수신청을 한 입찰자에게 낙찰이 되나 공유자 외의 다른 입찰자가 없을 경우 공유자에게 낙찰을 시키지 않고 유찰로 처리해 공유자에게 다음 매각기일에 절감된 가격에 입찰을 할 수 있는 기회를 줌으로 인해 공유자우선매수권을 입찰자가 나올 때까지 행사할 수 있도록 해 공유자우선매수신청권자에게 특전을 주어 왔다. 이리하여 매각기일 전에 공유자우선매수신청을 하였을 경우 다른 입찰자들이 자신이 입찰한 가격에 공유자에게 낙찰이 된다는 점 때문에 입찰을 꺼려 결국 유찰에 유찰을 거듭, 최저가매수가격이 내려가 공유자우선매수신청인에게는 큰 이익이 되고 채권자와 채무자에게는 불이익이 되었다.

　공유자우선매수신청자에게만 이익이 돌아간다는 점에서 많은 문제점이 제기되어 오던 것에 대한 보완 차원에서 마련한 것이 공유자우선매수권제한제도이다. 공유자가 우선매수신청을 한 경우 입찰자가 없더라도 그 매각기일의 최저입찰가격에 낙찰시키고 만일 공유자우선매수신청을 한 공유자가 보증금을 납부하지 않는다면 그 다음 기일부터는 공유자우선매수권을 제한해 채무자와 채권자를 보호하자는 것이다. 현재 대구지방법원을 비롯해 여러 법원에서 공유자우선매수권제한을 하고 있다.

이 공유자우선매수신청제한제도의 시행으로 입찰이 어려워진 공유자들이 공유자우선매수신청을 매각기일에 하고 있다. 즉 대법원판례 2004마581은 공유자우선매수신청과 입찰보증금의 지급은 매각기일에 집행관이 입찰을 종결할 때까지 할 수 있다는 판시에 따라 집행관이 입찰자를 호명하면 공유자우선매수권을 행사하고 입찰자가 없을 경우 입찰신청을 하지 않으므로 자동 유찰이 되도록 해 결국 공유자우선매수신청권제한제도마저도 공유자우선매수신청인의 이익을 막지 못하고 있다.

필자는 공유자우선매수권을 인정해 공유지분권자를 보호해 주는 것에는 찬성한다. 그러나 공유자우선매수권으로 인해 다른 사람들에게 피해가 가도록 하는 것은 바람직하지 않다고 본다. 따라서 공유자우선매수권을 행사하려는 공유자도 매각기일에 다른 입찰자들과 똑같이 입찰 마감 시까지 입찰신청과 입찰보증금을 납부하도록 하여 입찰자가 공유자 혼자일 경우 최저가입찰가격에 낙찰시키고, 입찰자가 있을 경우 입찰된 최고가매수가격에 낙찰을 시키는 것이 형평의 원칙에 맞지 않나 하는 생각이다.

• 대법원 2004. 10. 14. 2004마581 결정

【판시사항】

[1] 입찰에 있어서 공유자의 우선매수신고 및 보증 제공의 시한(=집행관의 입찰종결선언 전까지)

[2] 공유자가 우선매수권을 행사한 경우, 최고가입찰자가 더 높은 입찰가격을 제시할 수 있는지 여부(소극)

【결정요지】

[1] 구 민사소송법(2002. 1. 26. 법률 제6626호로 전문 개정되기 전의 것) 제650조 제1항은 공유자는 경매기일까지 보증을 제공하고 최고매수신고가격과 동일한 가격으로 채무자의 지분을 우선매수할 것을 신고할 수 있다고 규정하고, 같은 조 제2항은 제1항의 경우에 법원은 최고가매수신고에 불구하고 그 공유자에게 경락을 허가하여야 한다고 규정하고 있는바, 이와 같은 공유자의 우선매수권은 일단 최고가매수신고인이 결정된 후에 공유자에게 그 가격으로 경락 내지 낙찰을 받을 수 있는 기회를 부여하는 제도이므로, 입찰의 경우에도 공유자의 우선매수신고 및 보증의 제공은 집행관이 입찰의 종결을 선언하기 전까지이면 되고 입찰마감시각까지로 제한할 것은 아니다.

[2] 구 민사소송법(2002. 1. 26. 법률 제6626호로 전문 개정되기 전의 것) 제663조 제2항에 의하여 입찰에 준용되는 같은 법 제650조 제1항, 제2항은 공유자가 우선매수권을 행사한 경우 법원은 그 공유자에게 경락을 허가하여야 한다고 규정하고 있고, 최고가입찰자로 하여금 당해 입찰기일에서 더 높은 입찰가격을 제시하도록 하는 것은 입찰의 본질에 반하는 것이며, 공유자와 최고가입찰자만이 참여하여 더 높은 입찰가격 내지 호가를 제시할 수 있는 새로운 입찰기일 등에 관한 절차규정도 없으므로, 공유자가 우선매수권을 행사한 경우에 최고가입찰자는 더 높은 입찰가격을 제시할 수 없다.

【참조조문】

[1] 구 민사소송법(2002. 1. 26. 법률 제6626호로 전문 개정되기 전의 것) 제625조 (현행 민사집행법 제113조 참조) 제650조 제1항 (현행 민사집행법 제140조 제1항 참조) 제2항 (현행 민사집행법 제140조 제2항 참조) 제663조 제2항

[2] 구 민사소송법(2002. 1. 26. 법률 제6626호로 전문 개정되기 전의 것) 제650조 제1항 (현행 민사집행법 제140조 제1항 참조) 제2항 (현행 민사집행법 제140조 제2항 참조) 제663조 제2항

【참조판례】

[1] 대법원 2000. 1. 28.자 99마5871 결정(공2000상, 563), 대법원 2002. 6. 17.자 2002마234 결정(공2002하, 2015)

[2] 대법원 2004. 9. 24.자 2004마496, 497 결정

【이   유】

재항고이유를 본다.

1. 구 민사소송법(2002. 1. 26. 법률 제6626호로 전문 개정되기 전의 것, 이하 같다) 제650조 제1항은 공유자는 경매기일까지 보증을 제공하고 최고매수신고가격과 동일한 가격으로 채무자의 지분을 우선매수할 것을 신고할 수 있다고 규정하고, 같은 조 제2항은 제1항의 경우에 법원은 최고가매수신고에 불구하고 그 공유자에게 경락을 허가하여야 한다고 규정하고 있는바, 이와 같은 공유자의 우선매수권은 일단 최고가매수신고인이 결정된 후에 공유자에게 그 가격으로 경락 내지 낙찰을 받을 수 있는 기회를 부여하는 제도이므로, 입찰의 경우에도 공유자의 우선매수신고 및 보증의 제공은 집행관이 입찰의 종결을 선언하기 전까지이면 되고 입찰마감시각까지로 제한할 것은 아니다(대법원 2002. 6. 17.자 2002마234 결정).

원심결정 이유에 의하면 원심은, 기일입찰방식으로 진행된 이 사건 입찰절차에서 판시 이 사건 제1부동산에 관하여 재항고인 김 준이, 판시 이 사건 제2부동산에 관하여 재항고인 박○식이 각 8,500만 원에 최고가로 매수신고를 한 사실, 김○훈은 입찰이 끝나고 집행관이 최고가매수신고인의 이름과 가격

을 부를 때까지 입찰보증금을 제공하지 아니하였는 데도 경매법원이 김○훈에게 낙찰을 허가하는 결정을 선고한 사실을 인정하면서도 위 김○훈이 위 각 부동산에 대한 29/168 지분을 소유하는 공유자 중 1인으로서 이 사건 입찰기일에 출석하여 집행관이 입찰의 종결을 선언하기 전에 재항고인들이 신고한 최고매수신고가격에 우선매수할 것을 신고하고 입찰보증금 850만 원을 각 납부한 사실도 인정하고 나서, 공유자로서 우선매수권을 행사한 김○훈에게 낙찰을 허가한 경매법원의 결정은 적법하다고 판단하였는바, 위의 법리와 기록에 의하여 살펴보면, 원심의 사실인정과 판단은 모두 정당하고, 거기에 재항고이유의 주장과 같은 사실을 오인하였거나 공유자 우선매수권의 행사 내지 구 민사소송법 제625조 소정의 보증에 관한 법리를 오해한 위법 등이 없다.

  2. 구 민사소송법 제663조 제2항에 의하여 입찰에 준용되는 같은 법 제650조 제1항, 제2항은 '공유자가 우선매수권을 행사한 경우 법원은 그 공유자에게 경락을 허가하여야 한다'고 규정하고 있고, 최고가입찰자로 하여금 당해 입찰기일에서 더 높은 입찰가격을 제시하도록 하는 것은 입찰의 본질에 반하는 것이며, 공유자와 최고가입찰자만이 참여하여 더 높은 입찰가격 내지 호가를 제시할 수 있는 새로운 입찰기일 등에 관한 절차규정도 없으므로, 공유자가 우선매수권을 행사한 경우에 최고가입찰자는 더 높은 입찰가격을 제시할 수 없다고 할 것이다(대법원 2004. 9. 24.자 2004마496, 497 결정 참조).

  같은 취지에서 원심이, 공유자인 김○훈이 우선매수권을 행사하자 최고가매수신고인들인 재항고인들이 각 위 8,500만 원보다 고가인 9,000만 원의 매수신고를 하고 그 입찰보증금까지 납입하였다고 하더라도 공유자인 김○훈에게 낙찰을 허가한 경매법원의 결정은 적법하다고 판단한 것은 옳고, 거기에 재항고이유의 주장과 같은 공유자 우선매수권의 행사에 관한 법리를 오해한 위법이 없다.

  3. 그러므로 재항고를 모두 기각하기로 하여 관여 법관의 일치된 의견으로 주문과 같이 결정한다.

유치권 관련 민법조문

제203조(점유자의 상환청구권) ① 점유자가 점유물을 반환할 때에는 회복자에 대하여 점유물을 보존하기 위하여 지출한 금액 기타 필요비의 상환을 청구할 수 있다. 그러나 점유자가 과실을 취득한 경우에는 통상의 필요비는 청구하지 못한다. ② 점유자가 점유물을 개량하기 위하여 지출한 금액 기타 유익비에 관하여는 그 가액의 증가가 현존한 경우에 한하여 회복자의 선택에 좇아 그 지출금액이나 증가액의 상환을 청구할 수 있다. ③ 전항의 경우에 법원은 회복자의 청구에 의하여 상당한 상환기간을 허여(許與)할 수 있다.

제320조(유치권의 내용) ① 타인의 물건 또는 유가증권을 점유한 자는 그 물건이나 유가증권에 관하여 생긴 채권이 변제기에 있는 경우에는 변제를 받을 때까지 그 물건 또는 유가증권을 유치할 권리가 있다. ② 전항의 규정은 그 점유가 불법행위로 인한 경우에 적용하지 아니한다.

제321조(유치권의 불가분성) 유치권자는 채권 전부의 변제를 받을 때까지 유치물 전부에 대하여 그 권리를 행사할 수 있다.

제322조(경매, 간이변제 충당) ① 유치권자는 채권의 변제를 받기 위하여 유치물을 경매할 수 있다. ② 정당한 이유 있는 때에는 유치권자는 감정인의 평가에 의하여 유치물로 직접 변제에 충당할 것을 법원에 청구할 수 있다. 이 경우에 유치권자는 미리 채무자에게 통지하여야 한다.

제323조(과실수취권) ① 유치권자는 유치물의 과실을 수취하여 다른 채권보다 먼저 그 채권의 변제에 충당할 수 있다. 그러나 과실이 금전이 아닌 때에는 경매하여야 한다. ② 과실은 먼저 채권의 이자에 충당하고 그 잉여가 있으면 원본에 충당한다.

제324조(유치권자의 선관의무) ① 유치권자는 선량한 관리자의 주의로 유치물을 점유하여야 한다. ② 유치권자는 채무자의 승낙 없이 유치물의 사용, 대여 또는 담보 제공을 하지 못한다. 그러나 유치물의 보존에 필요한 사용은 그러하지 아니하다. ③ 유치권자가 전2항의 규정에 위반한 때에는 채무자는 유치권의 소멸을 청구할 수 있다.

제325조(유치권자의 상환청구권) ① 유치권자가 유치물에 관하여 필요비를 지출한 때에는 소유자에게 그 상환을 청구할 수 있다. ② 유치권자가 유치물에 관하여 유익비를 지출한 때에는 그 가액의 증가가 현존한 경우에 한하여 소유자의 선택에 좇아 그 지출한 금액이나 증가액의 상환을 청구할 수

있다. 그러나 법원은 소유자의 창구에 의하여 상당한 상환기간을 허여할 수
있다.

제326조(피담보채권의 소멸시효) 유치권의 행사는 채권의 소멸시효의 진
행에 영향을 미치지 아니한다.

제327조(타 담보 제공과 유치권 소멸) 채무자는 상당한 담보를 제공하고
유치권의 소멸을 청구할 수 있다.

제328조(점유상실과 유치권의 소멸) 유치권은 점유의 상실로 인하여 소
멸한다.

제367조(제삼취득자의 비용상환청구권) 저당물의 제삼취득자가 그 부동
산의 보존, 개량을 위하여 필요비 또는 유익비를 지출한 때에는 제203조 제
1항, 제2항의 규정에 의하여 저당물의 경매 대가에서 우선상환을 받을 수
있다.

제626조(임차인의 상환청구권) ① 임차인이 임차물의 보존에 관한 필요
비를 지출한 때에는 임대인에 대하여 그 상환을 청구할 수 있다. ② 임차인
이 유익비를 지출한 경우에는 임대인은 임대차 종료 시에 그 가액의 증가가
현존한 때에 한하여 임차인의 지출한 금액이나 그 증가액을 상환하여야 한
다. 이 경우에 법원은 임대인의 청구에 의하여 상당한 상환기간을 허여할
수 있다.

유치권이란 법정담보물권으로서 당사자 간의 계약에 의하여 성립하는 것이 아니라 법률의 규정에 의하여 성립되고, 등기도 요하지 않는다. 유치권은 점유가 필수적이다. 유치물의 점유 없이 유치권이 성립될 수 없다. 점유권을 잃으면 유치권은 소멸된다.

좀 더 쉽게 설명을 하면, 시계수리를 위해 시계를 수리점에 맡겼는데 수리비를 받을 때까지 시계 수리원이 시계를 보관(점유)하고 있는 것을 유치권이라고 한다. 그러면 시계 수리비를 받지 못한 상태에서 시계의 소유권이 다른 사람에게 넘겨질 경우 유치권은 어떻게 되느냐 하는 문제가 남는다.

시계의 소유권이 다른 사람에게 넘겨진 경우라도 시계 수리원이 시계를 가지고(점유) 있는 한 유치권은 존재한다. 시계가 경매에 나와 낙찰이 되었다 하더라도 시계 수리원이 시계를 점유하고 있는 이상 유치권은 살아 있다.

즉 유치권이 있는 부동산이 경매에 나와 부동산의 주인이 바뀌더라도 유치권자가 유치물을 점유하고 있는 이상 유치권은 살아 있다.

유치권의 가장 큰 장점은 유치권자가 유치물을 점유하므로 소유자가 그 목적물을 사용수익하지 못한다는 데 있다. 근저당권의 장점은 담보로 제공된 물건을 소유자가 그 효용가치대로 사용할 수 있다는 것인 데 반해, 유치권은 목적물을 유치권자가 점유하고 있어 소유자가 그 목적물의 효용가치대로 사용 수익할 수 없다.

※ 유치권자가 주장하는 채권이 그 물건에서 발생된 채권으로서 견련성이 있어야 하고 채권이 변제기에 있어야 한다.

※ 유치권자는 해당물건을 점유하고 있어야 한다. 이 점유가 불법점유여서는 아니 된다.

※ 유치권을 주장하기 위해서는 압류등기 전에 점유가 있어야 한다.

※ 유치권이 신의칙에 반하는 경우 유치권이 부정된다.

※ 유치권 배제특약이나 유치권을 포기한다는 약정이 없어야 한다.

※ 소유자와 유치권자 사이에 계약상의 원상복구계약이 없어야 한다.

① 유치권자가 주장하는 채권이 그 물건에서 발생된 채권으로서 견련성이 있어야 하고 채권이 변제기에 있어야 한다.

민법 제320조는 '타인의 물건을 점유한 자는 그 물건에 관하여 생긴 채권이 변제기에 있는 경우에는 변제를 받을 때까지 그 물건을 유치할 권리가 있다' 라고 규정하고 있다.

유치권을 주장하기 위해서는 그 물건에서 생긴 채권이여야 하고 그 채권이 변제기에 있어야 한다. 그 물건에 관하여 생긴 채권인지가 매우 중요하므로 유치권이 문제가 되면 제일 먼저 그 물건에서 발생된 채권인지를 확인하여야 한다.

그 물건에서 발생된 채권이면 변제기가 되었는지 확인하여야 한다.

그 물건에 대하여 발생된 채권인지는 유치권신고서나 현장 확인을 통해 대략적으로 알 수가 있는데 유치권신고를 하지 않고 있다가 매수인이 정해지고 난 다음에 유치권을 주장하는 경우도 있으니 주의를 요한다. 또 채권이 변제기에 도달하였는지는 매수인으로서는 알아보기가 힘든 경우이나 이 경우도 유치권자가 주장하는 내용을 보면 대부분 알 수가 있다.

유치권과 채권과의 견련관계나 변제기의 도래는 유치권자가 주장하는 내용에 따를 수밖에 없는 것이 현실이고 경매신청채권자나 매수인이 유치권과 채권의 견련관계나 채권변제기의 미도래를 다투면 유치권자가 견련성과 변제기의 도래를 적극적으로 입증을 하는 과정에서 자연히 밝혀질 것이다.(대법원 1976. 9. 28. 선고 76다582판결)

 판례

• 대법원 1976. 9. 28. 선고 76다582 건물명도 판결

【판시사항】

가. 채무불이행에 의한 손해배상채권에 관한 유치권항변의 적부

나. 건물신축도급계약에 의한 공사잔대금채무의 이행지체로 인한 손해배상액의 예정의 경우 이자제한법 1조 2조가 적용되는지 여부

【판결요지】

1. 채무불이행에 의한 손해배상청구권은 원 채권의 연장이라 보아야 할 것이므로 물건과 원 채권 사이에 견련관계가 있는 경우에는 그 손해배상채권과 그 물건 사이에도 견련관계가 있다 할 것으로서 손해배상채권에 관하여 유치권항변을 내세울 수 있다 할 것이다.

2. 건물신축도급계약에 의한 공사잔금채무의 이행지체로 인한 손해배상액의 예정의 경우에는 이자제한법 1조 2조가 적용될 수 없다.

【주   문】

상고를 기각한다. 상고비용은 원고의 부담으로 한다.

【이   유】

　원고 소송대리인의 상고이유 제1점에 대하여,

　원 판결에 의하여 확정된 사실에 의하면 수급인인 피고의 본건 공사잔금채권이나 그 지연손해금청구권과 도급인인 원고의 건물인도청구권은 모두 원고·피고 사이의 건물신축도급계약이라고 하는 동일한 법률관계로부터 생긴 것임이 인정될 수 있으므로 피고의 본건 손해배상채권 역시 본건 건물에 관하여 생긴 채권이라 할 것이며 채무불이행에 의한 손해배상청구권은 원 채권의 연장으로 보아야 할 것이므로 물건과 원 채권 사이에 견련관계가 있는 경우에는 그 손해배상채권과 그 물건 사이에도 견련관계가 있는 법리라 할 것으로서 본건 손해배상채권이 소론과 같이 배상액의 예정에 해당하는 특약조항에 의하여 발생한 것이라 하여 그 결론을 달리 할 바 못 되고 이와 같은 견지에서 본건 손해배상채권에 관한 피고의 유치권항변을 인용한 원판결에 유치권의 피담보채권에 관한 법리를 오해한 위법이 있다고 할 수 없다.

　논지는 이유없다.

　상고이유 제2점에 대하여,

　금전채무불이행의 손해배상액은 법정이율에 의함을 원칙으로 하나 법령의 제한에 위반하지 아니한 약정이율이 있으면 그 이율에 의할 것이고 이자제한법 제2조는 금전대차에 관한 계약상의 이자에 한하여 적용된다 할 것이므로 소론과 같은 배상액 예정에 관한 특약에 의하여 정하여진 배상액이 법정이율을 초과한다 하여도 그것이 약정에 의한 것인 이상 민법 제397조 제1항의 규정에 저촉되는 여부를 논할 여지가 없으며 본건 공사잔금채무의 이행지체로 인한 손해배상액의 예정의 경우 이자제한법 제1조, 제2조는 적용될 수 없는 바로서 원 피고 사이에 본건 도급계약을 체결함에 있어서 피고가 공사를 지체할 시나 또는 원고가 공사금지급을 지연할 시 각 배상액을 지급키로 한 원 판결이 확정한 것과 같은 사실관계하에서는 원고의 공사금 지급지연으로 인한 소론 판단과 같은 손해배상액 예정이 부당히 과다한 경우에 해당된다고 볼 수 없다는 것을 전제로(본원 1964. 5. 26. 선고 63다919 판결 참조) 민법 제398

조 제2항이나 이자제한법 제4조를 적용하지 아니한 원판결 판단에 반드시 위법이 있다고 단정할 수 없다. 논지는 이유없다.

상고이유 제3, 4점에 대하여,

원 판결이 든 증거에 의하여 원판결의 소론 각 판단사실을 수긍 못할 바 아니며 그 인정의 과정에 위법이 있음을 단정할 수 없고(본건 환송판결 이유설명 제2항 판단참조) 논지는 결국에 있어 증거의 취사판단과 사실인정에 관한 원심의 전권사항을 비난하는 데 불과하여 채택될 수 없다. 논지는 이유없다.

따라서 민사소송법 제400조, 제395조, 제384조에 의하여 관여 법관의 일치된 의견으로 주문과 같이 판결한다.

② 유치권자는 해당물건을 점유하고 있어야 한다.

이처럼 유치권에서 가장 중요한 것이 점유라는 것을 알 수가 있다. 이 점유라는 것이 시계처럼 수리공의 서랍 안에 넣어 둘 수 있는 물건이라면 얼마나 좋겠는가?

그런데 공사장의 공사가 중단된 경우이거나 리모델링을 한 건물의 경우처럼 점유를 인정하기가 구체적이지 못하고 추상적인 경우가 많아 우리의 심리를 복잡하게 만들고 경매꾼들을 즐겁게 한다.

그렇다고 무턱대고 입찰을 할 수도 없고, 유치권이 성립되기 위한 점유가 확실히 드러나는 것이 없으니 답답하다고 할 수밖에 없다.

법원은 유치권자가 점유를 주장할 경우 특별한 사정이 없는 한 유치권자의 점유를 인정하고 있는 것으로 보인다.

유치권자가 점유를 주장하면서 건물의 열쇠를 보관하고 있거나, 실제 거주를 하지 않으면서 유치권을 행사하고 있다는 공지문을 부착해 놓는 경우도 점유로 인정되고 있다.

대법원의 입장을 보면 '점유라고 함은, 물건이 사회통념상 그 사람의 사실적 지배에 속한다고 보이는 객관적 관계가 있는 것을 말하고, 사실상의 지배가 있다고 하기 위하여는 반드시 물건을 물리적, 현실적으로 지배하는 것만을 의미하는 것이 아니고 물건과 사람과의 시간적, 공간적 관계와 본권과의 관계, 타인지배의 배제 가능성 등을 고려하여 사회 관념에 따라 합목적적으로 판단하여야 한다' 라고 밝히고 있다.(대법원 95다8713 판결)

 판례

> • 1996. 8. 23. 선고 95다8713 공사대금 공96. 10. 1.[19], 2809
>
> 【판시사항】
>
> [1] 물건에 대한 점유의 의미와 판단 기준
>
> [2]공사대금 채권에 기한 공장 건물 유치권자가 경락인에 의한 부당한 점유 침탈을 원인으로 점유회수의 소를 제기한 사안에서, 유치권자의 점유를 인정하지 아니한 원심판결을 파기한 사례
>
> [3]유치권자가 경락인에 대하여 피담보채권의 변제를 청구할 수 있는지 여부(소극)
>
> 【재판요지】
>
> [1] 점유라고 함은 물건이 사회통념상 그 사람의 사실적 지배에 속한다고 보여

지는 객관적 관계에 있는 것을 말하고 사실상의 지배가 있다고 하기 위 하여는 반드시 물건을 물리적, 현실적으로 지배하는 것만을 의미하는 것이 아니고 물건과 사람과의 시간적, 공간적 관계와 본권관계, 타인지배의 배제가능성 등을 고려하여 사회 관념에 따라 합목적적으로 판단하여야 한다.

　[2] 공장 신축공사 공사잔대금채권에 기한 공장 건물의 유치권자가 공장건물의 소유 회사가 부도가 난 다음에 그 공장에 직원을 보내 그 정문 등에 유치권자가 공장을 유치 · 점유한 안내문을 게시하고 경비용역회사와 경비용역계약을 체결하여 용역경비원으로 하여금 주야 교대로 2인씩 그 공장에 대한 경비 · 수호하도록 하는 한편 공장의 건물 등에 자물쇠를 채우고 공장출입구 정면에 대형 컨테이너로 가로막아 차량은 물론 사람들의 공장 출입을 통제하기 시작하고 그 공장이 경락된 다음에도 유치권자의 직원 10여 명을 보내 그 공장 주변을 경비 · 수호하고 있었다면, 유치권자가 그 공장을 점유하고 있었다고 볼 여지가 충분하다는 이유로, 유치권자의 점유를 인정하지 아니한 원심판결을 파기한 사례.

　[3] 민사소송법 제728조에 의하여 담보권의 실행을 위한 경매절차에 준용되는 같은 법 제608조 제3항은 경락인은 유치 권자에게 그 유치권으로 담보하는 채권을 변제할 책임이 있다고 규정하고 있는바, 여기에서 '변제할 책임이 있다' 는 의미는 부동산상의 부담을 승계한다는 취지로서 인적 채무까지 인수한다는 취지는 아니므로, 유치권자는 경락인에 대하여 그 피담보 채권의 변제가 있을 때까지 유치목적물인 부동산의 인도를 거절할 수 있을 뿐이고 그 피담보채권의 변제를 청구할 수는 없다. 그러나 점유라고 함은 물건이 사회통념상 그 사람의 사실적 지배에 속한다고 보여 지는 객관적 관계에 있는 것을 말하고 사실상의 지배가 있다고 하기 위 하여는 반드시 물건을 물리적, 현실적으로 지배하는 것만을 의미하는 것이 아니고 물건과 사람과의 시간적, 공간적 관계와 본권관계, 타인지배의 배제가능성 등을 고려하여 사회 관념에 따라 합목적적으로 판단하여야 하는 것이고, 점유회수의 소에 있어서는 점유를 침탈당하였다고 주장하는 당시에 점유하고 있었는지의 여부만을 살피면 되는 것인바, 원심이 확정한 사실관계 및 기록

에 의하여 인정되는 바와 같이 원고가 위 통일전선이 부도가 나고 난 다음에 이 사건 공장에 직원을 보내 그 정문 등에 원고가 이 사건 공장을 유치 · 점유한 안내문을 게시하고 소외 한국보안실업 주식회사와 경비용역계약을 체결하고, 용역경비원으로 하여금 주야 교대로 2인씩 이 사건공장에 대한 경비 · 수호하도록 하는 한편 이 사건 공장의 건물 등에 자물쇠를 채우고 공장 출입구 정면에 대형 컨테이너로 가로막아 차량은 물론사람들의 공장 출입을 통제하기 시작하고 피고가 이 사건 공장을 경락한 다음에도 원고의 직원 10여 명을 보내 이 사건 공장 주변을 경비 · 수호하게 하고 있었다면 원고가 이 사건 공장을 점유하고 있었다고 볼 여지가 충분하다고 할 것이므로 원심으로서는 과연 원고가 위와 같이 이 사건 공장을 수호 · 경비 당시에 위 통일전선의 직원이 이 사건 공장에 상주하면서 공장을 관리하고 있었는지의 여부, 원고가 용역경비원으로 하여금 공장을 수호 · 경비하도록 하였다면 그 경비의 내용이 어느 정도인지의 여부, 이 사건공장 건물의 시정상태와 그 열쇠를 누가 소지하고 있었는지의 여부 등을 좀더 밝혀 보고, 만약 원고의 점유가 인정된다면 원고의 주장처럼 피고에게 점유를 침탈당한 것인지의 여부까지도 나아가 살핀 다음 원고의 이 사건 공장의 반환청구에 관하여 판단하였어야 함에도 만연히 그 판시와 같은 이유로 원고의 이 사건 공장의 반환청구를 배척하였으니 점유회수의 소에 있어서의 점유에 관한 법리를 오해한 나머지 심리를 다하지 아니함으로써 판결에 영향을 미칠 위법을 저질렀다고 하지 않을 수 없다. 따라서 이 점을 지적하는 상고 논지는 이유 있다. 한편 민사소송법 제728조에 의하여 담보권의 실행을 위한 경매절차에 준용되는 같은 법 제608조 제3항은 경락인은 유치 권자에게 그 유치권으로 담보하는 채권을 변제할 책임이 있다고 규정하고 있는바, 여기에서 '변제할 책임이 있다' 는 의미는 부동산상의 부담을 승계한다는 취지로서 인적 채무까지 인수한다는 취지는 아니므로, 유치권자는 경락인에 대하여 그 피담보채권의 변제가 있을 때까지 유치목적물인 부동산의 인도를 거절할 수 있을 뿐이고 그 피담보채권의 변제를 청구할 수는 없다고 할 것이다. 따라서 가사 원고가 이 사건 공장 건물에 대하여 유치권을 여기서 점유는 직접점유뿐만 아니라 간접점유까지 포함된다. 직접점유에는 별 어려움이 없으나 간접점유는 여러 가지로 복잡하다. 먼저 임차인이 다시 다른 사람에게 전대를 한 경우로, 전차인 입장에서는 언젠가는 전대인에게 임차물을 돌려주어야 하므로 임차인은 제3자인 전차인을 통해 위 물건을 간접점유한 상태가 되므로 유치권 주장에 아무런 문제가 없다.(대법원 2002마3516 판결)

 판례

• 2002. 11. 27. 선고 대법원 2002마3516 부동산인도

【판시사항】

소유자의 동의 없이 유치권자로부터 유치권의 목적물을 임차한 자의 점유가 구 민사소송법 제647조 제1항 단서 소정의 '경락인에게 대항할 수 있는 권원' 에 기한 것인지 여부(소극)

【결정요지】

유치권의 성립요건인 유치권자의 점유는 직접점유이든 간접점유이든 관계없지만, 유치권자는 채무자의 승낙이 없는 이상 그 목적물을 타에 임대할 수 있는 처분권한이 없으므로(민법 제324조 제2항 참조), 유치권자의 그러한 임대행위는 소유자의 처분권한을 침해하는 것으로서 소유자에게 그 임대의 효력을 주장할 수 없고, 따라서 소유자의 동의 없이 유치권자로부터 유치권의 목적물을 임차한 자의 점유는 구 민사소송법(2002. 1. 26. 법률 제6626호로 전문 개정되기 전의 것) 제647조 제1항 단서에서 규정하는 '경락인에게 대항할 수 있는 권원' 에

기한 것이라고 볼 수 없다.

【참조조문】

구 민사소송법(2002. 1. 26. 법률 제6626호로 전문 개정되기 전의 것) 제647조 제1항(현행 민사집행법 제136조 제1항 참조), 민법 제324조 제2항

【이　　유】

재항고이유를 본다.

1. 제1점에 대하여

원심은, 재항고인들이 이 사건 경매개시 결정 이전부터 이 사건 건물 중 2층 부분을 점유하고 있었다고 볼 수 없다고 판단하였는바, 기록에 비추어 살펴보면, 이러한 원심 판단은 옳은 것으로 수긍이 가고, 거기에 재항고 이유로 주장하는 바와 같은 위법은 없다.

이 점을 탓하는 재항고 이유는 받아들이지 아니한다.

2. 제2점에 대하여

유치권의 성립요건인 유치권자의 점유는 직접점유이든 간접점유이든 관계 없지만, 유치권자는 채무자의 승낙이 없는 이상 그 목적물을 타에 임대할 수 있는 처분권한이 없으므로(민법 제324조 제2항 참조), 유치권자의 그러한 임대행위는 소유자의 처분권한을 침해하는 것으로서 소유자에게 그 임대의 효력을 주장할 수 없고, 따라서 소유자의 동의 없이 유치권자로부터 유치권의 목적물을 임차한 자의 점유는 구 민사소송법(2002. 1. 26. 법률 제6626호로 전문 개정되기 전의 것) 제647조 제1항 단서에서 규정하는 '경락인에게 대항할 수 있는 권원'에 기한 것이라고 볼 수 없다.

또한 기록에 의하면, 이 사건 건물의 유치권자로서 재항고인들에게 그 2층 부분을 임대하였다고 하는 이종산업개발 주식회사(이하 '이종산업'이라 한다)에 대하여는 낙찰자의 신청에 의하여 이 사건 건물 전부를 낙찰자에게 인도하라는 인도명령이 이미 확정되어 있음을 알 수 있으므로, 이종산업이 재항고인들로부터 그 점유를 이전받더라도 이를 점유할 수 없게 됨으로써 그 유치권을 더 이상 유지할 수도 없게 되었다.

　　위의 판례와 같이 유치권자가 소유권자의 동의 없이 유치물을 사용하거나 빌려주거나 임대를 놓을 수는 없다.

　　유상이든 무상이든 마찬가지이다. 이때는 소유자는 바로 유치권 소멸청구를 할 수 있고, 소유자의 유치권 소멸청구로 유치권은 소멸된다.
　　수리를 위해 맡겨놓은 시계를 주인의 허락 없이 시계 수리원이 사용하거나 남에게 빌려주는 것이 상식에 맞는지를 생각해 보면 해답이 나온다.

　　그러나 일부의 유치물을 대여한 경우나 유치물의 대부분을 유치권자가 점유하고 그 일부를 타인에게 사용하게 하였다면 유치물의 보존행위로 보아 유치권의 소멸사유로 보지 않는 경우가 있다는 것을 알아두어야 한다.(서울고법 72나1978 판결 및 대법원 2009다40648 판결)

　　간혹 경매사건을 처리하다 보면 유치권 신고가 있고 그 유치권자와 계약한 임대차 계약서를 내용으로 한 보증금을 받겠다고 배당요구 신청을 한 경우가 있다. 이 경우 유치권자가 유치물을 임대하기 위해서는 소유자(채무자)의 승낙(동의)을 받아야 하는데 승낙 없이 임대를 하였다면 유치권소멸사유가 되고, 이 물건의 낙찰인이 매각대금을 지급하고 법원으로부터 인도명령을 신청하여 임차인으로부터 위 물건을 인도받았다면, 낙찰인이 직접 점유

자가 되어 유치권자는 점유권을 상실하였으므로 낙찰인에게 유치권 주장을
할 수 없다.

대법원은 유치권의 성립요건에는 직접점유이든 간접점유이든 관계가 없
지만 유치권자는 소유자(채무자)의 승낙 없이 유치물을 처분할 권한이 없으
므로 소유자의 동의 없이 유치물을 임차한 자는 낙찰인에게 대항할 수 없다
고 판시하고 있다.

한 물건에 두 개의 권리가 존재할 수 없으므로 임차인이 점유를 하고 있
는 물건에 다시 유치권자가 점유를 하고 있다고 주장하기란 법리상 맞지가
않다. 따라서 임차부동산에 유치권 신고가 있을 경우 임차인과 유치권자와
의 관계를 잘 알아보아야 한다.

먼저 임차권이 성립된 상태에서 나중에 유치권자가 점유를 주장한다면
이는 허위일 가능성이 높다. 경매물건 명세서상에 유치권 신고가 있고, 임차
인의 배당요구가 있다면 이는 한 물건에 점유자가 둘이 되는 경우로 이는
지분으로 점유하기 전에는 유치권이 성립이 될 수가 없다.

특히 상가건물인 경우는 더 문제가 있다. 커피전문점의 상호로 영업하고
있는 상가에 유치권을 주장하면서 상가의 일부를 공동으로 점유하고 있다
고 주장하는 것은 상식에 맞지 않는 경우이다. 따라서 유치권자가 점유하고
있다고 인정받기 어렵다.

③ 유치권을 주장하기 위해서는 압류등기 전에 점유가 있어야 한다.

부동산경매에 있어서 유치권을 주장하려면 경매개시결정등기, 즉 압류의 효력이 있기 전에 유치물을 점유하고 있어야한다. (대법원 2005다22688 판결)

 판례

• 2005. 8. 19. 선고 대법원 2005다22688 건물명도 등

【판시사항】

채무자 소유의 부동산에 강제경매개시결정의 기입등기가 경료되어 압류의 효력이 발생한 이후에 채무자가 부동산에 관한 공사대금 채권자에게 그 점유를 이전함으로써 유치권을 취득하게 한 경우, 점유자가 유치권을 내세워 경매절차의 매수인에게 대항할 수 있는지 여부(소극)

【판결요지】

채무자 소유의 건물 등 부동산에 강제경매개시결정의 기입등기가 경료되어 압류의 효력이 발생한 이후에 채무자가 위 부동산에 관한 공사대금 채권자에게 그 점유를 이전함으로써 그로 하여금 유치권을 취득하게 한 경우, 그와 같은 점유의 이전은 목적물의 교환가치를 감소시킬 우려가 있는 처분행위에 해당하여 민사집행법 제92조 제1항, 제83조 제4항에 따른 압류의 처분금지효에 저촉되므로 점유자로서는 위 유치권을 내세워 그 부동산에 관한 경매절차의 매수인에게 대항할 수 없다.

【참조조문】

민사집행법 제83조 제4항, 제91조 제5항, 제92조 제1항

【이　유】

1. 피고(선정당사자)의 상고이유에 대하여 본다.

채무자 소유의 건물 등 부동산에 강제경매개시결정의 기입등기가 경료되어 압류의 효력이 발생한 이후에 채무자가 위 부동산에 관한 공사대금 채권자에

게 그 점유를 이전함으로써 그로 하여금 유치권을 취득하게 한 경우, 그와 같은 점유의 이전은 목적물의 교환가치를 감소시킬 우려가 있는 처분행위에 해당하여 민사집행법 제92조 제1항, 제83조 제4항에 따른 압류의 처분금지효에 저촉되므로 점유자로서는 위 유치권을 내세워 그 부동산에 관한 경매절차의 매수인에게 대항할 수 없다 할 것이다.

원심은 그 채택 증거를 종합하여, 선정자를 제외한 나머지 선정자들이 주식회사 소유의 이 사건 공장건물들의 신축공사로 인한 공사대금채권을 가지고 있던 중 평산기계공업의 채권자인 ○○○의 신청에 기한 2002. 5. 6.자 강제경매개시결정에 따라 같은 해 5. 13. 이 사건 공장건물들 및 그 부지 등에 관하여 강제경매개시결정의 기입등기가 경료된 이후 위 선정자들이 위 공장건물들 중 선정자 양병원이 임차하고 있던 이 사건 건물 및 부지 부분에 대하여는 위 선정자에 대한 평산기계공업의 점유물반환청구권을 양도받음으로써 2003. 4. 30.경부터 위 선정자를 통한 간접점유를 시작하고, 나머지 공장건물들 및 부지에 대하여는 늦어도 경비원을 고용하여 출입자들을 통제하기 시작한 2003. 5. 23.경부터 평산기계공업으로부터 그 점유를 이전받아 직접점유를 시작한 사실을 인정한 다음, 선정자들은 위 강제경매개시결정의 기입등기에 따른 압류의 처분금지효에 저촉되는 위 점유이전에 기한 유치권의 취득으로써 위 경매절차의 매수인인 원고에 대하여 대항할 수 없다는 이유를 들어, 선정자들에 대하여 이 사건 건물 및 부지의 인도와 아울러 이 사건 공장건물들의 전체 부지 지상에 설치한 판시 컨테이너의 철거와, 원고가 위 경매절차에서 이 사건 건물 및 부지의 소유권을 취득한 2003. 9. 25.부터 그 인도 완료시까지 점유에 따른 차임 상당의 손해배상을 각 구하는 원고의 청구를 인용하였는바, 위와 같은 원심의 판단은 앞서 본 법리 및 기록에 비추어 정당하고, 거기에 상고이유에서 주장하는 것처럼 유치권의 성립과 효력, 부동산의 강제경매개시결정에 따른 처분금지의 효력, 점유 및 재산권 등에 관한 법리오해와 사실오인, 심리미진 등의 위법이 있다고 할 수 없다.

피고(선정당사자)가 위 유치권에 기한 대항력의 근거 중 하나로 적시하는 민사집행법 제91조 제5항에서는 유치권의 경우 매수인이 그 부담을 인수한다고 하는 인수주의를 채택하고 있으나, 여기서 매수인이 인수하는 유치권이라고 하는 것은 원칙적으로 경매절차의 압류채권자에게 대항할 수 있는 것이라고 보아야 할 것인데, 이 사건의 경우처럼 경매부동산의 압류 당시에는 이를 점유하지 아니하여 유치권을 취득하지 못한 상태에 있다가 압류 이후에 경매부동산에 관한 기존의 채권을 담보할 목적으로 뒤늦게 채무자로부터 그 점유를 이전받음으로써 유치권을 취득하게 된 경우에는 위 법리에 비추어 이로써 경매절차의 매수인에게 대항할 수 없다고 보아야 할 것이므로, 이 부분 상고이유의 주장도 받아들일 수 없다.

한편, 민법상 점유는 유치권의 성립요건이자 존속요건으로서, 유치권의 성립에 있어서 채권과 점유 사이의 견련관계를 요하지 아니한다 하여 점유 없이도 유치권이 성립하는 것을 의미하는 것은 아니므로, 이와 달리 위 공사대금채권이 변제기에 도달한 이상 위 점유를 취득하기 전에 이미 유치권이 성립한 것으로 보아야 한다는 취지의 상고이유의 주장 역시 이유 없어 받아들이지 아니한다.(중요부분 판례라 전문 그대로 실었다.)

따라서 유치권자의 점유시점이 가장 중요하므로 입찰을 준비 중이거나 낙찰을 받은 사람은 유치권을 주장하는 사람에게 점유일자가 언제인가를 알아보는 게 중요하다.

점유시점을 알아보는 방법은 여러 가지가 있을 것이다. 탐문을 통해 녹음을 하는 방법, 내용을 잘 아는 주변사람을 증인으로 삼는 방법 등이 있을 것이다. 통상 경매가 개시되기 전에 유치권주장을 위해 점유를 하는 경우는 드물다. 어찌어찌 하다가 경매가 들어오니 공사대금이나 다른 채권으로 배당을 좀 받아보려고 유치권 주장을 하는 경우가 허다하다.

경매기입등기 후에 점유를 한 사실을 입증만 하면 유치권의 효력을 저지할 수 있다. 또 소유자와 유치권자가 결탁하는 경우도 있을 수 있으니 그간의 채권자 채무자와의 관계들을 알아보다 보면 자연스럽게 유치권 성립일자 등 유치권에 대한 이야기가 나오게 되고 뜻밖의 정보도 얻을 수 있다. 소유자와 유치권자를 만나 대화를 나누어 보는 게 좋다.

현재 서울 쪽에서는 소유자와 공사업자가 짜고서 공사를 한 것처럼 하거나 공사대금을 부풀려서 유치권신고를 해 강제집행면탈죄와 입찰방해죄로 처벌을 받은 경우가 종종 있다.

공사업자의 경우 공사대금을 받지 못한 그 순간부터 유치권을 주장하면서 점유를 시작하는 것이 아니라 공사대금을 받기 위한 여러 가지의 노력을 하다가 경매개시결정 등기가 있은 후 공사대금을 받기 위해 유치권을 행사하는 경우가 대부분이다. 점유의 개시가 언제부터 이루어졌나를 찾아 증거를 확보해 두어야 한다.

증거의 수집방법은 소유자와 다른 채권자인 근저당권자, 공사업자 등을 상대로 하고, 정확한 정보가 있을 시 녹음을 해 둔다. 더 확실하게는 확인서를 자필로 받아둔다면 증거의 가치를 높일 수 있다.

④ 유치권이 신의 측에 반하는 경우 유치권이 부정된다.
부동산에 거액의 근저당권 등이 설정되어 있어, 소유자의 재산상태가 좋

지 않아 부동산에 대한 강제집행이 개시될 가능성이 충분히 있다는 것을 인식하고 수급인이 거액의 공사도급계약 및 그 후의 사용, 수익 약정을 체결한 경우 유치권을 인정하지 않은 경우도 있다.

 판례

• 2004. 1. 15. 선고 대전고법 2002나5475 건물명도

【판시사항】

　부동산에 관한 경매절차가 개시될 가능성이 있음을 충분히 인식하고서도 그 부동산의 개조에 관한 공사도급계약을 체결한 후 이에 따른 공사를 시행한 자가 공사대금채권에 기초하여 낙찰자에 대하여 유치권을 주장하는 것은 신의칙에 반하여 허용되지 않는다고 한 사례

【판결요지】

　건물 및 대지에 거액의 근저당권, 전세권, 가압류등기 등이 설정되어 있는 등으로 부동산 소유자의 재산상태가 좋지 아니하여 위 부동산에 관한 경매절차가 개시될 가능성이 있음을 충분히 인식하고서도 수급인이 거액의 공사도급계약 및 그 후의 사용·수익 약정을 체결하여 건물의 일부를 점유하였다면 수급인이 전 소유자와 사이에 위 건물 부분에 관한 공사도급계약을 하고 그 계약에 따른 공사를 일부라도 실제로 진행하여 상당한 공사비용을 투하하였다고 하더라도, 만약 이러한 경우에까지 유치권의 성립을 제한 없이 인정한다면 전 소유자와 유치권자 사이의 묵시적 담합이나 기타 사유에 의한 유치권의 남용을 막을 방법이 없게 되어 공시주의를 기초로 하는 담보법질서를 교란시킬 위험이 있다는 점을 고려할 때, 수급인의 공사도급계약 전에 가압류등기와 근저당권설정등기를 마친 자의 신청에 의한 경매절차의 매수인(낙찰자)에 대한 관계에서는, 민법 제320조 제2항을 유추적용하여 수급인이 공사대금채권에 기초한 유치권을 주장하여 그 소유자인 낙찰자에게 대항할 수 없다고 하거나, 그 유치권을 행사하는 것이

그러나 이 판결이 대법원 판결이 아니므로 이와 다른 판결이 나올 수 있으니 신중을 기할 필요가 있다. 즉 소유자가 다른 채무를 많이 진 상태에서 공사업자와 거액의 계약을 하여 공사대금을 갚지 못해 유치권이 인정된다면 다른 채권자들에게 불측의 손해를 가할 수가 있어 신의 측에 위배된다는 판결이다.

유치권이 신고된 부동산에 입찰을 하려면 우선 등기부등본상의 채무관계를 자세히 살펴보고 소유자의 부채가 상당히 있는 상태에서 공사업자가 거액의 공사계약을 하였는지 살펴보아야 한다.

이 경우 소송까지 간다는 각오로 입찰에 응해야 한다.

부동산경매에서 유치권의 문제는 경매물건에 공사가 중단되어 건축비를 받기 위한 경우와, 보증금을 돌려받기 어려워진 임차인이 임차물에 공사한 부분을 가지고 유치권을 주장하는 경우와 같이 주택의 리모델링비를 받지 못했다며 유치권을 신고하는 것이 대부분이다.

따라서 정작 유치권이 인정되는 경우는 드물고, 유치권 신고로 끝나는 경우가 많다. 그렇다고 무작정 입찰을 할 수도 없으니 전문가에게 상담을 해

본 후 입찰에 나서야 한다.

유치권이 있는 물건을 매수한 매수인의 입장에서는 인도명령을 해 보고 인도명령이 법원에서 받아들여지지 않았다면 건물명도 소송, 유치권 부존재 확인소송, 사기죄 및 입찰방해죄로 고발하는 등 적극적인 자세로 임해야 한다.

한 예로 고액의 유치권 신고가 있는 물건을 매수한 매수인이 법원 경매계에 가장유치권을 주장하면서 유치권 신고 내용을 알아내 공사를 한 업자를 찾아가 경매로 매수한 매수하였다.
유치권 신고내용을 보면 공사대금이 많이 부풀려 있어 공사업자와 유치권자를 고발하려고 준비 중이라는 말을 하자 공사업자가 지레 겁을 먹고 공사를 한 사실이 없다는 진술서를 법원에 제출하였고 법원으로부터 인도명령을 받아 건물을 명도받은 경우도 있다.

대법원 2008. 2. 1. 선고 2007도 6062호 사건의 경우, 건물에 관한 미지급 공사대금으로 5,500만 원의 채권을 보유하고 있던 중 이를 당초 약정에 따라 이 사건 건물 중 2층에 관한 임대차보증금 채권으로 이미 갈음하였음에도, 허위의 유치권을 신고하려는 공사업자의 요청으로 공사도급계약서에 추가 기재를 하고 추가공사 확인서 등을 조작한 사례에서, 허위의 채권을 가장하여 유치권 신고를 함으로써 위계의 방법으로 경매의 공정을 해하였다는 이유로 입찰방해죄(형법 제315조)의 유죄를 인정하였다.

유치권자는 경매로 목적물을 취득한 매수인에게 목적물의 인도를 거절할 수 있다. 단, 유치권자는 매수인에 대하여 그 피담보채권의 변제가 있을 때까지 유치 목적물인 부동산의 인도를 거절할 수 있으나 매수인에게 피담보채권의 변제를 요구할 수는 없다.

유치권자도 유치물에 대한 경매를 신청할 수 있다. 유치권자가 유치물을 경매신청하기 위해서는 유치권을 인정할 만한 자료가 있어야 하는데 그 자료로 활용되는 것이 유치권 확인의 소에서 승소한 판결문이다.

유치물이 경매에 나올 경우 매수인이 경매에 참가하면 좋을 것이다. 매수인이 아닌 제3자가 유치물을 취득한다면 또 다시 분쟁에 휘말릴 수가 있다.

유치권을 경매까지 갈 것이 아니라 경매 이전에 서로 간의 어려움을 알고 합의점을 찾는 것이 현명하다. 유치권자도 경매를 넣기 위해 유치권 확인의 소를 제기하여야 하고 또 많은 시간이 흘러 유치권 확인의 소에서 승소해 경매를 신청하더라도 유치권의 복잡한 사정을 잘 알기 때문에 선뜻 경매를 보려고 나서는 사람이 없을 것이다.

결국 유치물의 경매를 보려고 나서는 사람도 매수인일 것이다. 서로 시간과 경비를 낭비하면서 스트레스를 받을 것이 아니라 서로 조금씩 양보해 합의점을 찾는 것이 최선의 방법이다.

⑤ 유치권배제 특약이나 유치권을 포기한다는 약정이 없어야 한다.
유치권은 당사자 사이의 특약이나 공사업자 등의 유치권포기로 처음부터

유치권이 성립되지 않는 경우가 있다.

금융기관에서 토지에 대해 담보로 잡고 대출을 해 주는 경우 공사업자나 건축주를 상대로 유치권배제 특약을 하는 경우이다.

또 건물이 완공되어 신축건물을 담보로 대출해 줄 때 금융기관에서 공사를 한 업자에게 유치권행사를 포기한다는 각서나 공사대금을 전부 지급받았다는 공사대금 완납증명서를 받은 경우이다.

유치권배제 특약이나 유치권포기약정이 겉으로 드러나지 않으므로 경매를 보려는 매수인은 내용을 잘 알지 못하게 되어 있다. 이 경우 금융기관을 찾아다니며 유치권배제 특약이 있었는지, 공사업자가 유치권 포기를 했는지를 알아보기가 어려운 것도 사실이다.

그러나 경매가 쭉 진행이 되고 유치권 신고가 있어 유찰이 여러 번 되어 낙찰가가 많이 내려갈 경우 금융기관에서 유치권배제 특약이나 유치권포기 각서 등을 제출하여 유치권의 효력을 막아 낙찰가가 올라가도록 할 것이다.

경매를 보려는 입장에서는 이때는 이미 때가 늦었다. 결국 유치권 없는 물건이 되어 여러 명의 입찰자가 나와 낙찰가가 올라갈 것이 자명하기 때문이다.

다른 입찰자가 알기 전에 미리 유치권배제 특약이나 유치권포기 약정을 알아보는 게 최선의 방법이다.

대규모 상가나 아파트건설 등에는 큰 금액이 금융권에서 대출되기 때문에 미리 유치권에 대한 방지책을 마련해 두는 의미에서 은행에 문의를 해보는 것도 좋은 방법이다.

유치권의 포기는 의사표시만으로도 성립이 된다. 유치물의 인도와 포기가 동시에 이루어져야 하는 것이 아니고 의사표시만으로 유치권은 상실된다.

대법원의 입장은 피고의 아버지인 소외인이 회사에 대한 채권을 확보하기 위하여 회사소유의 부동산을 피고로 하여금 점유 사용하게 하고 있다가 아무 조건 없이 위 부동산을 명도해 주기로 약정을 하였다면 이는 유치권을 포기한 것이라고 할 것이므로 그 약정된 명도 기일 이후의 점유는 위 소외인으로서도 적법한 권원이 없는 점유라고 판시하여 의사표시만으로 유치권의 소멸을 인정하였다.(대법원 80다1174 판결)

 판례

> • 1980. 7. 22. 선고 대법원 80다1174 가옥명도 판결
> 【판시사항】
> 유치권의 포기로 볼 수 있다고 한 사례
> 【판결요지】
> 피고의 아버지인 소외인이 회사에 대한 채권을 확보하기 위하여 회사 소유의 부동산을 피고로 하여금 점유 사용하게 하고 있다가 아무 조건 없이 위 부동산을

명도해 주기로 약정하였다면 이는 유치권자가 유치권을 포기한 것이라고 할 것이므로 그 약정된 명도 기일 이후의 점유는 위 소외인으로서도 적법한 권원 없는 점유이다.

【참조조문】

민법 제320조

【이　　유】

피고 소송대리인의 상고이유를 판단한다.

증거의 취사판단과 사실의 인정은 원심 법관의 전권에 속하는 사항이라고 할 것인바, 원심판결 이유에 의하면, 원심은 그 거시의 여러 증거에 의하여, 피고의 아버지인 소외 '갑'은 1976. 5. 26. 소외 '을' 회사와 간에 서울 관악구 대방동 41 은성 아파트 3동 총 건평 1,851평의 신축내장 공사도급 계약을 체결하고 그 해 10.말경까지 그 공사를 완성시켰으나 공사 잔대금 9,413,000원을 변제받지 못하였고, 위 '갑'은 그 무렵부터 위 아파트 3동 중의 일부인 이 사건 부동산을 점유하고 있다가 그의 딸인 피고에게 이를 점유 사용케 하고 있었는데, 소외 회사는 1977. 12. 5. 위 '갑'에게 액면 금 9,413,000원, 발행일 1977. 10. 30. 지급기일 1977. 12. 5.로 한 약속어음을 작성하고 (이를테면 발행일을 소급 기재한 셈이다) 그에 첨부하여 같은 날자에 즉시 강제집행을 수락하는 취지의 공정증서를 작성 교부하였으며, 한편 위 '갑'은 같은 날자인 1977. 12. 5. 이 사건 아파트를 1978. 1. 말까지 아무 조건 없이 명도하고 이사하겠다는 내용의 서면을 작성, 위 회사에 교부하였고, 그 익일 채권자 '병', 채무자 위 회사 간의 부동산 강제경매신청사건의 강제경매 절차에서 배당요구를 하여 1978. 6. 17. 위 어음금 중 금 1,348,826원을 배당받았던 사실, 이 사건 부동산은 1976. 11. 18. 위 소외 회사 명의로 보존등기가 거쳐졌다가 주식회사 한일은행을 거쳐 원고 앞으로 소유권이전등기가 넘겨졌던 사실 등을 인정하고 나서 피고의 유치권 주장에 대한 판단으로서, 위 인정사실에 의하면 피고는 당초 위 '갑'이 위 소외 회사에 대한 채권을 확보하기 위하여 그 소외인의 의사에 따라 그 부동산을 점유 사용하고 있는 것이라 하더라도 위 '갑'

이 아무 조건 없이 명도를 약정한 1978. 1.말 이래의 점유는 위 '갑'으로서도 적법한 권원 없는 점유로 변하였다고 하겠으니, 결국 피고는 원고에게 그 부동산을 명도할 의무가 있다라고 판단하고 있는바, 기록에 비추어 보니, 원심의 위와 같은 사실인정은 정당하고 거기에 채증법칙위반이나 심리미진으로 인하여 사실을 오인한 위법사유 없으며, 그 판단도 정당하고 거기에 유치권포기의 법리오해 등 소론 적시와 같은 법리오해의 위법사유 없다.(유치권자가 유치권을 포기하는 경우 그 의사표시만으로써는 효력이 발생하지 아니한다는 논지주장은 부당하며, 독자적 견해에 불과하다)

그리고 기록을 살펴보아도 원심이 피고의 변론재개신청을 받아들이지 아니한 조치에는 소론과 같은 위법이 있다고 할 수 없다.

⑥ 소유자와 유치권자 사이에 계약상의 원상복구 계약이 없어야 한다.

주택임차인이 유치권을 신고한 경우로 임차인이 주장할 수 있는 것이 임차한 건물을 용도에 따라 사용하기 위해 들어간 비용인데 이를 법률상 필요비와 유익비라고 한다.

필요비는 임차인이 임차물의 사용에 필요한 비용으로 청구가 어렵다. 그러나 유익비는 임차한 부동산의 객관적 가치를 증대시키기 위해 들어간 돈을 말하는데 민법은 '임대차관계가 종료한 때 그 증대한 객관적 가치가 현존하는 경우에 임대인에게 청구할 수 있다'라고 규정하고 있는데 임차한 부동산을 사용하기 위한 통상의 필요비는 이에 해당되는 경우가 잘 없고, 또 대부분의 경우 임대차 계약서에 임차인의 임차물에 대한 원상회복 의무가 있기 때문에 유익비가 인정이 되는 경우가 드물다.

판례는 방과 부엌, 복도의 칸막이와 다다미 등은 건물의 부속물로 보아야 할 것이고 부속물 설치에 소요된 공사비 채권은 건물에 관하여 생긴 채권이 아니므로 이에 기하여 건물을 유치할 수 없다.(서울고법 72나2595,2596 판결) 이 판례는 건물자체에 대한 공사대금이 아니라 건물의 부속물설치에 대한 공사대금으로 유치권을 주장할 수 없다는 것이다.

그런데도 경매로 임차보증금을 잃을 입장에 있는 임차인이 지푸라기라도 잡는 심정으로 유치권신고를 해 보는 경우가 있다. 이것은 주택의 경우이고 상가의 경우도 같은지를 알아볼 필요가 있다.

상가의 경우 보통 임차인이 자기의 업종에 맞게 시설을 하였다가 임대차 종료 시에 원상회복을 해 소유자에게 반환을 하게 되는 게 정상적인 절차이고 임대차 계약시 그런 내용으로 계약을 한다.

그런데 상가의 경우에는 임대차 보증금보다 더 큰 금액이 시설비로 투자되는 경우가 많다. 이럴 경우 임차인이 투자한 시설비를 건지기가 어렵게 되는 경우가 대부분이다.

이를 위해 권리금이라는 제도가 있다. 영업이 잘 되어 시설을 인계하는 경우 권리금을 받을 수 있지만, 장사가 잘되지 않아 세를 얻을 사람이 없는 경우 시설에 투자한 돈을 한 푼도 건지지 못하는 경우가 발생된다.

이 건물이 경매에 나왔을 경우 상가임차인은 시설비로 투자한 금액으로 유치권신고를 하게 되는데, 임대차 계약시 원상회복 의무 등으로 유치권이 인정되기가 어렵다.

낙찰을 볼 경우 이사비용 등 상당한 금액을 보상해 준다는 입장으로 낙찰을 받아야 정리가 빠르고 마음이 편하다.

유치권 신고인이 임차인이라면 유치권 성립이 어려워 별 문제가 없으나 유치권 신고인이 임차인이 아닌 임차물에 공사를 한 공사업자일 경우 여러 가지로 문제가 있다.

공사업자가 공사를 다해 임차인이 점유를 한 상태인 경우는 별 문제가 없다. 그러나 공사 중이거나 공사를 마쳤으나 임차인에게 점유이전이 되지 않은 상태에서 공사업자가 임차인에게 공사비 청구를 하면서 점유를 하고 있는 경우에는 유치권이 성립된다는 것을 염두에 두어야 한다.

결론적으로 유치권 신고가 있는 물건을 선택한 경우 명도소송까지 간다는 마음의 준비가 필요하다. 따라서 유치권을 부정하기 위한 여러 가지의 증거 수집을 해 둘 필요가 있다. 그래야만 명도소송에서 승소를 하거나 유치권자와 합의 시 선점을 할 수가 있다.

매수인이 점유사실을 부정하면서 점유한 사실이 없다는 사진이나 증인 등을 확보한 것과 증거를 확보하지 못한 것과는 차이가 많이 날 수밖에 없고, 증거가 충분하다면 소송 시 승소에도 유리하고 유치권자와 타협에서도 압박의 자료가 되어 쉽게 합의점을 찾을 수 있다.

입찰 후 유치권이 발견된 경우

유치권이 없는 것으로 알고 입찰을 하였는데 입찰 후 유치권자가 유치권 주장을 한다든지 유치권이 처음으로 표상이 되어 객관적으로 보아 입찰자가 알 수 없는 상태에서 입찰이 이루어졌다면 입찰자에게 그 책임을 물을 수 없으므로 입찰자는 매각불허나 매각취소 절차의 신청을 할 수 있다.(대법원 2008마459 결정, 민사집행법 212조 제6호)

판례

• 대법원 2008. 6. 17. 자 2008마459 결정 【부동산매각허가결정에대한이의】

【판시사항】

부동산 임의경매절차에서 이미 최고가매수신고인이 정해진 후 매각결정기일까지 사이에 유치권의 신고가 있고 그 유치권이 성립될 여지가 없음이 명백하지 아니한 경우, 집행법원이 취할 조치(=매각불허가결정)

【참조조문】

민사집행법 제121조 제6호, 제123조, 제127조 제1항

【참조판례】

대법원 2005. 8. 8.자 2005마643 결정(공2005하, 1546)

【주 문】

원심결정을 파기하고, 사건을 인천지방법원 본원 합의부에 환송한다.

【이 유】

재항고이유를 판단한다.

부동산 임의경매절차에서 매수신고인이 당해 부동산에 관하여 유치권이 존재하지 않는 것으로 알고 매수신청을 하여 이미 최고가매수신고인으로 정하여겼음에도 그 이후 매각결정기일까지 사이에 유치권의 신고가 있을 뿐만 아니라 그 유치권이 성립될 여지가 없음이 명백하지 아니한 경우, 집행법원으로서는 장차 매수신고인이 인수할 매각부동산에 관한 권리의 부담이 현저히 증가하여 민사집행법 제121조 제6호가 규정하는 이의 사유가 발생된 것으로 보아 이해관계인의 이의 또는 직권으로 매각을 허가하지 아니하는 결정을 하는 것이 상당하다(대법원 2005. 8. 8.자 2005마643 결정 참조).

  기록에 의하면, 이 사건 아파트에 대한 현황조사서에는 '점유관계는 미상, 본건 현장에 수 차례 방문하였으나 폐문부재였고, 알리는 말씀을 고지하여도 연락이 없어 상세한 임대차관계는 미상이며, 주민등록상 전입세대는 없다' 는 취지로 기재되어 있고, 매각물건명세서에도 이 사건 아파트에 대하여 조사된 임대차내역이나 특이사항이 없는 것으로 기재되어 있는 사실, 재항고인이 매수신고를 할 때까지 유치권의 신고가 들어온 적이 없는 사실, 이 사건 아파트에 대한 매각결정기일은 2007. 10. 4. 13:00경으로 예정되어 있었는데, 재항고인은 그 날 10:20경 매각불허가신청을 하면서 이 사건 아파트의 소유자인 주식회사 ○○○○는 이 사건 아파트를 포함한 주상복합건물의 시공사인데 위 회사를 상대로 공사대금을 주장하는 유치권자가 이 사건 아파트를 점유하고 있다고 주장하였고, 이 사건 아파트 현관문에 '공사비 관계로 유치권 행사중' 이라고 기재된 경고문이 붙어 있는 사진을 위 신청서에 첨부하였던 사실, 그런데 제1심법원은 그에 대한 아무런 조사절차 없이 이 사건 아파트에 대하여 재항고인에게 매각을 허가하는 결정을 하였던 사실, 재항고인은 위 결정에 즉시항고 하면서 위 주상복합건물의 시공사가 공사대금 때문에 이 사건 아파트를 비롯한 몇 채의 아파트를 점유하고 있다는 내용의 자료를 추가로 제출한 사실이 인정된다.

  위 법리에 비추어 보면, 재항고인은 이 사건 아파트의 점유현황에 대한 정확한 정보가 기재되지 않은 현황조사서 및 매각물건명세서 등으로 인하여 매수신고시까지 이 사건 아파트에 대하여 유치권이 존재하는 사실을 전혀 모르다가 매각허가결정 직전에 비로소 이 사건 아파트에 대하여 유치권이 주장되는 것을 알게 되어 제1심법원에 매각불허가신청을 하였고, 재항고인이 제출한 자료에 의하면 이 사건 아파트에 대한 유치권이 성립할 여지가 없지 않은바, 이러한 경우 집행법원으로서는 매가허가결정에 앞서 이해관계인인 재항고인을 심문하는 등의 방법으로 유치권의 성립 여부에 대하여 조사한 다음 유치권이 성립될 여지가 없음이 명백하지 아니하다면 재항고인의 매각허가에 대한 이의를 정당한 것으로 인정하여 매각을 허가하지 아니하는 결정을 하는 것이 상당하고, 이때 매각결정기일까지 유치권의 신고가 없었다거나, 그 유치권이 장차 매수인에게 대항할 수 없는 것일 가능성이 있다고 하여 달리 볼 것은 아니다.

그럼에도 불구하고, 원심은 매수인에게 대항할 수 있는 유치권이 이 사건 아파트에 존재한다고 인정하기 어렵다는 등의 이유를 들어 이 사건 신청을 기각한 제1심결정을 그대로 유지하였으니, 이는 유치권의 성립 등에 관하여 필요한 심리를 다하지 아니하였거나 그에 관한 법리를 오해하여 재판 결과에 영향을 미친 위법이 있다고 할 것이다.

그러므로 원심결정을 파기하고, 사건을 다시 심리 판단하기 위하여 원심법원에 환송하기로 하여 관여 대법관의 일치된 의견으로 주문과 같이 결정한다.

(1) 구분건물에 있어 유치권의 범위

간혹 상가분양의 경우 분양을 하고 있는 상가의 유리에 큼지막하게 유치권 주장을 공지해 놓은 경우를 볼 수 있다.

상가나 아파트 등 다세대주택의 경우 각 구분소유로 분양을 하고 있다. 그런데 구분건물 전체에 유치권이 존재하는 냥 현관입구에 유치권의 존재 사실을 공지해 놓았을 경우, 구분건물 하나하나에 대해서 유치권이 존재하는지 아니면 전체건물에 대하여 유치권이 존재하는지가 불분명한 경우가 있다.

또 유치권 성립에 있어 가장 중요한 점유에 있어 다세대 주택 전부에 대하여 점유를 하여야 하는지 아니면 일부에 대한 점유만으로도 건물전체에 대한 점유가 되는지가 문제가 될 수 있다.

대법원의 입장은 다세대주택의 창호 등의 공사를 완성한 하수급인이 공사대금 잔액채권을 변제받기 위해 다세대 중 한 세대를 점유하여 유치권을 행사하는 경우 그 유치권은 위 한 세대에 대하여 시행한 공사대금만이 아니라 다세대주택 전체에 대하여 시공한 공사대금 잔액의 전체에 피담보채권이 존재한다고 인정하면서, 한 세대에 대한 점유는 다세대주택 전체에 대하여 점유하는 것으로 보아야 한다고 판결하였다.(대법원 2005다16942판결)

 판례

• 2007. 9. 7. 선고 대법원 2005다16942 건물명도 판결

【판시사항】

[1] 민법 제320조 제1항에 정한 유치권의 피담보채권인 '그 물건에 관하여 생긴 채권'의 범위 및 민법 제321조에 정한 유치권의 불가분성이 그 목적물이 분할 가능하거나 수개의 물건인 경우에도 적용되는지 여부(적극)

[2] 다세대주택의 창호 등의 공사를 완성한 하수급인이 공사대금채권 잔액을 변제받기 위하여 위 다세대주택 중 한 세대를 점유하여 유치권을 행사하는 경우, 그 유치권은 위 한 세대에 대하여 시행한 공사대금만이 아니라 다세대 주택 전체에 대하여 시행한 공사대금채권의 잔액 전부를 피담보채권으로 하여 성립한다고 본 사례

【판결요지】

[1] 민법 제320조 제1항에서 '그 물건에 관하여 생긴 채권'의 유치권 제도 본래의 취지인 공평의 원칙에 특별히 반하지 않는 한 채권이 목적물 자체로부터 발생한 경우는 물론이고 채권이 목적물의 반환청구권과 동일한 법률관계나 사실관계로부터 발생한 경우도 포함하고, 한편 민법 제321조는 '유치권자는 채권 전부의 변제를 받을 때까지 유치물 전부에 대하여 그 권리를 행사할 수 있다'고 규정하고 있으므로, 유치물은 그 각 부분으로써 피담보채권의 전부를 담보하며, 이와 같은 유치권의 불가분성은 그 목적물이 분할 가능하거나 수 개의 물건인 경우에도 적용된다.

[2] 다세대주택의 창호 등의 공사를 완성한 하수급인이 공사대금채권 잔액을 변제받기 위하여 위 다세대주택 중 한 세대를 점유하여 유치권을 행사하는 경우, 그 유치권은 위 한 세대에 대하여 시행한 공사대금만이 아니라 다세대 주택 전체에 대하여 시행한 공사대금채권의 잔액 전부를 피담보채권으로 하여 성립한다고 본 사례.

이 경우 이미 임대를 놓아 임차인이 있는 경우에도 유치권이 성립되느냐를 생각해 볼 수 있다. 임차인의 점유가 유치권자의 간접점유가 된다면 유치권이 성립될 것이고 만약 임차인의 점유와 유치권자와의 점유가 견련관계가 없다면 유치권자의 점유로 볼 수 없어 유치권이 성립되지 않을 것이다.

(2) 건물신축을 위한 기반공사와 토지에 관한 유치권

건축의 기초공사가 시작되다가 건축주의 부도로 토지가 경매에 나오는 경우가 종종 있다. 이럴 경우 공사업자는 기반공사의 공사대금을 확보하기 위해 유치권 신고를 하게 되는데 앞에서 본 바와 같이 민법제320조는 '유치권과 그 물건사이에 견련관계가 있어야 한다' 라고 규정을 하고 있다.

그렇다면 건축의 기반공사인 토목공사가 건물과의 견련성이 있느냐 하는 문제에 봉착을 하게 된다. 즉, 터 파기 공사 등 토목공사가 건물이나 토지에 대한 유치권에 해당이 되느냐 하는 것인데, 대법원 판례는 유치권자가 건물에 대한 유치권을 주장하는지, 토지에 대한 유치권을 주장하는지를 본 후 토지에 대한 유치권을 주장할 경우 기반공사가 토지에 대한 가치가 증가되었다면 토지에 대한 유치권을 인정하고 있다. 그러나 아래 대법원 판례 2007마98에서 보듯이 건물신축공사를 도급받은 수급인이 사회통념상 독립한 건물이 되지 못한 정착물을 토지에 설치한 상태에서 공사가 중단된 경우, 위 정착물 또는 토지에 대하여 유치권을 인정하지 않고 있음에 유의해야 한다.

즉, 임야에 건물을 짓기로 한 경우 토지의 기반공사를 위해 임야를 들어낸 경우와 같이 토목공사가 실질적으로 토지의 가치를 높였다고 보일 경우 토지에 대한 유치권을 인정하고 있다. 그러나 건물신축공사를 위해 토지에 설치된 정착물에 대해서는 유치권을 인정하지 않고 있다.(대법원 2007다60530판결 및 67다2786판결, 2007마98결정)

• 대법원 2007. 11. 29. 2007다60530 건물철거 및 대지인도 판결

【판결요지】

아파트를 짓기 위한 기초공사를 아파트 부지에 관한 공사로 볼 가능성이 크고, 그 공사대금채권은 토지에 관하여 발생된 채권으로서 토지에 대한 유치권을 인정된다.

【판결이유】

이 사건의 토지는 공부상지목이 과수원, 전 하천으로 구성된 토지로서 지목을 대지로 변경하더라도 지반공사 없이는 그 지상에 건물을 건축하기에 부적합하였던 사실, 이와 같은 이유로 각 토지의 소유자이던 ○○종합건설주식회사는 그 지상에 임대아파트 신축사업을 시행하기에 앞서 피고와 사이에 임대아파트 신축공사 부분을, 공사기간을 착공에서 준공까지 3년 2개월간 공사대금 6억 8천만 원으로 각 정하여 도급계약을 체결한 사실, 그 공사내용은 각 토지를 아파트 3개 동이 들어설 단지로 조성하되 장차 지반침하로 인한 건물 붕괴를 막기 위하여 그 자리에 콘크리트 기초파일공사를 진행하여 완공단계에 이른 사실, 현재 이사건 각 토지는 장차 아파트 3개 동이 들어설 부지 조성을 위하여 그 지하에 약 1,283개의 콘크리트 기초파일이 항타하여 삽입되어 있는 사실을 인정할 수 있는바, 이 사건 토목공사는 공부상 지목이 과수원 전 하천으로 잡다하게 구성된 이 사건 토지를 대지화시켜 아파트 3개동이 들어설 단지로 조성하기 위한 콘크리트 기초파일공사로 볼 여지가 있고, 이러한 경우에는 이 사건 토목공사를 위 각 토지에 관한 공사로 볼 수 있으므로 그 공사대금채권은 위 각 토지에 관하여 발생한 채권으로서 위 각 토지와 견련성이 인정된다고 할 것이다.

• 대법원 1968. 3. 5. 선고 67다2786 판결 【임야인도】

【판시사항】

타인의 임야의 일부를 개간한 자가 그 개간부분에 대하여 유치권을 항변하였
는데 인도청구 전부를 배척한 위법이 있는 실례

【판결요지】

타인이 임야의 일부를 개간한 자가 그 개간부분에 대하여 유치권을 항변하였
는데 거래상 개간부분과는 다른 부분과의 분할이 가능함이 용이하게 추지되는
경우 그 유치권의 객체는 임야 중 개간부분에 한하는 것이었다고 할 것임에도 불
구하고 인도청구 전부를 배척한 것은 위법이다.

【참조조문】

민법 제320조, 민법 제321조

【이 유】

원고소송 대리인의 상고이유 제4.5점에 대하여 판단한다.

1. 원판결에 의하면 원심은 등기부상 일필지로 되어 있는 계쟁임야 4정 8반
4묘보를 점유하고 있는 피고에 대한 원고의 본건 인도청구에 관하여 피고가
그 임야중 3,300평을 개간하였고 그로 인한증가액이 현존한 다는 것을 이유
로 하는 그의 유치권항변을 인용함으로써 그 청구 전부를 기각하였던 것이나
원래 토지는 법률상각필지별로 독립한 물권의 대상이 되는 것이라 할지라도
그 각필지의 성질과 거래의 통념상 경제적인 수요에 따라 분합이 가능한 것이
고 일방 유치권은 타인의 물건을 점유하는자가 그 물건에 관하여 생긴 채권이
있는 경우에 그 변제를 받을 때까지 그 채권과 견련관계가 있는 당해 물건을
유치할수 있는 권리였으니만큼 본건에 있어 피고의 위 유치권 항변을 고찰하
건대 그 항변사실 자체가 위 임야 4정 8반 4묘보를 점유중 그 임야내의 3,300
평 부분을 개간하였음을 전제로 하는 것이었으며 거래상 그 개간부분과 다른
부분과의 분할이 가능함이 용이히 추지되는 바이었은 즉 (더욱이 갑 제1호증
과 갑 제4호증의 기재내용에 의하면 위 임야는 임야대장상 1965. 6. 25. 이미
분할되어 그 중의 1정 2반 4묘보 3,720평이 즉일로 토지대장에 등록되었음이
명백하다) 그 유치권의 객체는 위 임야 중의 개간부분에 한하는 것이었다고
할 것임에도 불구하고 원심이 그 유치권의 객체를 심리확정함이 없이 위 항변

을 이유로 하여 원고의 위 청구전부를 배척하였음은 법리의 오해로 인한 심리 미진의 위법을 면치 못할 것이다.

2. 원 판결은 위 유치권이 담보하는 피고주장의 개간으로 인한 유익비의 현존액에 관하여 그 개간부분이 피고가 위 임야를 매수할 당시(1956. 6. 25.)는 평당 70전가량이었던것이 개간후의 현재는 평당 70원식으로 등가하였으므로 그 액이 198,900원이 된다는 취지를 판시하였으나 그 증가액 산출의 방법을 알수없을 뿐 아니라(위 설시와 같은 등가에 의하여 그 액을 산출하면 228,690원이 된다) 위 임야의 매매 당시와 현재는 그간 화폐개혁 등의 여러가지경제사정의 변화로 임야가격의 자연적인 앙등이 있었음이 공지의 사실이었다고 할 것인바 위 증가액의 산정에는 그 공지의 사실을 참작한 흔적이 없는 바이니 그 조치를 위법이 있었다고 않을수 없다.

• 대법원 2008. 5. 30. 자 2007마98 결정 경락부동산인도명

【판시사항】

건물신축공사를 도급받은 수급인이 사회통념상 독립한 건물이 되지 못한 정착물을 토지에 설치한 상태에서 공사가 중단된 경우, 위 정착물 또는 토지에 대하여 유치권을 행사할 수 있는지 여부(소극)

【참조조문】

민법 제320조, 제664조

【이   유】

재항고이유를 판단한다.

1. 유치권의 성립을 주장하는 재항고이유에 대하여

건물의 신축공사를 한 수급인이 그 건물을 점유하고 있고 또 그 건물에 관하여 생긴 공사금 채권이 있다면, 수급인은 그 채권을 변제받을 때까지 건물을 유치할 권리가 있는 것이지만(대법원 1995. 9. 15. 선고 95다16202, 16219 판결 등 참조), 건물의 신축공사를 도급받은 수급인이 사회통념상 독립한 건물이라고 볼 수 없는 정착물을 토지에 설치한 상태에서 공사가 중단된 경우에

위 정착물은 토지의 부합물에 불과하여 이러한 정착물에 대하여 유치권을 행사할 수 없는 것이고, 또한 공사중단시까지 발생한 공사금 채권은 토지에 관하여 생긴 것이 아니므로 위 공사금 채권에 기하여 토지에 대하여 유치권을 행사할 수도 없는 것이다.

기록에 의하면, 재항고인은 토지소유자와의 사이에 이 사건 토지 위에 공장을 신축하기로 하는 내용의 도급계약을 체결하고 기초공사를 진행하면서 사회통념상 독립한 건물이라고 볼 수 없는 구조물을 설치한 상태에서 이 사건 토지에 대한 경매절차가 진행됨으로 인하여 공사가 중단되었음을 알 수 있는바, 이러한 경우 위 구조물은 토지의 부합물에 불과하여 이에 대하여 유치권을 행사할 수 없다고 할 것이고, 공사중단시까지 토지소유자에 대하여 발생한 공사금 채권은 공장 건물의 신축에 관하여 발생한 것일 뿐, 위 토지에 관하여 생긴 것이 아니므로 위 공사금 채권에 기하여 이 사건 토지에 대하여 유치권을 행사할 수도 없다고 할 것이다. 따라서 같은 취지에서 재항고인의 이 사건 토지에 관한 유치권 주장을 배척하고 이 사건 인도명령을 유지한 원심결정은 정당하고, 거기에 재판에 영향을 미친 헌법 법률 명령 또는 규칙의 위반이 없다.

2. 상사유치권의 성립을 주장하는 재항고 이유에 대하여

상법 제58조는 '상인간의 상행위로 인한 채권이 변제기에 있는 때에는 채권자는 변제를 받을 때까지 그 채무자에 대한 상행위로 인하여 자기가 점유하고 있는 채무자 소유의 물건 또는 유가증권을 유치할 수 있다.' 고 규정하고 있으므로, 채권자가 채무자와의 상행위가 아닌 다른 원인으로 목적물의 점유를 취득한 경우에는 상사유치권이 성립할 수 없는 것이다.

기록에 의하면, 재항고인은 공장건물의 신축공사가 이 사건 경매로 중단된 후에 공사현장을 점거하면서 타인의 지배를 배제하고 이 사건 토지에 대한 점유를 사실상 개시한 것으로 보일 뿐, 재항고인이 토지소유자와 '이 사건 토지에 관한 상행위' 를 원인으로 이 사건 토지에 대한 점유를 취득하였다고 보기 어려우므로, 재항고인이 이 사건 토지에 관하여 상사유치권을 행사할 수 없다고 할 것이어서, 이와 다른 전제에 서 있는 재항고 이유는 더 나아가 살펴볼

(3) 유치권과 채권의 소멸시효

유치권은 민법에 물권으로 구성되어 있다. 따라서 그 점유권을 상실하거나, 피담보채권이 소멸하지 않는 한 소멸하지 않는다.

점유의 상실에 있어서는 점유부분에서 상세히 살펴보았으므로 여기에서는 피담보채권의 소멸에 대해서 살펴보기로 한다.

통상적으로 유치권의 피담보채권은 공사대금인 경우가 대부분이다. 건물을 짓기 위해 토목공사를 하였든, 건물의 리모델링을 하였든 공사대금을 받지 못했다고 유치권주장을 하는 경우가 많은데 민법상 공사대금의 시효가 3년이다.(민법 제163조 제3호) 유치권의 행사는 채권의 소멸시효의 진행에 영향을 미치지 아니하므로 유치권자가 유치물을 점유하고 있다고 하여 피담보채권의 소멸시효가 정지되지 아니하는 것이다.(민법 제326조)

따라서 유치권자가 유치권신고만 해 놓은 상태에서 공사대금의 청구 없이 3년이 경과하였다면 유치권의 피담보채권이 시효로 소멸되었으므로 유치권은 배척된다.(판례 서울고등법원 2007나77370 유치권부존재 확인)

입찰 전에 유치권에 발생된 피담보채권의 종류가 무엇이며 채권의 발생시기가 언제인지 잘 따져 봐야 한다.

또 유치권을 해결하기까지는 많은 시간이 소요되므로 유치권이 존재하는지를 확실히 알 수가 없는 경우, 유치권자가 주장하는 정도의 담보를 제공하고 판결확정까지 유치권을 유보하면서 유치물을 먼저 인도받는 경우와 경매물건에 유치권 상당의 근저당권을 설정해 주고 유치물을 인도받는 경우도 있다.

유치권자가 주장하는 금액상당을 공탁하고 유치물을 인도받는 경우도 있음에 유의하기 바란다. 모든 게 유치권 존부의 판결까지이므로 그동안 협의점을 찾는 것이 가장 현명하다 할 것이다.

결국 유치권자와 매수인은 인내심을 가지고 절충점을 찾아야 손해를 줄일 수 있다. 또 가장유치권이라는 판단이 서면 여러 가지의 압박수단을 동원할 필요가 있다. 건물인도 소송과 가장유치권을 주장해 입찰방해죄로 형사고소도 문제삼을 수도 있다.

특히 유치권은 등기부나 다른 공부상에 나타나지 않으므로 현장답사를 통해 철저한 조사가 있어야 입찰 후 어려움이 없다.

지금까지 유치권에 대해 많은 공부를 했다. 다시 한 번 되돌아보면 유치권은 점유가 가장 중요하다는 것을 알 수가 있다. 또 유치권 신고가 있는 물건을 잘 만 고르면 고 수익을 얻을 수 있다는 것도 알았다. 여러 가지의 상황들을 잘 분석해 한 번의 기회로 인생 역전이 되었으면 한다.

공사계약	2010. 3. 3.	공사대금 5억
공사완공	2010. 12. 5.	공사대금 2억 미지급
건물주인	2010. 12. 8.	건물 소유권보존등기
저당권자	2010. 12. 10.	건물토지에 저당권설
공사업자	2011. 5. 11.	유치권주장 점유
경매신청	2011. 8. 5.	건물토지 경매개시결정등기로 압류효력발생
매수인	2011. 12. 10.	건물토지 매수(매수가격 8억)

(감정가 10억 원)

위의 경우 공사대금 2억을 받지 못해 유치권이 성립되어 있고, 성립날짜가 압류전이라 유치권의 성립에 문제가 없다.

매수인은 매수신청 시 위 유치권 2억 원을 감안해서 매수신청을 하였을 것이다.

유치권자는 매수인에게 위 유치물의 피담보채권인 2억 원을 매수인에게 청구할 수는 없다. 그러나 유치권 2억 원을 받기 전에는 위 유치물을 매수인에게 인도하지 않을 것이다.

매수인이 8억 원에 건물과 토지를 매수하였다. 물론 공사대금 2억 원의 유치권 신고를 감안해서 8억에 매수를 하였다. 공사대금 2억 원을 매수인이 유치권자에게 지급을 하고 점유권을 받으면 바로 종결이 된다. 그러나 그렇게 하기엔 매수인 입장이 허전하다는 생각이 든다. 따라서 공사계약관계, 대금지급관계 등을 좀 더 상세히 알아보고 난 후 유치권자를 압박해 공사대금을 절충하여야 매수인에게 더 큰 이익이 창출된다.

10억짜리 물건을 8억에 매수하였으니 유치권자와 타협해 2억 원의 범위 안에서 합의점을 찾아야 한다. 시간이 간다고 유치권자가 주장하는 공사비 2억 원에 이자가 늘어나는 것도 아니니, 매수인은 느긋하고 유치권자는 하루속히 돈을 챙기고 싶을 것이다.

매수인은 위 유치권이 소멸되기 전에는 완전한 건물을 인도받을 수 없어 건물 소유자로서 권리행사에 지장이 있을 것은 자명한 사실이다. 그렇다고 유치권자가 소유권을 행사해 위 건물의 처분이나 임대를 할 수도 없고, 매수인 역시 점유권이 없어 소유권을 행사할 수도 없다. 매수인이나 유치권자나 모두 답답한 처지에 놓이게 되었다.

여기서 두 가지 방법을 생각할 수 있다. 매수인은 유치권을 인정하고 유치권자가 주장하는 공사비 2억 원을 절충하여 1억이나 1억 5천만 원에 합의를 보는 방법과, 유치권을 인정하지 않고 건물명도 소송을 하는 방법이 있을 것이다.

그러나 매수인이 일단 명도소송을 제기해 놓고 공사비를 깎아 내리는 방법이 가장 효과적일 수 있다. 소송이 제기되면 서로 피곤하니까 합의점을 찾기가 더 수월해질 수가 있다. 매수인 입장에서는 깎이는 만큼 수익이 창출이 되므로 인내심을 가지고 느긋한 마음으로 임한다면 고소득을 창출할 수가 있다.

위와 같이 건물이 완공된 상태에서 경매에 나왔다면 문제가 단순해지지만, 만일 여기서 건물이 완공되지 않은 상태에서 공사가 중단이 되었다면 매수인은 유치권자를 상대로 유치물 철거 및 토지인도 소송을 제기할 수 있다.

유치권 경매사례 2

　　공사가 진행 중인 부동산이 경매로 나와 매수를 하여 이익을 창출한 경우를 보겠다. 토지 위에 건축공사가 철근구조물이 올라가다 중단되었고, 그 가운데 토지에 경매가 들어와 공사업자는 경매법원에 유치권 신고를 하였다.

　　유치권 신고가 10억이었고, 토지의 최저입찰가격이 50억이었다. 건축공사비가 50억이었다면 앞으로 공사를 마감하기 위해서는 40억이 더 필요할 것이다. 이렇게 공사 도중에 건축주가 자금조달이 되지 않아 공사가 중단되어 경매로 나오는 경우가 종종 있다.

　　50억에 나온 토지의 경매에 쉽게 매수자가 나타나지 않아 계속 유찰이 되어 최저입찰 가격이 2회에 35억, 3회에 26억이 되었다. 3회에 유치권 신고액 10억을 감안, 좀 넉넉하게 써 넣어 40억에 응찰을 하여 낙찰이 되었다. 결국 땅값 30억에 유치권 신고액 10억 원을 인정한 것이다.

　　유치권자에게 협의를 하려고 노력하였으나 유치권자는 10억 원을 다 받기 전에는 유치물을 인도할 수 없다고 하여, 결과야 어떻게 될지 모르지만 지상물 철거 소송과 토지인도 소송을 동시에 제기하였다. 또 유치권자에게 유치물을 경매에 붙여 볼 것을 권유하였다. 그러자 유치권자가 매수인에게 역제의가 들어왔다. 토지를 그냥 매매할 것이냐 아니면 기본구조가 올라간대로 건축을 할 것이냐 정하라는 것이다. 건축을 하겠다면 자기들이 공사를 끝까지 책임지고 마치겠다며 그럴 경우 지금까지 들어간 공사비 10억 원은 감액해 줄 수 있다고 해서 지금까지 공사비는 5억 원으로 감액을 하고 나머지 공사비 40억 원에 마무리하기로 했다. 결국 50억짜리 토지를 30억에 산 것이 되었고, 50억 짜리 공사를 45억에 하는 것이 되었다. 공사도 잘 마무리가 되어 100억짜리 토지 건물을 75억에 얻은 결과가 되어 25억이라는 고수익을 창출하였다.

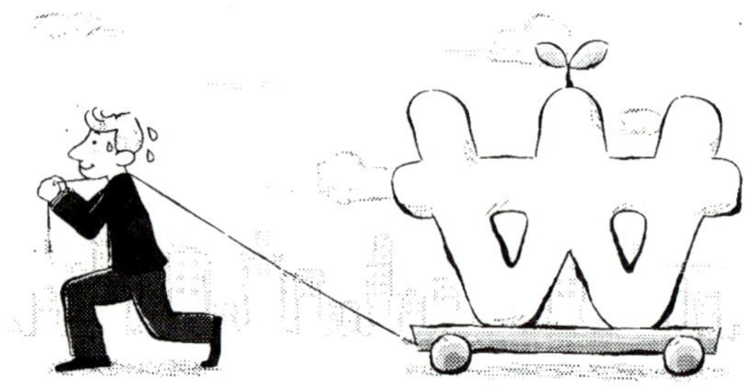

　일정기간이 지나고 나면 그 부동산을 다시 사오기로 하는 계약을 환매계약이라고 한다.

　환매기간은 5년이다. 매도인은 자신의 토지를 담보로 제공을 하고 매수인으로부터 돈을 빌렸다가 빌린 돈을 갚고 다시 소유권을 찾아가게 된다.

　환매권 등기가 있는 물건을 매수한 매수인은 환매권 권리자가 환매권을 행사하면 소유권을 잃을 수 있으므로 환매 등기가 있는 부동산은 입찰에 주의가 요구된다.

　환매권 등기가 말소기준 등기보다 후순위이거나 환매기간이 지난 경우의 환매특약 등기는 매수인의 소유권이전 등기 시 말소되지만 환매권 등기가 말소기준 등기보다 선순위이거나 환매기간 내일 경우 환매권자의 환매권 행사로 소유권을 상실할 수 있다.

환매권자는 환매기간 내에 매매대금과 매매비용을 반환하고 환매권을 행사 할 수 있다. 환매권 등기가 있는 부동산이 양도된 경우에는 그 전득자(경매에 있어 매수인)가 등기의무자가 된다.(부동산등기예규 845호)

따라서 최선순위의 환매특약의 등기가 있는 부동산을 경매로 매수하여 등기이전이 된 경우 매수인은 환매등기의 등기 의무자가 된다.

이때 등기권리자인 환매권자는 환매대금을 전 소유자가 아닌 환매등기의무자에게 지급하여야 한다. 따라서 환매대금은 경매로 취득한 매수인이 받게 된다.

그러므로 최선순위 환매등기가 있는 경우 낙찰대금과 환매대금을 비교해 낙찰대금보다 환매대금이 클 경우 매수인은 그 차액만큼 이득을 보게 된다. 환매기간이 지나면 환매권자는 환매권을 행사할 수 없으므로 매수인은 환매권의 소멸을 주장할 수 있다.

어느 부동산에 환매권등기가 있고, 환매대금은 1억 원으로 되어 있다. 이 부동산이 경매로 나와 매수인이 8천5백만 원에 낙찰을 보았다.

환매기간이 되어 환매권자가 환매권을 행사하려면 등기 의무자인 매수인에게 환매대금 1억 원을 주고 환매권을 행사해야 한다.

이 경우 매수인은 1천5백만 원의 이익을 얻을 수 있는데 환매기간이 지났으나 환매권자가 환매권의 행사를 하지 않을 경우, 매수인은 환매권자에게 환매권의 말소를 청구할 수 있다.

예고등기란 등기의 무효 또는 취소의 사유가 있어 말소의 소가 제기되었을 때 법원이 직권으로 하는 등기이다. 예고등기 내용의 판결에 따라 매수인이 소유권을 잃을 수도 있으니 예고등기가 되어 있는 물건은 입찰을 하지 않는 것이 좋다.

예고등기로 경매에 나온 부동산이 꼭 필요해서 입찰을 하고 싶으면 소송의 진행정도와 소송의 상황을 살펴본 후 원고의 패소가능성이 확실해 보일 경우 입찰하여야 한다.

예고등기는 크게 소유권말소 예고등기와 근저당권말소 예고등기로 나눌 수 있다. 소유권말소 예고등기란 소유권이전 등기의 원인무효를 주장하는 자가 현재의 소유자나 전 소유자를 상대로 말소의 소송을 제기한 경우 법원이 직권으로 하는 위험을 알리는 등기이다.

예고등기가 되어 있는 경매물건을 낙찰 보았다가 원고가 승소하는 경우 낙찰인은 소유권을 잃게 되고, 경락대금에서 배당을 받은 사람들과 피고를 상대로 부당이득 반환청구소송을 제기하여 낙찰대금을 찾아야 한다. 경매까지 당한 피고는 재산이 있을 턱이 없고 배당받은 사람들에게 일일이 소송을 해 낙찰대금을 회수한다는 것이 여간 어려운 일이 아닐 것이다.

이런 관계로 예고등기가 되어 있는 물건이 경매로 나오면 유찰이 여러 번 된다. 우리는 또 이 틈을 노려 예고등기의 해결방법을 찾아야 하고 그 해결로 큰 수익을 올릴 수 있다. 경매물건에 '예고등기 있음' 이라는 문구가 있으면 우선 등기부등본을 잘 분석해 보아야 한다.

등기부등본을 보아 말소를 구하고 있는 사람(피고)이 누구인지를 파악해야 한다. 예고등기의 말소대상이 현재의 소유자인지 전 소유자인지를 살피고, 말소의 대상 등기가 현 소유자이면서 경매신청권자가 신청한 근저당권 설정이 전 소유자와 설정계약으로 이루어진 경우라면 낙찰을 보아도 아무런 문제가 없다.

즉 전 소유자를 채무자로 경매신청인을 채권자로 이루어진 근저당권에 의한 경매에서, 현 소유자의 이전등기가 말소되더라도 근저당권 설정 당시 소유자인 전 소유자의 소유권이 살아나 아무런 문제가 없다.

근저당권이 설정된 후 소유권이 이전된 부동산이 경매에 나온 경우 낙찰을 받았다면 소유권 취득에 아무런 문제가 없는 것처럼 현 소유자의 소유권 말소로 낙찰인의 소유권 취득에 아무런 문제가 없다.

그러나 근저당권설정 당시의 전소유자를 상대로 한 소유권말소 예고등기인 경우는 낙찰을 보면 전 소유자가 재판에서 패소할 경우 소유권이 없는 상태에서 근저당권을 설정한 것이 되므로 소유권을 잃음과 동시에 근저당권도 무효가 되고 낙찰인도 소유권을 잃게 된다.

마찬가지로 현 소유자를 채무자로 설정된 근저당권의 채권으로 경매신청이 되었는데 현 소유자의 이전등기가 말소예고 등기가 되어 있다면, 현소유자가 재판에서 패소할 경우 소유권이 없는 상태에서 근저당권을 설정한 결과가 되므로 낙찰인은 소유권을 잃게 된다.

근저당권말소 예고등기의 경우 경매 신청된 근저당권설정 등기의 말소를 구하는 예고등기인 경우는 입찰을 하면 안 되지만, 그 외의 근저당권에 의해 경매가 신청되었다면 낙찰을 보아도 소유권 취득에 아무런 문제가 없다.

경매신청채권의 근저당권이 아닌 다른 근저당권에 말소예고 등기가 되어 있다면 이는 낙찰 후 배당에서 배당순위로 놓고 채권자 간에 배당이의로 따져 볼 일이기 때문이다.

 사례

> 어떤 채무자의 집이 경매신청이 되어 채무자가 이사 갈 곳도 없고 해서 경매를 좀 아는 친구에게 자문을 구하였는데, 이 친구가 좋은 방법이 있다면서 제3자를 통해 원인무효에 의한 소유권말소 청구소송을 내라고 하였다. 예고등기는 원인무효인 경우만 법원이 직권으로 하고 있다.

　이렇게 예고등기가 되어 있는 집을 입찰할 사람이 없으니 계속 유찰이 되어 갔다. 하염없이 떨어진 후 관심 있는 사람이 법원에 소송정도를 알아보니 소송진행이 제대로 되질 않아 법원에서도 골칫거리로 남아 있었다.

　원고와 피고가 짜고서 소송을 하고 있으니 진행이 될 리가 없었다. 문제가 있다는 것을 간파하고 입찰을 하기로 마음먹고 감정가의 30%에 단독 입찰을 해 낙찰대금을 지급한 후 소유권이전등기를 한 다음, 소유권이전말소 소송에 독립참가 소송을 제기해 위 말소소송이 허위라는 것을 입증하여 낙찰자가 승소해 예고등기를 말소시키고 고소득을 얻은 경우가 있다. 또 위장예고등기로 형사처벌을 받은 경우도 있다.

　위장임차인과 같이 위장유치권자, 위장예고등기가 있다는 것을 명심하고 잘 살펴보면 의외의 큰 소득을 올릴 수 있다. 위장예고등기가 종종 문제가 되는 경우가 있고, 법리상으로도 예고등기가 문제가 있다고 하여 법조계에서 이 법의 폐지를 논하고 있다.

　예고등기의 이해를 돕기 위해 예고등기에 관한 여러 판례를 수록하였다.

 판례

• 예고등기관련 판례대법원 1983. 6. 18. 선고 83마200 등기공무원의 결정에 대한 이의 공1983. 8. 15.(710), 1134
【판시사항】
01. 예고등기만의 말소신청 가부(소극)
【판결요지】

01. 예고등기의 원인이 된 부동산소유권이전등기말소 청구소송에서 그 승소 판결이 확정되었다 하더라도 이 판결에 의한 말소등기가 이루어지지 아니한 이상 그 예고등기는 말소될 수 없는 성질의 것이니 그 확정판결에 의한 말소등기를 거치지 아니한 채 예고등기만의 말소를 구하는 신청은 부동산등기법 제55조 제2호의 사건이 등기할 것이 아닌 때에 해당한다.

• 대법원 2001. 3. 14 선고 99마4849 낙찰불허가결정 공2001. 5. 15.[130], 924

【판시사항】

예고등기가 경매물건명세서에 기재하여야 하는 민사소송법 제617조의2 제3호소정의 '등기된 부동산에 관한 권리로서 경락에 의하여 그 효력이 소멸되지 아니하는 것' 에 해당하는지 여부(소극)

【재판요지】

예고등기는 등기원인의 무효 또는 취소로 인한 등기의 말소 또는 회복의 소가 제기된 경우에 그 등기에 의하여 소의 제기가 있었음을 제3자에게 경고하여 계쟁부동산에 관하여 법률행위를 하고자 하는 선의의 제3자로 하여금 소송의 결과 발생할 수도 있는 불측의 손해를 방지하려는 목적에서 하는 것으로서 부동산에 관한 권리관계를 공시하는 등기가 아니므로, 예고등기를 경매물건명세서에 기재하여야 하는 민사소송법 제617조의2 제3호의 '등기된 부동산에 관한 권리로서 경락에 의하여 그 효력이 소멸되지 아니하는 것' 에 해당한다고 볼 수 없다.

• 대법원 1994. 10. 28. 선고 94다33835 건물명도 등, 소유권보존등기말소등 공1994. 12. 1.(981), 3122

【판시사항】

01. 폐쇄등기부상 소유권보존등기의 말소를 구할 소의 이익이 있는지 여부

【판결요지】

01. 갑 명의의 소유권보존등기가 폐쇄등기부상의 등기라고 하더라도 을이 원인무효를 이유로 갑 명의의 소유권보존등기말소등기절차를 구하는 소를 제기하

면 수소법원이 폐쇄등기부상의 소유권보존등기에 관하여 예고등기를 촉탁하여 그 예고등기가 행하여짐으로써 부동산등기법시행규칙 제113조에 따라 그 소유권보존등기는 신등기용지에 이기되므로 을로서는 그 등기의 말소를 구할 소송상의 이익이 있다.

• 대법원 1992. 1. 21. 선고 91다36918 소유권이전등기말소 공1992. 3. 15.(916), 898

【판시사항】

01. 갑이 을을 상대로 소유권이전등기의 말소등기절차이행청구소송을 제기하여 승소판결이 확정되었으나, 병이 을로부터 부동산을 매수할 때는 위 판결에 따른 말소등기가 되어 있지 아니하고 예고등기까지 말소되어 있었다면, 병이 을을 진정한 소유자로 믿은 데 과실이 있다 할 수 없다고 보아 병의 등기부시효취득을 인정한 사례

【판결요지】

01. 갑이 을을 상대로 소유권이전등기의 말소등기절차이행청구소송을 제기하여 승소판결이 확정되었으나, 병이 을로부터 부동산을 매수할 때는 위 판결에 따른 말소등기가 되어 있지 아니하고 예고등기까지 말소되어 있어서 중개인과사법서사 등으로부터 위 부동산에 저당권설정등기가 된 것 외에는 아무런 하자가 없다는 설명을 듣고 이를 매수하여 그 때부터 이를 점유하고 있다면, 병이 을을 진정한 소유자로 믿은 데 과실이 있다 할 수 없다고 보아 병의 등기부 시효취득을 인정한 사례.

• 대법원 2001. 9. 20. 선고 99다37894 전원합의체 판결

【소유권이전등기】

[집49(2)민,84;공2001.11.1.(141),2251]

【판시사항】

전소인 소유권이전등기말소청구소송의 확정판결의 기판력이 후 소인 진정명의회복을 원인으로 한 소유권이전등기청구소송에 미치는지 여부(적극)

[다수의견] 진정한 등기명의의 회복을 위한 소유권이전등기청구는 이미 자기 앞으로 소유권을 표상하는 등기가 되어 있었거나 법률에 의하여 소유권을 취득한 자가 진정한 등기명의를 회복하기 위한 방법으로 현재의 등기명의인을 상대로 그 등기의 말소를 구하는 것에 갈음하여 허용되는 것인데, 말소등기에 갈음하여 허용되는 진정명의회복을 원인으로 한 소유권이전등기청구권과 무효등기의 말소청구권은 어느 것이나 진정한 소유자의 등기명의를 회복하기 위한 것으로서 실질적으로 그 목적이 동일하고, 두 청구권 모두 소유권에 기한 방해배제청구권으로서 그 법적 근거와 성질이 동일하므로, 비록 전자는 이전등기, 후자는 말소등기의 형식을 취하고 있다고 하더라도 그 소송물은 실질상 동일한 것으로 보아야 하고, 따라서 소유권이전등기 말소청구소송에서 패소확정판결을 받았다면 그 기판력은 그 후 제기된 진정명의회복을 원인으로 한 소유권이전등기청구소송에도 미친다.

[별개의견] 전소인 소유권이전등기 말소등기청구소송과 후소인 진정명의회복을 위한 소유권이전등기청구소송이 그 소송목적이나 법적 근거와 성질이 같아서 실질적으로 동일하다고 하더라도, 각기 그 청구취지와 청구원인이 서로 다른 이상, 위 2개의 소의 소송물은 다른 것이므로, 전소의 확정판결의 기판력은 후소에는 미치지 않는다고 보아야 할 것이고, 다만, 이미 전소에 관하여 확정판결이 있고 후소가 실질적으로 전소를 반복하는 것에 불과한 것이라면, 즉, 전소와 후소를 통하여 당사자가 얻으려고 하는 목적이나 사실관계가 동일하고, 전소의 소송과정에서 이미 후소에서와 실질적으로 같은 청구나 주장을 하였거나 그렇게 하는 데 아무런 장애가 없었으며, 후소를 허용함으로써 분쟁이 이미 종결되었다는 상대방의 신뢰를 해치고 상대방의 법적 지위를 불안정하게 하는 경우에는 후소는 신의칙에 반하여 허용되지 않는다고 보아야 한다.

[반대의견] 기판력의 범위를 결정하는 소송물은 원고의 청구취지와 청구원인에 의하여 특정되는 것으로서, 사실관계나 법적 주장을 떠나서 청구취지가

다르다면 소송물이 같다고 할 수 없을 것인바, 소유권이전등기 말소등기청구 소송과 진정명의회복을 위한 소유권이전등기청구소송은 우선 그 청구취지가 다르므로, 이러한 법리의 적용을 배제할 만한 상당한 법적 근거가 없다면 각각의 소송물이 다르다고 보아야 한다. 이 두 소송에서 말소등기청구권과 이전등기청구권이 실질적으로는 동일한 목적을 달성하기 위한 것이라 하더라도 각각에 다른 법률효과를 인정하여 별개의 소송물로 취급하는 것도 가능하고, 실체법과 함께 등기절차법의 측면에서 보면 이들 청구권의 법적 근거가 반드시 동일하다고만 볼 수도 없는 것이며, 또한 실제적인 측면을 고려할 때, 소유권이전등기의 말소청구와 함께 진정명의의 회복을 원인으로 하는 소유권이전등기청구를 중첩적으로 허용함이 타당하다.

【참조판례】

대법원 1990. 11. 27. 선고 89다카12398 전원합의체 판결(공1991, 189)(변경), 대법원 1990. 12. 21. 선고 88다카26482 판결(공1991, 580)(변경), 대법원 1992. 11. 10. 선고 92다22121 판결(공1993상, 81)(변경), 대법원 1993. 7. 27. 선고 92다50072 판결(공1993하, 2395)(변경), 대법원 1995. 3. 10. 선고 94다30829, 30836, 30843 판결(공1995상, 1583)(변경), 대법원 1996. 12. 20. 선고 95다37988 판결(공1997상, 344)(변경), 대법원 1998. 9. 8. 선고 97다19878 판결(공보불게재)(변경)

• 대법원 2001. 8. 21. 선고 2000다36484 토지소유권이전등기말소 공2001. 10. 1.[139], 2036

【판시사항】

[1] 진정명의 회복을 위한 소유권이전등기청구의 요건

[2] 명의신탁자가 제3자에 대하여 진정한 등기명의의 회복을 원인으로 한 소유권이전등기청구를 할 수 있는지 여부(소극)

【재판요지】

[1] 진정한 등기명의의 회복을 위한 소유권이전등기청구는 자기 명의로 소유

권을 표상하는 등기가 되어 있었거나 법률에 의하여 소유권을 취득한 진정한 소유자가 그 등기명의를 회복하기 위한 방법으로 그 소유권에 기하여 현재의 등기명의인을 상대로 진정한 등기명의의 회복을 원인으로 한 소유권이전등기절차의 이행을 구하는 것이다.

[2] 명의신탁에 있어서 대외적으로는 수탁자가 소유자라고 할 것이고, 명의신탁재산에 대한 침해배제를 구하는 것은 대외적 소유권자인 수탁자만이 가능한 것이며, 신탁자는 수탁자를 대위하여 그 침해에 대한 배제를 구할 수 있을 뿐이므로, 명의신탁사실이 인정된다고 할지라도 신탁자는 제3자에 대하여 진정한 등기명의의 회복을 원인으로 한 소유권이전등기청구를 할 수 있는 진정한 소유자의 지위에 있다고 볼 수 없다.

• 대법원 2000. 2. 25 선고 99다53704 사해행위취소등 공2000. 4. 15.[104], 826

【판시사항】

[1] 채권자 취소소송의 제소기간의 기산점

[2] 사해행위 당시 아직 성립되지 아니한 채권이 예외적으로 채권자취소권의 피보전채권이 되기 위한 요건

[3] 채권자의 보증채무 이행으로 인한 구상금채권이 채무자의 사해행위 당시 아직 발생하지는 않았으나 그 기초가 되는 신용보증약정은 이미 체결되어 있었고 사해행위 시점이 주 채무자의 부도일 불과 한 달 전으로서 이미 주 채무자의 재정상태가 악화되어 있었던 경우, 위 구상금채권은 채권자취소권의 피보전채권이 된다고 한 사례

[4] 사해행위 취소소송에 있어서 취소 목적 부동산의 등기 명의를 수익자로부터 채무자 앞으로 복귀시키고자 하는 경우, 수익자를 상대로 채무자 앞으로 직접 소유권이전등기절차의 이행을 청구할 수 있는지 여부(적극)

【판결요지】

[1] 채권자취소의 소는 채권자가 취소원인을 안 날로부터 1년 내에 제기하여야 하는 것인바(민법 제406조 제2항), 여기에서 취소원인을 안다고 하기 위하여서

는 단순히 채무자의 법률행위가 있었다는 사실을 아는 것만으로는 부족하고, 그 법률행위가 채권자를 해하는 행위라는 것 즉, 그에 의하여 채권의 공동담보에 부족이 생기거나 이미 부족상태에 있는 공동담보가 한층 더 부족하게 되어 채권을 완전하게 만족시킬 수 없게 된다는 것까지 알아야 한다.

　[2] 채권자취소권에 의하여 보호될 수 있는 채권은 원칙적으로 사해행위라고 볼 수 있는 행위가 행하여지기 전에 발생된 것임을 요하나, 그 사해행위 당시에 이미 채권 성립의 기초가 되는 법률관계가 발생되어 있고, 가까운 장래에 그 법률관계에 기하여 채권이 성립되리라는 점에 대한 고도의 개연성이 있으며, 실제로 가까운 장래에 그 개연성이 현실화되어 채권이 성립된 경우에는 그 채권도 채권자취소권의 피 보전채권이 될 수 있다.

　[3] 채권자의 보증채무 이행으로 인한 구상금채권이 채무자의 사해행위 당시 아직 발생하지는 않았으나 그 기초가 되는 신용보증약정은 이미 체결되어 있었고 사해행위 시점이 주 채무자의 부도일 불과 한 달 전으로서 이미 주 채무자의 재정상태가 악화되어 있었던 경우, 위 구상금채권은 채권자취소권의 피 보전채권이 된다고 한 사례.[4] 자기 앞으로 소유권을 표상하는 등기가 되어 있었거나 법률에 의하여 소유권을 취득한 자가 진정한 등기명의를 회복하기 위한 방법으로는 그 등기의 말소를 구하는 외에 현재의 등기명의인을 상대로 직접 소유권이전등기절차의 이행을 구하는 것도 허용되어야 하는바, 이러한 법리는 사해행위 취소소송에 있어서 취소 목적 부동산의 등기명의를 수익자로부터 채무자 앞으로 복귀시키고자 하는 경우에도 그대로 적용될 수 있다고 할 것이고, 따라서 채권자는 사해행위의 취소로 인한 원상회복 방법으로 수익자 명의의 등기의 말소를 구하는 대신 수익자를 상대로 채무자 앞으로 직접 소유권이전등기절차를 이행할 것을 구할 수도 있다.

　지역권이란 당사자의 계약에 의해 일정한 목적을 위하여 타인의 토지를 통행하거나, 타인의 토지를 거친 용수와 일정한 높이 이상의 건물을 신축하지 않겠다고 하는 등 두 토지 사이의 이용조절을 위한 제도이다.

　지역권은 일정한 목적을 위해 타인의 토지를 자기 토지의 편익에 이용하는 부동산의 용익물권을 말한다.(민법 291조)

　타인의 토지를 사용하기 위하여 토지를 임차할 수도 있지만 이럴 경우 임차인은 타인의 토지를 전부 사용하여야 하고 임대인은 토지를 전혀 사용하지 못하는 문제점이 있다.

　그러나 지역권을 설정하면 토지를 임차하였다 하더라도 지역권의 범위 내에서 임차인이 토지를 사용하게 되므로, 임대인도 자신의 토지를 사용할 수 있으므로 지역권은 양 당사자의 토지사용을 조절하는 기능을 하고 있다.

지역권은 통행을 하기 위하여 타인의 토지를 이용하는 통행지역권, 물을 끌어오거나 배수를 하기 위한 인수지역권, 송전선과 조망 및 일조권 확보를 위한 기타지역권이 있다.

두 토지 중 편익을 받는 토지를 요역지라고 하고 편익에 제공되는 토지를 승역지라고 한다.

지역권이 설정된 승역지가 경매로 매각이 되는 경우 말소기준 등기보다 선순위 지역권은 매수인에게 인수가 된다.

지역권 등기가 있는 물건을 낙찰을 본 경우 소유권 취득 후에 여러 가지로 많은 문제점이 발생될 수가 있다. 따라서 지역권은 등기를 요하므로 입찰 전에 등기부등본으로 확인하여야 한다.

대지사용권은 구분건물(아파트)의 소유자가 그 전유부분을 소유하기 위하여 대지에 대하여 가지는 권리를 말한다. 대지사용권은 통상 소유권이나 지상권, 전세권, 임차권 등도 대지사용권이 될 수 있다.

대지사용권은 규약이나 공정증서로 분리 처분할 수 있다고 별도로 정한 경우를 제외하고는 그가 가지는 전유부분과 분리 처분할 수 없다. 이와 같이 전유부분과 대지사용권을 분리 처분할 수 없는 것을 대지권이라고 한다. 대지권은 구분건물에 대한 종 된 권리로 구분건물의 처분에 따라 함께 이전한다.

분리 처분한다는 규약이나 공정증서가 존재하지 아니하면 대지권은 구분건물의 소유자가 대지사용권을 취득한 때 대지권을 당연히 취득한다. 즉 아파트는 구분건물이고 대지 위에 여러 사람들이 아파트를 소유하게 되고 이때 아파트 평수별로 대지의 지분을 나누어 아파트 등기부의 표제부에 대지권등기를 하게 되는데 등기 후 대지권은 아파트와 운명을 같이해 아파트가 이전하거나 근저당담보로 제공이 될 경우 대지권도 함께 이전되거나 근저당담보로 제공이 된다.

그런데 집합건물이 대지사용권이 없는 경우가 있다. 대지사용권이 없는 경우 경매입찰 시 주의가 요구된다. 대지권별도 등기라고 기재가 있는 경우 특히 주의를 요한다.

따라서 대지권등기가 되어 있지 아니한 아파트가 경매대상인 경우 감정평가에 대지권도 포함하여 평가된 것인지를 알아보고, 또 매각물건 명세서의 기재에 의하여 대지권이 있는지 여부를 확인하여야 한다.

대지사용권이 없는 아파트(집합건물)를 경매로 취득한 경우 매수인은 부지 소유자로부터 대지사용권을 매수하여야 하는 경우가 생긴다.

서민들은 전세금이 전 재산인데 집주인의 잘못으로 경매로 집을 잃으면 세 들어 사는 사람은 어쩔 수 없이 보증금을 떼이고 만다. 이 같은 사회적 약자의 보호차원에서 1981년도에 주택임대차보호법이 제정되었다.

주택임대차보호법의 적용대상과 기준시점

사람이 살 수 있는 주거용 건물이어야 하며 주거용 건물인가의 판단기준은 임대차 계약서이다. 비주거용 건물을 임차하였다가 주거로 변경한 경우 이 법의 적용을 받지 못한다.

주거용 건물에 해당하는지 여부는 공부상 표시만을 기준으로 하는 것이 아니라 임대차의 목적과 임차건물의 구조 및 형태, 이용관계 등을 종합해서 판단하는데 주택의 일부는 주거용으로 사용하고 있으나 일부는 점포로 사용하는 경우도 주택으로 인정되나, 점포가 주택보다 크고 방은 점포에 딸려 있는 경우는 주택임대차보호법의 대상이 아니다. 주택은 등기를 요하지 않고 미등기 무허가 건물에도 이 법이 적용된다.

 **판례**

• 1988. 12. 13. 선고 대법원 87다카3097 판결

【판시사항】

가. 임차목적물인 점포의 일부가 주거용으로 사용되고 있는 경우 주택임대차보호법 소정의 주거용 건물이 아니라고 한 사례

나. 임차인의 점유부분이 주거용 건물이 아닌 경우에 그 점유사실을 알고 근저당권을 취득한 자의 지위

【판결요지】

가. 임차인이 점유하고 있는 점포 중 일부가 주거용으로 사용되고 있는 경우라도 주택임대차보호법 소정의 주거용건물이 아니라고 한 사례

나. 임차인의 점유부분이 주택임대차보호법 소정의 주거용건물에 해당하지 아니하는 이상 위 건물을 임차인이 점유하고 있는 사실을 알고 근저당권을 취득하였다고 하여도 위 근저당권자가 당연히 임대인의 지위를 승계하는 것은 아니다.

【참조조문】

주택임대차보호법 제3조 제2항

【이   유】

상고이유를 본다.

원심판결 이유에 의하면, 원심은 이 사건 건물의 등기부상의 표시가 점포 및 사무실과 아울러 주택으로 되어 있고 그 뒷편으로는 주택지가 형성되어 있으며 피고의 점유부분 중 일부가 방과 부엌으로 되어 있어 피고가 그곳에서 거주하고 있기는 하나, 이 사건 건물은 아스팔트로 포장된 왕복 4차선의 대로변에 위치하고 있는 데다가 기본적으로 상가건물로 건축된 것으로서 피고 점

유부분의 윗층 및 옆부분도 모두 경양식점 또는 식당 등의 점포로 사용되고 있고 특히 피고의 점유부분은 그 서쪽부분이 위 대로변일뿐 아니라 남쪽 부분 역시 약 6미터의 소로에 접하고 있어 피고도 위 양도로쪽 측면에 두개의 커다 란 양복점 간판을 걸고 진열대를 설치하여 그 점유부분에서 양복맞춤 등의 영 업을 하여 오고 있으며, 또 위 피고 점유부분은 그 넓이가 총 57.4평방미터인 데 그 중 피고가 주거용으로 사용하는 방 및 부엌부분은 합계 10.23평방미터 에 불과하여(그중 방은 불과 4.97평방미터이다) 점포 및 작업실로 사용되는 47.17평방미터에 비하여 아주 적은 부분을 차지하고 있다고 인정하고, 그렇다 면 적어도 피고의 위 점유부분에 관한 한 이는 점포의 적은 일부가 주거용으 로 개조된 것으로서 비거주용 건물의 일부가 주거목적으로 사용되는 것이지 주거용 건물의 일부가 주거 외의 목적으로 사용되는 것이라고는 볼 수 없다고 판단하였는바, 일건 기록에 비추어 보면 원심의 이와 같은 사실인정과 판단을 수긍할 수가 있고 거기에 소론과 같은 심리미진이나 채증법칙을 위배한 위법 이 있다고 할 수는 없고 피고 점유부분이 주택임대차보호법 소정의 주거용건 물(주택)에 해당하지 아니하는 이상 원고가 피고의 점유사실을 알고 근저당권 을 취득하였다고 하여 당연히 임대인의 지위를 승계하는 것은 아니라고 할 것 이고 또 다른 입주자들이 임차보증금을 반환받았는지의 여부나 위 방과 부엌 이 언제 개조되었느냐의 여부는 법률상 이 사건 결과에 영향이 없는 것이라고 할 것이다. 따라서 논지는 이유가 없다.

• 1987. 4. 28. 선고 대법원 86다카2407 판결

【판시사항】

비거주용 건물의 일부가 주거의 목적으로 사용되고 있는 건물이 주택임대차 보호법 제2조의 보호대상에 해당하는지 여부

【판결요지】

임차주택의 일부가 주거외의 목적으로 사용되는 경우에도 주택임대차보호법 제2조의 규정에 의하여 그 법률의 적용을 받는 주거용 건물에 포함되나 주거생

활의 안정을 보장하기 위한 입법의 목적에 비추어 거꾸로 비주거용 건물에 주거의 목적으로 일부를 사용하는 경우에는 동법 제2조가 말하고 있는 일부라는 범위를 벗어나 이를 주거용 건물이라 할 수 없고 이러한 건물은 위 법률의 보호대상에서 제외된다.

【참조조문】

주택임대차보호법 제2조

【이　　유】

피고 소송대리인의 상고이유에 대하여,

임차주택의 일부가 주거외의 목적으로 사용되는 경우에도 주택임대차보호법 제2조의 규정에 의하여 그 법률의 적용을 받는 주거용 건물에 포함되나 주거생활의 안정을 보장하기 위한 입법목적에 비추어 임차주택의 일부가 비주거용이 아니고 거꾸로 비주거용 건물에 주택의 목적으로 일부를 사용하는 경우에는 위 법 제2조가 말하고 있는 일부라는 범위를 벗어나 이를 주거용 건물이라 할 수 없고 이러한 건물은 위 법률의 보호대상에서 제외된다고 할 것이다.

원심은 그 채택증거를 종합하여 원고가 경락으로 소유권을 취득한 이 사건 건물은 당초부터 여관, 여인숙의 형태로 건축되었고 피고는 전소유자 인경남으로부터 여인숙을 경영할 목적으로 임차하여 방 10개 중 현관앞의 방은 피고가 내실로 사용하면서 여관, 여인숙이란 간판을 걸고 여인숙업을 경영하고 온 사실을 인정하고 피고의 그 점유부분은 주택임대차보호법상의 주거용 건물에 해당하지 아니한다고 하였는 바, 원심의 위와 같은 판단은 정당하다. 소론은 위의 인정판단과 어긋나는 사실관계 또는 법률적 견해를 바탕으로 하여 여러 가지 각도로 원심판결을 공격하고 있는데 지나지 아니하여 채용할 수 없다. 논지는 이유없다.

이에 상고를 기각하고, 상고비용은 패소자의 부담으로 하여 관여 법관의 일치된 의견으로 주문과 같이 판결한다.

• 1987. 8. 25. 선고 대법원 87다카793 건물명도 판결

【판시사항】

구 주택임대차보호법 (1981. 3. 5. 법률 제3379호) 제2조 소정의 '주거용 건물' 인지 여부의 판단기준

【판결요지】

구 주택임대차보호법(1981. 3. 5. 법률 제3379호) 제2조가 정하는 주거용건물 인지의 여부는 공부상의 표시에 불구하고 그 실지용도에 따라서 가려져야 하고 또한 한 건물의 비주거용 부분과 주거용부분이 함께 임대차의 목적이 되어 각기 그 용도에 따라 사용되는 경우 그 주거용부분에 관하여 위 법이 적용되느냐의 여부는 구체적인 경우에 따라 합목적적으로 결정하여야 한다.

【참조조문】

구 주택임대차보호법(1981. 3. 5. 법률 제3379호) 제2조

【참조판례】

대법원 1986. 1. 21. 선고 85다카1367 판결

【이   유】

상고이유를 본다.

주택임대차보호법(1981. 3. 5. 법률 제3379호) 제2조가 정하는 주거용건물 인지의 여부는 공부상의 표시에 불구하고 그 실지용도에 따라서 가려져야 하고 또한 한건물의 비주거용부분과 주거용부분이 함께 임대차의 목적이 되어 각기 그 용도에 따라 사용되는 경우 그 주거용부분에 관하여 위법이 적용되느냐의 여부는 구체적인 경우에 따라 합목적으로 결정하여야 할 것이므로 (당원 1986. 1. 21. 선고 85다카1367 판결 참조) 원심이 그 증거에 의하여 피고의 점유부분 중 판시 별지도면 (6) 부분은 영업용 휴게실설비로 예정된 홀 1칸이 있지만 그 절반가량이 주거용으로 쓰이는 방 2칸, 부엌 1칸, 화장실 1칸, 살림용 창고1칸, 복도로 되어 있고 그 홀마저 각방의 생활공간으로 쓰여지고 있으며, 같은 별지도면 (8) 부분은 위 방들의 난방시설이 설치되어 있는 사실을 확정하고나서 위와 같은 취지에서 위 점유부분을 모두 주거용에 해당한다고 판시하

고 있는바, 기록에 비추어 원심의 판단은 옳게 수긍이 가고 거기에 주장하는 바와 같은 위 법 제2조의 법리를 오해하였거나 채증법칙을 어긴 위법이 없다.

(1) 대항력

대항력이란 임차인이 임차주택으로 이사를 하고 주민등록 전입을 마친 경우 그 다음날부터 임차주택의 양수인에게 임대차계약서 내용대로 임대기간까지 명도를 거절할 수 있고 임대차 종료 시 양수인에게 임대차 보증금의 반환을 청구할 수 있다는 것이다..

결국 경매에서 대항력이란 임차인이 매수인에게 임대차 기간이 만료되기 전에는 이사를 가지 않아도 되고, 임대차 기간이 끝나 이사를 갈 땐 매수인으로부터 보증금을 받을 권리가 있다는 것을 의미한다.

임차인이 매수인에게 대항력을 주장하려면 이사와 주민등록전입을 마쳤다 하더라도 임대차보다 앞선 저당권, 전세권, 담보가등기, 가압류 등이 없어야 한다. 즉 말소기준등기보다 이사날짜와 주민등록전입 일자가 앞서야 한다.

또 토지와 건물의 근저당권 설정일자가 다른 경우 문제가 된다. 토지에 대한 근저당권 설정일자가 2003년 3월 14일이고, 건물에 대한 근저당권 설정일자가 2005년 3월 6일인데 임차인이 2004년 5월 25일 이사와 전입신고를 하였다면, 최선순위 근저당권 설정일자가 2003년 3월 14일이므로 임차인이 대항력이 없다고 생각할 수 있다. 그러나 임차인이 대항력이 있느냐 없느냐의 기준은 건물등기부를 기준으로 한다. 따라서 임차인은 건물의 근저당권 설정등기보다 빠른 날짜에 이사와 전입신고를 마쳤으므로 대항력이 있음에 주의를 하여야 한다.

 판례

를 다시 임차하되 매매잔금 지급기일인 1993. 12. 23.부터는 주택의 거주관계를 바꾸어 갑이 임차인의 자격으로 이에 거주하는 것으로 하기로 약정하고 계속하여 거주해 왔으나, 위 매매에 따른 을 명의의 소유권이전등기는 1994. 3. 9.에야 비로소 경료된 경우, 제3자로서는 그 주택에 관하여 갑으로부터 을 앞으로 소유권이전등기가 경료되기 전에는 갑의 주민등록이 소유권 아닌 임차권을 매개로 하는 점유라는 것을 인식하기 어려웠다 할 것이므로, 갑의 주민등록은 그 주택에 관하여 을 명의의 소유권이전등기가 경료된 1994. 3. 9. 이전에는 주택임대차의 대항력 인정의 요건이 되는 적법한 공시방법으로서의 효력이 없고, 그 이후에야 비로소 갑과 을 사이의 임대차를 공시하는 유효한 공시방법이 된다고 본 사례.

[3] 민사소송법 제608조 제2항이 존속기간의 정함이 없거나 같은 법 제611조의 등기 후 6월 이내에 그 기간이 만료되는 전세권을 저당권과 함께 소멸하는 것으로 규정하고 있는 것은 전세권의 우선변제적 효력에 근거하여 담보물권처럼 취급한 결과이므로, 이는 선행하는 저당권이 없는 상태에서 존재하는 전세권에 관하여 규정한 것으로 보아야지, 선행하는 저당권이 있고 그것이 경매로 인하여 소멸하는 경우에도 당연히 적용된다고 볼 것은 아니고, 또한 위 조항은 경락으로 인하여 용익물권이나 대항력을 갖춘 임차권이 소멸하는지 여부에 대하여 규정한 것도 아니므로, 경락으로 인한 용익물권이나 대항력을 갖춘 임차권의 소멸 여부는 민사소송법에 명문의 규정이 없다고 할 것이니 이는 결국 해석에 의하여 결정될 수밖에 없는데, 후순위 저당권의 실행으로 목적부동산이 경락된 경우에는 민사소송법 제728조, 제608조 제2항의 규정에 의하여 선순위 저당권까지도 당연히 소멸하는 것이므로, 이 경우 비록 후순위 저당권자에게는 대항할 수 있는 임차권이라 하더라도 소멸된 선순위 저당권보다 뒤에 등기되었거나 대항력을 갖춘 임차권은 함께 소멸하는 것이고, 따라서 그 경락인은 주택임대차보호법 제3조에서 말하는 임차주택의 양수인 중에 포함된다고 할 수 없을 것이므로 경락인에 대하여 그 임차권의 효력을 주장할 수 없다.

• 2000. 2. 11. 선고 대법원 99다59306 판결

【판시사항】

[1] 경락으로 소멸되는 선순위 저당권보다 뒤에 등기되었거나 대항력을 갖춘 주택 임차권의 효력을 경락인에 대하여 주장할 수 있는지 여부(소극)

[2] 주택임대차보호법 제3조 제1항 소정의 주민등록이 대항력의 요건을 충족시킬 수 있는 공시방법이 되기 위한 요건

[3] 갑이 주택에 관하여 소유권이전등기를 경료하고 주민등록 전입신고까지 마친 다음 처와 함께 거주하다가 을에게 매도함과 동시에 그로부터 이를 다시 임차하여 계속 거주하기로 약정하고 처 명의의 임대차계약을 체결한 후에야 을 명의의 소유권이전등기가 경료된 경우, 갑의 처가 주택임대차보호법상 임차인으로서 대항력을 갖는 시기(시기)(=을 명의의 소유권이전등기 익일부터)

【판결요지】

[1] 경매목적 부동산이 경락된 경우에는 소멸된 선순위 저당권보다 뒤에 등기되었거나 대항력을 갖춘 임차권은 함께 소멸하는 것이고, 따라서 그 경락인은 주택임대차보호법 제3조에서 말하는 임차주택의 양수인 중에 포함된다고 할 수 없을 것이므로 경락인에 대하여 그 임차권의 효력을 주장할 수 없다.

[2] 주택임대차보호법 제3조 제1항에서 주택의 인도와 더불어 대항력의 요건으로 규정하고 있는 주민등록은 거래의 안전을 위하여 임차권의 존재를 제3자가 명백히 인식할 수 있게 하는 공시방법으로 마련된 것으로서, 주민등록이 어떤 임대차를 공시하는 효력이 있는가의 여부는 그 주민등록으로 제3자가 임차권의 존재를 인식할 수 있는가에 따라 결정된다고 할 것이므로, 주민등록이 대항력의 요건을 충족시킬 수 있는 공시방법이 되려면 단순히 형식적으로 주민등록이 되어 있다는 것만으로는 부족하고, 주민등록에 의하여 표상되는 점유관계가 임차권을 매개로 하는 점유임을 제3자가 인식할 수 있는 정도는 되어야 한다.

[3] 갑이 주택에 관하여 소유권이전등기를 경료하고 주민등록 전입신고까지 마친 다음 처와 함께 거주하다가 을에게 매도함과 동시에 그로부터 이를 다시

임차하여 계속 거주하기로 약정하고 임차인을 갑의 처로 하는 임대차계약을
체결한 후에야 을 명의의 소유권이전등기가 경료된 경우, 제3자로서는 주택
에 관하여 갑으로부터 을 앞으로 소유권이전등기가 경료되기 전에는 갑의 처
의 주민등록이 소유권 아닌 임차권을 매개로 하는 점유라는 것을 인식하기 어
려웠다 할 것이므로, 갑의 처의 주민등록은 주택에 관하여 을 명의의 소유권이
전등기가 경료되기 전에는 주택임대차의 대항력 인정의 요건이 되는 적법한
공시방법으로서의 효력이 없고 을 명의의 소유권이전등기가 경료된 날에야 비
로소 갑의 처와 을 사이의 임대차를 공시하는 유효한 공시방법이 된다고 할 것
이며, 주택임대차보호법 제3조 제1항에 의하여 유효한 공시방법을 갖춘 다음
날인 을 명의의 소유권이전등기일 익일부터 임차인으로서 대항력을 갖는다.

【참조조문】

[1] 주택임대차보호법 제3조 제1항, 민사소송법 제608조 제2항, 제728조

[2] 주택임대차보호법 제3조 제1항

[3] 주택임대차보호법 제3조 제1항

확정일자부 임차인

확정일자란 임대차계약서에 작성날짜를 확정지어 훗날 증거가 될 수 있
도록 하는 제도로서 법원, 등기소, 동사무소, 공증인 사무소에서 확정일자를
작성해 주고 있다. 보통의 경우 임차인들은 전입신고 시 동사무소에서 확정
일자를 받고 있다.

대항력을 갖춘 임차인이 임대차계약서에 확정일자까지 받았을 경우 매각
대금에서 다른 후순위 권리자보다 우선변제를 받을 수 있는 것이 확정일자
부임차인이고 우선변제권이다. 이 우선변제권은 경매나 공매에서 인정되는
것이고 양도나 증여 등의 경우는 인정되지 않는다.

확정일자가 있는 문서는 재발급이 되지 않는다. 따라서 보관을 잘 하여야 하고 분실하였다면 발급관서에 발급대장에 자료가 남아 있을 것이므로 재판과정에서 검증을 통해 증거로 할 수는 있을 것이다.

확정일자부 임차인은 배당요구 종기까지 임차부동산의 점유와 주민등록을 옮기지 말아야 한다. 만일 이사를 가거나 주민등록을 옮긴 경우 대항력이 상실된다. 그러나 임차인 등기를 마친 경우는 효력이 유지된다.

만일 말소기준 등기보다 임차권이 빠를 경우 확정일자 없이도 매수인에게 대항력으로 대항할 수 있으므로 확정일자까지 요구하지 않는다.

우선배당의 범위

확정일자부임차인은 매각대금에서 전액을 배당받을 수 있다.

소액임차인의 경우 보증금 중 일정액을 주택가액의 1/2의 범위 내에서만 우선변제권이 있으나, 확정일자를 갖춘 임차인은 그러한 제한이 없으므로 매각대금의 전액으로부터 순위에 따라 우선변제를 받을 수 있다. 만일 경매 절차에서 배당을 요구하였으나 확정일자부임차인이 전액배당을 받지 못한 경우, 경매대금에서 배당을 받지 못한 잔액을 매수인으로부터 반환받을 때까지 임대차관계의 존속을 주장할 수 있다.

위의 경우 대항력이 있는 임차인을 말한다.

• 1998. 6. 26. 선고 대법원 98다2754 판결

【판시사항】

[1] 대항력과 우선변제권을 겸유하고 있는 임차인이 배당요구를 하였으나 보증금 전액을 배당받지 못한 경우, 그 잔액에 대하여 경락인에게 동시이행의 항변을 할 수 있는지 여부(적극)

[2] 대항력과 우선변제권을 겸유하고 있는 임차인이 배당요구를 하였으나 보증금 전액을 배당받지 못한 경우, 경락 후 새로이 경료된 근저당권에 기한 경매절차에서 우선변제권을 행사할 수 있는지 여부(소극)

【판결요지】

[1] 주택임대차보호법상의 대항력과 우선변제권의 두 가지 권리를 겸유하고 있는 임차인이 먼저 우선변제권을 선택하여 임차주택에 대하여 진행되고 있는 경매절차에서 보증금 전액에 대하여 배당요구를 하였으나 그 순위가 늦은 까닭으로 보증금 전액을 배당받을 수 없었던 때에는, 보증금 중 경매절차에서 배당받을 수 있었던 금액을 뺀 나머지에 관하여 경락인에게 대항하여 이를 반환받을 때까지 임대차관계의 존속을 주장할 수 있고, 이 경우 임차인의 배당요구에 의하여 임대차는 해지되어 종료되며, 다만 같은 법 제4조 제2항에 의하여 임차인이 보증금의 잔액을 반환받을 때까지 임대차관계가 존속하는 것으로 의제될 뿐이어서, 경락인은 같은 법 제3조 제2항에 의하여 임대차가 종료된 상태에서의 임대인의 지위를 승계하고, 임차인의 우선변제권은 경락으로 인하여 소멸하는 것이다.

[2] 대항력과 우선변제권을 가진 임차인이 임차주택에 관한 경매절차에서 보증금에 대하여 배당요구를 함으로써 임대차계약이 해지되어 종료되고 그 주택이 경락된 이상, 그 경락인이 마침 임대인의 지위에 있던 종전 소유자이고 임차인은 후순위 권리자이어서 전혀 배당을 받지 못한 채 계속하여 그 주택에 거주하고 있었다고 하더라도, 그 후 그 주택에 관하여 새로이 경료된 근

저당권설정등기에 기한 경매절차에서 그 낙찰대금으로부터 우선변제를 받을 권리는 없고, 다만 경락인에 대하여 임차보증금을 반환받을 때까지 임대차관계의 존속을 주장할 수 있을 뿐이다.

【참조조문】

주택임대차보호법 제3조 제2항, 제3조의2 제1항, 제4조 제2항, 제8조 제2항, 주택임대차보호법 제3조 제2항, 제3조의2 제1항, 제4조 제2항, 제8조 제2항

대항력 있는 임차인이 보증금을 전액배당을 받지 못한 경우 제2경매에서의 우선변제권

대항력 있는 임차인이 배당요구를 하였으나 보증금전액을 배당받지 못한 경우 우선변제권은 경락으로 인하여 소멸되었으므로 매수 후 새로 경료된 근저당권에 기한 제2경매에서는 우선변제를 받을 수 없고, 단지 매수인에 대하여 나머지 보증금을 받을 때까지 부동산을 명도할 필요가 없다.(대법원 98다2754, 98다4552 각 판결)

 판례

• 대법원 1998. 6. 26. 선고 98다2754 판결【배당이의】

【판시사항】

[1] 대항력과 우선변제권을 겸유하고 있는 임차인이 배당요구를 하였으나 보증금 전액을 배당받지 못한 경우, 그 잔액에 대하여 경락인에게 동시이행의 항변을 할 수 있는지 여부(적극)

[2] 대항력과 우선변제권을 겸유하고 있는 임차인이 배당요구를 하였으나 보증금 전액을 배당받지 못한 경우, 경락 후 새로이 경료된 근저당권에 기한

경매절차에서 우선변제권을 행사할 수 있는지 여부(소극)

【판결요지】

[1] 주택임대차보호법상의 대항력과 우선변제권의 두 가지 권리를 겸유하고 있는 임차인이 먼저 우선변제권을 선택하여 임차주택에 대하여 진행되고 있는 경매절차에서 보증금 전액에 대하여 배당요구를 하였으나 그 순위가 늦은 까닭으로 보증금 전액을 배당받을 수 없었던 때에는, 보증금 중 경매절차에서 배당받을 수 있었던 금액을 뺀 나머지에 관하여 경락인에게 대항하여 이를 반환받을 때까지 임대차관계의 존속을 주장할 수 있고, 이 경우 임차인의 배당요구에 의하여 임대차는 해지되어 종료되며, 다만 같은 법 제4조 제2항에 의하여 임차인이 보증금의 잔액을 반환받을 때까지 임대차관계가 존속하는 것으로 의제될 뿐이어서, 경락인은 같은 법 제3조 제2항에 의하여 임대차가 종료된 상태에서의 임대인의 지위를 승계하고, 임차인의 우선변제권은 경락으로 인하여 소멸하는 것이다.

[2] 대항력과 우선변제권을 가진 임차인이 임차주택에 관한 경매절차에서 보증금에 대하여 배당요구를 함으로써 임대차계약이 해지되어 종료되고 그 주택이 경락된 이상, 그 경락인이 마침 임대인의 지위에 있던 종전 소유자이고 임차인은 후순위 권리자이어서 전혀 배당을 받지 못한 채 계속하여 그 주택에 거주하고 있었다고 하더라도, 그 후 그 주택에 관하여 새로이 경료된 근저당권설정등기에 기한 경매절차에서 그 낙찰대금으로부터 우선변제를 받을 권리는 없고, 다만 경락인에 대하여 임차보증금을 반환받을 때까지 임대차관계의 존속을 주장할 수 있을 뿐이다.

【참조조문】

[1] 주택임대차보호법 제3조 제2항, 제3조의2 제1항, 제4조 제2항, 제8조 제2항

[2] 주택임대차보호법 제3조 제2항, 제3조의2 제1항, 제4조 제2항, 제8조 제2항

【참조판례】

[1] 대법원 1997. 8. 22. 선고 96다53628 판결(공1997하, 2793), 대법원 1997. 8. 29. 선고 97다11195 판결(공1997하, 2856)

• 대법원 2001. 3. 27. 선고 98다4552 판결【배당이의】

【판시사항】

대항력과 우선변제권을 겸유하고 있는 임차인이 배당요구를 하였으나 보증금 전액을 배당받지 못한 경우, 후행 경매절차에서 우선변제권에 의한 배당을 받을 수 있는지 여부(소극)

【판결요지】

주택임대차보호법상의 대항력과 우선변제권의 두 가지 권리를 겸유하고 있는 임차인이 우선변제권을 선택하여 제1경매절차에서 보증금 전액에 대하여 배당요구를 하였으나 보증금 전액을 배당받을 수 없었던 때에는 경락인에게 대항하여 이를 반환받을 때까지 임대차관계의 존속을 주장할 수 있을 뿐이고, 임차인의 우선변제권은 경락으로 인하여 소멸하는 것이므로 제2경매절차에서 우선변제권에 의한 배당을 받을 수 없다.

【참조조문】

주택임대차보호법 제3조 제2항, 제3조의2 제2항, 제4조 제2항

【참조판례】

대법원 1997. 8. 22. 선고 96다53628 판결(공1997하, 2793), 대법원 1998. 6. 26. 선고 98다2754 판결(공1998하, 1984), 대법원 1998. 7. 10. 선고 98다15545 판결(공1998하, 2093)

【이 유】

원심판결 이유에 의하면, 원심은 거시 증거에 의하여 판시사실을 인정한 다음 그 인정 사실에 터잡아, 피고들의 이 사건 대지에 대한 각 임차권은 제1경매로 인하여 선순위인 송○석 명의의 근저당권과 함께 소멸하여 피고들은 낙찰인인 김○복에 대하여 위 대지에 대한 임차권의 효력을 주장할 수 없으므로 제2경매의

배당금액 중 위 대지에 대한 몫인 금 87,287,571원은 전액을 위 대지의 근저당권자인 원고에게 배당하여야 하고, 이 사건 주택에 관하여는 제1경매에서 배당받을 수 있었던 금액을 공제한 잔액의 범위에서 피고들의 임대차관계가 김○복에게 승계되었다고 할 것이지만, 피고 송○희와 원심 피고 정○남(1999. 7. 8. 상고취하)은 원고의 근저당권설정등기에 앞서 대항요건과 확정일자를 갖춘 임차인으로서 그 우선순위 및 임차보증금액수가 동일하므로 제2경매의 배당금액 중 위 주택에 대한 몫인 금 40,164,542원을 제1순위로 안분하면 그 배당액이 각 금 20,082,271원이 되며, 피고 정○자는 대항요건과 확정일자를 갖춘 임차인이기는 하지만 그 순위가 정○남, 송○희보다 뒤지므로 배당할 금액이 없게 된다고 판단하였다.

　주택임대차보호법상의 대항력과 우선변제권의 두 가지 권리를 겸유하고 있는 피고들이 우선변제권을 선택하여 제1경매절차에서 보증금 전액에 대하여 배당요구를 하였으나 보증금 전액을 배당받을 수 없었던 때에는 경락인에게 대항하여 이를 반환받을 때까지 임대차관계의 존속을 주장할 수 있을 뿐이고, 임차인의 우선변제권은 경락으로 인하여 소멸하는 것이므로 피고들은 제2경매절차에서 배당을 받을 수 없다고 할 것인바, 이와 달리 피고들의 우선변제권이 존속하여 제2경매절차에서 이 사건 주택 부분에 대하여 임차보증금을 우선변제받을 권리가 있고, 다만 피고 정○자는 후순위여서 배당받을 것이 없다고 한 원심 판단은 주택임대차보호법상의 우선변제권에 관한 법리를 오해한 위법이 있다고 할 것이다.

　피고 정○자에 대한 원심의 판시는 비록 이유가 잘못되었으나 제2경매절차에서 배당받을 수 없다고 한 결론에 있어 정당하고, 피고 송○희에 대하여는 원심이 제2경매절차에서의 우선변제권을 인정한 것은 잘못이라 하겠으나 위 피고만이 상고한 이 사건에서 당원은 불이익변경금지의 원칙에 따라 원심의 결론을 유지할 수밖에 없다.

　그러므로 상고를 모두 기각하고, 상고비용은 패소자들의 부담으로 하기로 하여 관여 대법관의 일치된 의견으로 주문과 같이 판결한다.

확정일자부 임차인과 다른 권리자와의 우선순위

　※ 말소기준등기일자, 전입신고일이 같은 날인 경우 = 말소기준등기자
　　우선

　※ 전입일자가 빠른 경우 = 전입

　　담보권자 등기일이 빠른 경우 = 담보권자 우선

　　전입신고 다음날 담보권 설정 = 임차인 우선(임차인 전입신고 익일 0
　　시부터 효력 있음)

　※ 말소기준 등기 일자와 이사와 전입신고 후 받은 확정일자가

　　같은 날인 경우 = 채권액에 비례하여 평등배당

　　확정일자가 빠른 경우 = 임차인 우선

　　담보권자 등기일이 빠른 경우 = 담보권자 우선

확정일자를 꼭 받아 두어야 할 경우

　※ 최선순위 저당권이 있는 건물에 이사를 할 경우 확정일자를 받아 두어
　　야 우선변제를 받을 수 있다. 만일 건물의 매각대금이 적을 경우 확정
　　일자가 없다면 한 푼도 못 받는 경우가 생긴다.

 사례

확정일자를 받은 경우와 받지 않은 경우의 차이점			
근저당권자	갑	2005. 8. 8.	채권최고액금 5,000만 원
임차인	을	2006. 12. 20.	보증금 5,000만 원 (대구시내의 건물, 전입·이사 배당요구)
근저당권자	병	2007. 8. 13.	채권최고액금 5,000만 원

| 매수인 | 무 | 2008. 5. 20. | 매각대금 1억 원 |

　매각대금이 1억 원이므로 임차인 을이 확정일자를 받았을 경우 배당은 갑이 5,000만 원, 을이 5,000만 원 씩 각 배당을 받는다.

　확정일자를 받지 않았을 경우 근저당권자 갑이 5,000만 원, 병이 5,000만 원씩 배당을 받고 임차인 을은 소액임차인에 해당이 되지 않아 우선변제권이 없어 한 푼도 받지 못한다. 만일 임차인 을의 보증금이 3,000만 원이라면 소액임차인에 해당이 되어 1,400만 원의 우선변제를 받게 되어 갑 5,000만 원, 을 1,400만 원, 병 3,600만 원의 배당을 받게 된다.

　확정일자가 얼마나 중요한지를 실감하는 예라고 할 수 있다.

소액임차인의 최우선변제권

　주택임대차보호법은 소액임차인에 대하여 다른 채권자들보다 일정금액을 우선배당해 주도록 하고 있다. 소액임차인이 우선배당을 받기 위해서는 보증금 액수가 법이 정한 범위 내의 소액이고, 배당요구 종기일까지 대항요건을 구비하고 있으면서 배당요구를 하여야 하고, 첫 경매개시결정등기(압류) 전에 대항요건을 갖추고 있어야 한다.

　또 임차권 등기가 있는 주택은 우선변제를 받을 수 없다. 미등기 주택인 경우 토지와 건물 모두에 대하여 우선변제를 받으려면 경매 시에는 건물이 등기가 되어 있어야 한다.

　소액임차인은 주택가액의 1/2 범위 내에서만 우선변제를 받을 수 있고, 소액임차인들이 여럿이면 모두 동순위로 배당을 받고 1/2의 범위 내에서 전액 배당을 할 수 없을 때는 소액임차인들의 보증금의 비율에 따라 안분배당을 받는다.

 **사례**

> 매각대금이 5,000만 원이고 소액보증금이 갑 2,000만 원, 을 2,000만 원 병 1,000만 원 일 경우 매각대금의 1/2 가액은 2,500만 원이다. 소액임차인들에게 배당할 수 있는 금액이므로 보증액에 따라 안분하면 갑이 1,000만 원, 을이 1,000만 원, 병이 500만 원의 배당을 받을 수 있다.

소액임차인 최우선변제권의 판단시점과 최우선변제권의 범위

소액임차인의 범위와 판단 시점은 임대차 계약일이 아니고 임차권보다 앞선 선순위 저당권(말소기준등기)이 설정등기된 날이 판단 시점이다.

임대차 계약일자가 2003년 3월 25일 이고, 저당권 설정일자가 2010년 5월 23일이라면 저당권설정일자인 2010년 5월 23일 이 소액임차인의 우선변제범위의 판단시점 날이 된다.

우선변제권이 있는 소액보증금표

시기 \ 구분	서울광역시(군 지역 제외)	기타 지역
84. 6. 14. ~ 87. 11. 30.	300만 원 이하	200만 원 이하
87. 12. 1. ~ 90. 2. 18.	500만 원 이하	400만 원 이하
90. 2. 19. ~ 95. 10. 18.	2,000만 원 이하 임차인 중 700만 원 한도	1,500만 원 이하 임차인 중 500만 원 한도

95. 10. 19. ~ 2001. 9. 14.	3,000만 원 이하 임차인 중 1,200만 원 한도	2,000만 원 이하 임차인 중 800만 원 한도
2001. 9. 15. ~ 현재	(1) 수도권정비계획법에 의한 수도권 중 과밀억제권역 : 4,000만 원 이하 중, 1,600만 원 (2) 광역시(군 지역과 인천광역시 지역 제외) : 3,500만 원 이하 중 1,400만 원 (3) 그 밖의 지역 : 3,000만 원 이하 중 1,200만 원	
2008. 8. 21. ~ 현재	(1) 수도권정비계획법에 따른 수도권 중 과밀억제지역 : 6,000만 원 이하 중, 2,000만 원 (2) 광역시(군 지역과 인천광역시 지역 제외) : 5,000만 원 이하 중 1,700만 원 (3) 그 밖의 지역 : 4,000만 원 이하 중 1,400만 원	

임대차보호법에서 대항력이란 임차주택의 양수인 또는 경락인에게 임대차관계의 존속을 요구하면서 임차주택을 계속 점유·사용하고 임대차 기한이 만료되면 임차보증금의 반환을 요구할 수 있는 것을 임차인의 대항력이라고 한다. 임차인이 선순위 저당권이 없는 임차주택에 입주를 한 다음 주민등록을 마치면 그 다음날부터 대항력을 갖게 된다.

대항력은 곧 그 주택이 다른 사람에게 양도되거나 처분이 되더라도 새 집주인에게 임차권을 주장할 수 있는 것을 말한다. 주장할 수 있다는 것은 임대기간이 남아 있으면 임대기간까지 살 수가 있고, 보증금을 받을 때까지 살 수가 있다. 만일 들어가 살면서 주민등록을 옮기지 못한 경우 대항력이 없다.

우선변제권이란 경매대금으로 배당 시에 다른 채권보다 우선하여 배당을 받는 권리를 말하는데, 대항력을 갖추고 우선변제권을 가진 임차인은 보증금을 반환받을 때까지 임대차 관계의 존속을 주장할 수 있다. 경매절차에서 대항요건(이사와 주민등록전입)과 주택임대차 계약서에 확정일자를 갖춘 임차인은 다른 채권자들보다 우선하여 보증금을 변제받을 수 있다.

경매절차에서 우선 변제를 받기 위해서는 배당요구 신청을 꼭 해야 한다. 배당요구 신청을 하지 않았을 경우 우선배당을 받을 수가 없다. 이때 선순위 저당권이 없어 대항력이 있는 임차인에게는 매수인이 인수해야 한다. 즉 보증금을 물어주어야 한다. 만일 대항력을 갖춘 임차인이 배당신청을 하였으나 배당에서 임차보증금을 다 지급받지 못했다면 나머지 부분은 매수인이 지급을 해야 한다.

대항력이 없으면 보증금을 돌려받을 수 없다. 그러나 소액임차인의 경우 일정한 금액의 한도에서 우선변제가 이루어진다. 이것을 최우선 변제권이라고 하는데 이때에도 임차인은 배당요구 종기일까지 배당요구 신청을 해야 한다.

(2) 가장 임차인

　채무자 또는 소유자와 결탁을 한 가장 임차인이 있는 경우가 있다. 이들이 배당절차에서 배당을 받았다면 인도명령 대상인데 배당절차에서 채권자들이 가장 임차인이라는 것을 내세워 배당이의를 해 배당에서 제외되는 경우가 종종 있다.

　임차인이 배당신청을 하였다가 가장임차인으로 의심을 받아 배당에서 제외 되어 배당을 받지 못한 경우와 가장임차인에게 배당이 되어 채권자들이 임차인의 배당이 잘못되었다고 배당이의를 하면서 배당이의 소를 제기한 경우, 배당을 받지 못한 임차인이 배당이의를 하면서 배당이의 소를 제기한 경우 등을 볼 수가 있다.

　두 경우 다 배당이의 재판에서 판명이 날 것이다. 만일 임차인이 승소하여 배당을 받았다면 별 문제가 없다. 그러나 임차인이 가장 임차인으로 판명이 되었는데도 가장임차인이 명도를 해주지 않을 경우 매수인은 가장임차인을 상대로 명도소송을 해야 할 경우가 생긴다.

　흔히 가장임차인들은 채무자 또는 소유자와 결탁을 한 경우가 많으므로 배당요구를 신청하지 않고 끝까지 매수인과 대항하면서 거주하기를 희망한다. 이런 경우 매수인은 가장임차인이라는 것을 밝히면 임대보증금을 내주지 않고 명도를 받을 수 있다.

　　가장임차인의 경우 집주인과 임차인 사이가 밀접하여야 하므로 인척관계에 있는 경우가 많다. 대항력 있는 임차인이 되기 위해서는 최선순위 근저당권보다 임차권이 우선하여야 되므로, 금융기관에 근저당권 설정 당시 임차인이 있었는지를 확인해 본다.

　　가장임차인이라는 의심이 들면 명도소송을 제기해 재판과정에서 임대인과 임차인에게 보증금의 금융거래 내역 자료를 제출할 것을 요구한다. 또 임대인을 증인으로 불러 임대차 계약 당시의 여러 가지 사정들을 물어 보면서 임대인과 임차인을 압박한다.

　　대항력 있는 가장임차인으로 등재를 한 후 배당신청을 하지 않고 있다가 낙찰가격이 많이 떨어진 후 경매를 보려는 채무자들이 많이 있다. 실례로 주민등록의 전입과 확정일자를 말소기준 등기보다 앞인 것처럼 꾸며 집행관현황조사에 신고를 하여 물건명세서상에 대항력 있는 선순위 임차인이 있는 것처럼 보이게 하는 경우이다.

　　조사를 잘 해 가장임차인으로 판명이 된 경우, 낙찰가가 많이 떨어진 후 경매에 참가를 한다면 고수익을 창출할 수가 있을 것이다. 이런 경우 임차인은 배당신청을 하지 않고 기다렸다가 지인을 통하여 경매를 본다. 또 임차인으로 되어 있는 사람도 채무자의 인척이나 잘 아는 사람이다. 가장임차인으로 판명된 경우 매수인 입장에서는 임차보증금을 감안해서 매수를 하였는데 보증금을 내주지 않아도 되니 그만큼의 이득을 본 셈이 된다.

감정가 5억인 아파트가 계속 유찰되어 정밀분석을 해 보니 은행에 근저당권 2억이 설정되어 있고, 가압류가 여러 개 들어와 있는데 총 가압류 금액이 10억이 넘었다. 집행관의 현황조사보고서에 '보증금 3억인 임차인 있음'으로 되어 있었다.

그런데 이상하게도 임차인이 배당요구 종기일까지 배당신청을 하지 않고 있었다. 법원에서 작성된 물건명세서에는 '임차인 있음, 전입신고 및 확정일자 있음'으로 고지가 되어 있었다. 전입일과 확정일자를 확인한 결과 은행의 2억 설정 일자보다 빨랐다.

경매신청인은 은행이었다. 결국 매수인이 보증금 3억을 인수하여야 할 물건이었다. 2억에 낙찰을 봐도 보증금 3억을 내주어야 아파트를 인도받을 수 있으니 감정가 5억이 다 들어 선뜻 경매를 보려고 나서는 사람이 없었다.

2번 유찰이 되었고, 3번째 기일의 2억 9천5백이 최저낙찰가였다. 잘만 하면 고소득을 올릴 수 있다는 기대에 아파트 주변을 열심히 다니면서 아파트에 누가 거주하는지를 알아내려고 부단히 노력한 결과, 아파트에는 소유자인 부부와 아들 딸 네 식구가 살고 있다는 것을 알아냈다.

2억 원의 대출을 해 준 은행을 찾아가 대출당시 담당자를 어렵게 만나보니, 당시 대출 시에는 임차인이 없는 것으로 알고 2억 원을 설정한 후 1억 5천만 원을 대출해 주었는데 경매과정에서 느닷없이 보증금 3억 원을 들고 나와 주민등록등본과 확정일자 있는 임대차 계약서를 내놓았다는 것이다.

  아직은 문제가 없지만 은행에서 대출해 준 금액의 회수가 어려울 때는 가장 임차인이라는 이의를 제기할 계획이라고 했다. 이에 자신을 얻은 매수예정자는 3차 기일에 2억 9천 5백만 원보다 5백만 원이 많은 3억 원을 써 넣어 단독 입찰인이 되어 낙찰을 받았다.

  낙찰대금 전액을 지급한 매수인은 소유자인 김모 씨를 상대로 법원에서 인도명령을 받아 집행에 나섰다. 그러자 임차인이 나타나 그곳 아파트에는 자신이 살고 있고 대항력을 갖추고 있다는 주장을 하면서, 소유자 김모 씨는 인도명령 대상이지만 자신은 대항력이 있어 명도할 이유가 없다고 나섰다.

  이에 매수인은 이 아파트에는 소유자 가족이 거주하고 있었고, 임차인은 가장 임차인이므로 입찰방해죄로 고소를 하겠다는 통지와 건물명도 소송을 제기하였다. 그러자 임차인이 변호사를 선임해 소송에 임하겠다고 하여, 매수인은 여유롭게 그렇게 하시라고 하였다. 며칠 후 임차인이 전화가 와 좀 만나자고 하여 만났더니 골치 아프게 할 것 아니라 서로 양보를 해 해결을 보자고 하면서, 자신이 절반을 손해 볼 테니 1억 5천만 원을 달라고 요구하였다.

  3억 원에 경매를 봤는데 1억 5천을 주고 나면 별로 득 될 것이 없다면서 거절하자 또 다시 화를 내면서 헤어졌다. 또 다시 며칠이 지난 후 만나자고 하여 만날 필요가 없다고 하니 이사 갈 집이 없다며 애들하고 살려면 방 한 칸이라도 얻어야 할 것이 아니냐고 하소연하였다. 만나 본 결과, 임차인과 소유자가 함께 나와서 통사정을 하면서 네 식구가 거주할 수 있는 공간을 마련할 수 있도록 해 달라며 1억 원 정도를 요구하였다.

  1억을 주면 4억에 매수한 것이 되는데 5억을 받아도 1억이 남고 세금을 제하고 나면 5천만 원 정도의 수익을 올릴 수 있어 가장 임차인 덕분에 단기간에 5천만 원을 벌었다는 생각에, 소유자에게 각종 세금과 비용을 제하고 나면 별로 남는 게 없다는 8,000만 원을 주기로 하고 명도를 받기로 하였다.

  그런데 며칠이 지난 후 다시 연락이 와 이 아파트를 자신에게 4억 2천에 팔라는 것이 아닌가? 짧은 기간에 공인중개사 수수료도 없이 큰 수익을 남길 수있다 싶어 그렇게 하기로 하였는데 소유자가 이사를 갈 필요는 없지만 어려운사정을 이야기하면서 이사 비용조로 천만 원을 요구해 결국 4억 1천만 원에매도를 하여 1억 1천만 원의 수익을 올렸다. 만일 인정사정 없이 명도소송을진행하였으면 어떻게 되었을까? 시간이 좀 걸리고 소송비용이 다소 들었겠지만 더 큰 이득을 남겼을 것이다.

  특히 임차인이 있는 주택을 선택해 입찰을 하려는 경우 임차인들이 배당신청을 하였는지 잘 살펴보아야 한다. 배당신청을 한 경우는 큰 문제가 없으나, 만일 배당신청을 하지 않았다면 대항력 있는 임차인에게는 임차보증금을 매수인이 부담하여야 한다.

  결국 우리는 경매로 부동산을 취득해 처분을 하든지 보유를 하든지 수익을 남기는 것을 목적으로 하고 있다. 그렇다면 임차인을 상대로 가장임차인이라고 하면서 명도소송까지 할 것이 아니라, 명도소송 전에 여러 가지 방법으로 임차인이 스스로 임차주택에서 나가도록 하는 게 최선의 방법이다.

  입찰 전에 관할 동사무소에 들려 전입세대열람과 경매기록, 경매물 답사를 통해 임차인이 있나 확인해 보고, 있다면 배당요구 종기일 전에 배당요구를 하여 배당금에서 임차보증금을 받을 수 있도록 협조를 구하는 게 상호간에 좋다.

주택임차인의 경우 주택임대차보호법이 있어 주택임차인에 대한 사회적 약자의 입장에서 보호를 받아 왔다. 반면 상가임차인은 보호를 받을 수 있는 법안이 없어 경제활동에 상당한 어려움이 있었다. 이에 2001년도에 상가건물임대차보호법이 제정되어 2002년 11월 1일부터 시행이 되고 있다.

적용대상

주택임대차보호법의 적용은 주택이어야 한다고 규정하고 있듯이 상가건물임대차보호법의 적용대상은 상가건물이어야 한다. 상가건물인지의 판단은 건축물관리대장이나 등기부등본에 나타나는 공부상의 표시만으로 판단하는 것이 아니라, 임차인이 관할세무서장에게 사업자등록을 신청하였는지와 임대차의 목적, 건물의 구조, 임차인이 임차한 건물이 상행위에 사용되고 있는지 등을 종합적으로 고려해 상가건물임대차보호법의 대상인지를 판단한다.

상가건물임대차보호법은 일정범위 내의 보증금에 해당하는 경우에만 적

용이 된다. 즉 주택임대차보호법은 보증금의 상한이 없지만 상가임대차보호
법은 보증금의 상한이 있다.

서울특별시	2억 4천만 원
수도권 중 과밀억제권역	1억 9천만 원
광역시(인천, 군 제외)	1억 5천만 원
기타 지역	1억 4천만 원

보증금 외의 차임은 1/100의 비율을 곱한 금액에 보증금액을 합산하여 그
금액을 보증금으로 한다.

즉 보증금이 5,000만 원이고 월세가 50만 원인 경우 보증금 5,000만 원
과 월세를 보증금으로 환산한 금액 5,000만 원을 합쳐 1억 원으로 본다. 이
경우 보증금 상한제도에 걸리지 않아 전국 어디에서나 보호대상이 된다.

주택임대차보호법은 법인에는 적용되지 않으나 상가건물임대차보호법은
법인에도 적용이 되어 보호받을 수 있다.

대항력

대항력의 의미는 주택임대차보호법상 대항력의 의미와 같다. 즉 상가임
차인이 건물의 인도와 관할세무서에 사업자등록을 신청한 때에는 제3자에
대항력을 가져 임차인은 상가건물의 양수인에 대하여 자신의 임대기간을
주장할 수 있고, 임대보증금을 반환받을 때까지 상가건물을 명도해 주지 않
아도 된다. 여기서 사업자등록이 완료된 때가 아닌 사업자등록을 신청한 다

음날부터 대항력이 발생한다.

임차인이 빌린 상가건물이 경매로 넘어가는 경우 임차인이 매수인에게 대항력을 행사하려면, 임차인이 상가건물의 인도와 사업자등록신청을 마쳤다 하더라도 임대차보다 앞선 저당권, 전세권, 담보가등기, 가압류 등이 없어야 한다. 만일 위와 같이 앞선 등기가 있다면 매수인에게 대항할 수 없다.

상가건물임대차보호법에서도 주택임차권 등기제도와 같이 상가건물임차권 등기를 신청해 임차권 등기를 한 후 대항력을 보유한 상태에서 이사를 할 수 있다.

확정일자부 상가임차인

상가건물의 임차인이 건물의 인도와 관할세무서에 사업자등록신청을 마친 후 임대차계약서상에 확정일자를 받았다면, 임차인은 상가건물이 경매로 처분이 될 때 후순위 권리자보다 우선변제를 받을 수 있다. 이는 주택임차인이 대항력과 확정일자를 갖춘 경우와 똑같다.

확정일자를 해 주는 곳은 사업자등록 신청을 한 관할세무서이다. 관할세무서에 사업자등록 신청을 하면서 임대차계약서상에 확정일자를 받아두면 편리하다.

경매절차에서 확정일자부임차인은 배당요구 종기까지 배당신청을 하여야 하고 건물의 점유와 사업자등록 신청의 요건을 배당요구 종기까지 유지하여야 우선변제를 받을 수 있다.

상가건물임대차보호법 제8조는 '임대차는 경매에 의하여 소멸되나 보증금이 전액 변제되지 아니한 대항력 있는 임차권은 소멸되지 아니한다' 라고 규정하고 있다. 따라서 대항력과 우선변제권이 있는 임차인이 우선변제를 받기 위해 배당신청을 한 경우 배당절차에서 전액을 받지 못한 확정일자부 임차인은 배당받지 못한 나머지 금액을 매수인으로부터 받을 수 있다. 이는 주택임차인과 동일하다.

대항력을 갖춘 상가임차인의 보증금이 1억인데 배당절차에서 8,000만 원을 받고, 받지 못한 나머지 2,000만 원이 남아 있다면 매수인에게 2,000만 원을 받을 수 있다. 따라서 매수인은 2,000만 원을 인수한다는 계산으로 입찰을 하여야 한다.

상가건물의 소액임차인은 토지를 포함한 임대건물의 매각대금의 1/3의 범위 내에서 우선변제가 인정되어 매각대금이 적을 시 상가건물의 임차인들이 어려움에 빠질 수 있다. 그러나 확정일자부임차인은 매각대금 전액에서 우선변제를 받을 수 있다.

보통 상가건물에는 여러 명의 임차인이 있는데 이들의 우선순위는 대항요건 및 확정일자를 최종적으로 갖춘 날짜순으로 우선순위가 정해진다.

확정일자부 임차인과 다른 담보권자 등과의 관계에서는 담보권 등기일자와 상가임차인의 건물의 점유일자, 관할세무서 사업자등록신청일자, 확정일자를 받은 날을 비교해 어느 일자가 먼저인지를 보고 우선순위를 정한다.

소액 상가임차인 및 우선변제권의 범위

건물의 인도와 사업자등록을 마친 소액임차인에게 우선변제권을 인정하여 일정액의 보증금에 대해 우선변제가 되도록 해 소액임차인을 보호하고 있다. 우선변제권이 인정되기 위해서는 보증금이 상가임대차보호법이 정한 소액이고, 경매개시결정등기(압류) 전에 대항요건을 갖추고, 배당요구 종기까지 배당요구를 하고 배당요구 종기까지 대항요건이 유지되어야 한다.

확정일자 없는 소액상가임차인은 건물의 매각대금에서 1/3의 범위 내에서만 우선변제권이 있다. 소액임차인이 여럿일 경우 그들 상호간 순위는 대항요건의 취득시기에 관계없이 동일 순위로 본다. 매각대금 1/3의 범위 내에서 소액임차인들에게 돌아갈 우선변제의 금액이 부족할 경우 보증금액 비율로 안분해서 배당한다.

상가건물의 경매와 임차인의 지위

지　　　역	임차보증금의 범위	최우선변제금액
서울특별시	4,500만 원	1,350만 원
수도권 중 과밀억제권역	3,900만 원	1,170만 원
광역시(군 지역과 인천 제외)	3,000만 원	900만 원
기타 지역	2,500만 원	750만 원

※ 대항력 있는 임차인(건물의 인도와 사업자등록신청)과 매수인

선순위 말소기준 등기가 있을 때 = 매수인 보증금을 지급할 필요가 없다.

선순위 말소기준 등기가 없을 때 = 매수인 보증금을 지급해야 한다.

※ 확정일자 부 임차인(건물의 인도와 사업자등록신청, 확정일자)과 매수인

선순위 말소기준 등기가 있을 때 = 매수인 보증금을 지급할 필요가 없고, 임차인은 배당순위에 따라 배당되고, 배당받지 못한 금액이 있더라도 나머지 금액을 매수인이 지급할 필요가 없다.

선순위 담보권이 없을 때 = 임차인이 배당요구를 하지 않은 경우 매수인이 전액을 지급해야 하고, 배당요구를 한 경우 배당에서 전액지급을 받지 못한 임차인에게는 나머지 잔액을 매수인이 지급해야 한다.

※ 소액임차인(건물인도와 사업자등록신청)은 선순위 말소기준 등기가 없을 때 소액보증금의 범위 내에서 우선배당을 받고 나머지 금액에 대하여는 매수인이 지급하여야 한다.

여기에서 만일 소액임차인이 확정일자를 받았다면 배당에서 전액을 배당받았을 것이다. 그러나 확정일자를 받지 못한 관계로 소액보증금만 배당받고 나머지 보증금을 받지 못한 경우 매수인이 지급해야 한다.

선순위 말소기준 등기가 있을 때 임차인이 배당받지 못한 배당금에 대하여 매수인이 지급할 필요가 없다.

상가임대차보호법의 임차인 보호규정

※ 임차인은 최대한 5년 동안의 임대기간을 유지할 수 있다. 임차인이 임대차기간 만료 전 6개월부터 1개월 전까지 사이에 계약기간의 갱신을 요구하는 경우 임대인은 특별한 사정이 없는 한 거절하지 못한다. 임차인의 계약갱신 요구권은 최초의 임대차 기간을 포함해 전체 임대차 기간이 5년을 초과하지 않는 범위 내에서 행사할 수 있다.

※ 임대인이 보증금 또는 임대료를 인상하는 경우 청구 당시의 보증금 또는 임대료에서 1/100의 금액을 초과하지 못한다. 또 1년 내에는 반복해서 증액하지 못한다. 보증금이 1억 5천만 원이었다면 1억 5천만 원의 12%인 1,800만 원을 초과할 수 없다.

※ 보증금의 전부 또는 일부를 월세로 전환하는 경우 월임대료 전환 시 산정률은 연 15%를 초과할 수 없다. 보증금이 1억 5천만 원이었는데 5천만 원을 임대료로 전환할 경우 1년 임대료는 750만 원을 넘을 수 없다.

Part 3

물건분석

우선 선정된 대상물의 등기부를 보고 취하 가능성이 있는 물건이 아닌지 분석해야 한다. 대상물을 선정해 많은 경비와 시간을 들여 조사를 해 놓았는데 경매가 취하된다면 공염불이 되고 만다. 따라서 등기부에 나타난 총 채권액과 감정가를 비교해 총 채권액이 감정가보다 크면 취하 가능성이 낮고, 총 채권액보다 감정가가 크면 취하 가능성이 높다.

또 공과금에 의한 압류되어 있는 물건도 취하 가능성이 낮다. 소액의 각종 세금을 못 낼 정도이면 채무자의 재무상태가 그리 좋은 편이 아니라고 보아 변제능력이 없다. 등기부에 가압류가 많이 올라 있는 것도 취하가능성이 낮다. 가압류가 많다는 것은 부채가 많기 때문이다.

취하 가능성이 있는 물건은 채권액이 5,000만 원인데 부동산의 시세는 2억인 경우와 같이 채권액에 비해 부동산시세가 월등이 높은데도 계속 유찰이 되는 물건을 종종 볼 수 있다. 이런 경우 입찰자가 있으면 채무자 입장에서는 변제를 하게 될 것이다. 5,000만 원 때문에 2억짜리 물건을 날릴 리가 없다.

경매대상의 물건이 선정되었으면 그 물건에 대한 철저한 분석이 필요하다. 입찰하려는 부동산의 최저매수 가격과 그 지역의 매매동향, 시세를 분석하고 매수 후 임대를 목적으로 할 경우 임대가를 확인하여야 한다.

매매할 목적이라면 현 시세와 급매물로 내놓을 시세도 조사를 해야 한다. 각 물건마다 복잡 다양한 물건의 내용들을 분석을 통해 문제점을 찾아 해결한 후 입찰에 응해야 한다. 물건분석 방법에는 지역분석과 개별분석이 있다.

지역분석이란 입찰대상으로 선정된 부동산이 어떤 지역에 속하고, 그 지역은 어떤 특성을 가지고 있는지, 그 지역적 특성은 선정된 부동산에 어떤 영향을 미치는지가 분석하는 것이다.

경매로 취득한 부동산을 어떠한 용도로 사용할 것인지, 취득 후 처분 시 어떤 용도를 내세워 고가로 매도할 것인지 분석이 되어야 한다. 선정된 물건이 대지인 경우 상가 등을 지으려면 부근이 상업권이 살아 있는 지역인지와 건축법상 제한이 없는지를 알아보고 입찰에 응하여야 한다. 또 숙박시설을 지으려면 행정관서에 허가과정을 알아보아야 한다.

개별분석이란 입찰대상으로 선정된 부동산의 개별적 요인인 면적, 모양, 고도, 일조권, 접근성과 교통의 편의, 공공시설 등 주변의 여건을 말한다. 지역분석이나 개별분석이 잘 이루어져야 성공하는 투자가 된다.

아파트는 주거생활이 편리할 뿐만 아니라 환금성이 높다. 역세권이나 교통이 편리하고 주거생활이 안락한 곳이라야 매도 시 매수인을 찾기 편하고, 단기에 고수익을 올릴 수 있다.

즉 어느 아파트의 현 시세가 5억 5천인데 경매의 감정가가 5억이 나왔고 한 번 유찰이 이루어진 후 30% 절감이 되므로 최저가가 3억 5천이었는데 4억에 입찰해 낙찰이 되었다면 현 시세보다는 1억 5천만 원 정도 저렴하게 매수를 한 것이다.

매수인이 조기에 처분하여 현금화하여 다른 경매물건에 투자 계획이 있어 처분을 원할 경우, 현 시세인 5억 5천만 원보다 천만 원만 낮추어 5억 4천만 원에 내놓으면 금방 매매를 할 수가 있다.

결국 매수인은 매수신청부터 매매까지 두서너 달 사이에 각종 공과금을 제하고도 상당한 수익을 얻을 수 있고, 이런 면에서 아파트는 환금성이 빠르고 수익이 안정적이다. 또 전세를 놓아도 3억 정도 받을 수 있으니 1억 원이 투자된 셈이 된다.

아파트를 물건으로 선정하여 물건분석 시에는 다음 몇 가지 사항을 고려하여야 한다.

소형아파트일 경우 바쁜 젊은 세대들에게 인기가 있으므로 지하철 등 대중교통 편의를 고려해야 하고, 세대수가 많은 대단지일수록 생활편의 시설이 잘 갖추어져 있으므로 대단지의 아파트를 선정하는 것이 전세나 매매를 하기에 좋다. 단지 내에 유치원, 초, 중, 고 교육시설과 병원들이 들어서 있고, 탁 트인 조망권을 갖추고 있으면 더욱 좋다.

입찰 전에 현장방문을 통해 아파트의 위치와 부대시설 등을 확인하고, 관리비 등의 연체는 없는지도 관리실을 통해 확인해 본다. 관리비가 연체되어 있다고 하더라도 크게 문제될 것은 없다. 단지 관리실을 통해 그 아파트 상태 등을 알아볼 수 있다.

종전에는 재건축이 진행 중인 아파트의 인기가 좋았는데, 현재 지방은 재건축이 어려운 상태라서 보유를 하든 매도를 하든 깨끗한 신규 아파트가 전망이 좋을 것이다.

또 아파트가 경매로 나온 경우, 비어 있는 경우이든 살고 있는 경우이든 경매에 나온 아파트의 관리비를 제대로 납부한 경우가 드물다. 관리비는 사용자가 지불하는 것이 원칙이지만 체납된 경우 분쟁의 소지가 있고 그 금액도 상당히 큰 경우가 많다.

경매 전에 부과된 관리비를 매수인이 부담을 해야 하느냐에 대해서는 논란이 있어 왔다. 관리사무소에서 관리비가 정리되지 않으면 아파트 열쇠를 줄 수 없다는 입장을 취한다면 어쩔 수 없이 남의 관리비까지 납부해야 한다.

최근 대법원 판례는 공용주택의 새 입주자는 공용부분에 대한 체납관리비만 부담하면 되고 전유부분에 대한 체납관리비는 부담할 필요가 없다고 판결하여, 새 입주자는 공용으로 사용된 부분만 부담하고 아파트 내에 대한 관리비는 부담을 할 필요가 없게 되었다. 혹 관리사무소에서 잘 몰라 납부를 종용한다면 대법원 판례를 설명하면서 공용부분과 전유부분을 구분하여 부과하여 줄 것을 요구하여야 한다.

　현재까지는 단독주택이 인기가 없었으나 초고층 아파트의 증가로 단독주택의 인기가 날로 높아가는 추세이다. 그렇기 때문에 경매에서도 단독주택을 눈여겨 볼 필요가 있다. 인기가 더하는 만큼 입찰자도 차츰 늘어날 수 있기 때문이다. 단독주택의 장소와 주위환경을 잘 조사해야 매수 후에 낭패를 보지 않는다.

　단독주택의 입찰의 경우 10년이 넘은 건축물은 경매가격에 넣지 말고 대지만 경매가격으로 잡아서 입찰하는 게 옳다. 장소와 주위의 환경에 따라서 건물을 헐고 새로운 건물을 건축할 수도 있고 리모델링을 통해 새로운 모습으로 바꾼 후 비싸게 팔 수도 있다.

　단독주택의 점검 사항은 접근로(도로상황), 주차 공간, 남향(일조량), 건축년도 등과 건폐율, 용적률을 조사해 증축이나 개축이 될 수 있는지를 알아보아야 한다.

즉 단독주택의 경매물건이 주거환경이 좋고 교통이 편리한 곳이고 평수가 넓다면 싼 가격에 입찰을 해 원룸, 투룸 등을 건축해 좋은 가격에 매도할 수도 있고, 장기보유로 임대소득을 올릴 수가 있을 것이다. 임대소득을 올리다가 적당한 매수자가 나타나면 매도하면 될 것이다. 모두들 오래된 단독주택의 입찰은 꺼리는데 유독 100평이 넘는 단독주택을 찾아 70% 정도의 가격에 매수를 해 새로 집을 지어 팔아 수익을 올리는 사람들도 있다.

단독주택의 위치와 주위환경에서 오는 것이니 물건분석을 잘 한다면 좋은 성과가 있을 것이다.

　다가구주택이 경매에 나오는 경우 임대관계가 복잡한 경우가 많다. 여러 세대가 살다 보니 임대관계뿐만 아니라 공과금문제, 주차장문제 등 여러 가지 복잡한 문제가 있을 수 있다.

　경매에 입찰하기 전에 상세한 정보를 알아보고 입찰에 임하여야 한다. 특히 명심할 것은 문제가 복잡할수록 관심이 적고 입찰자도 없어 싼 가격에 입찰을 할 수 있다는 것이다. 경매에서 보통 다가구주택은 반값이라 하여 투자에 매력을 가지고 있는 경매꾼들이 많다. 또 유찰을 여러 번 시켜 싼 가격에 경매를 보려고 나쁜 소문을 내는 경우도 있다고들 하는데, 꼭 그렇게까지 하면서 경매를 볼 필요가 있나 하는 생각이 든다.

　다가구 주택의 입찰 시에는 임차인들이 매수인에게 대항력이 있나 없나에 대한 권리분석이 철저해야 한다. 워낙 여러 가구가 살다 보니 들어왔다가 금방 나간 사람, 오래 살고 있는 사람, 주민등록전입이 없는 사람 등에 대한 철저한 조사가 필요하다. 이 권리분석이 확실히 끝나지 않은 상태에서 입찰에 응하면 낭패를 볼 수 있다.

임차인들과의 관계만 잘 정리된다면 싼 가격에 매수해 리모델링이나 용도변경으로 높은 수익을 얻을 수 있다. 기존의 임차인들은 새로 계약을 맺어 살게 할 수도 있고 그동안 경매에 찌든 다가구주택을 깨끗하게 리모델링해 비싼 가격에 새로 임대를 놓을 수도 있다. 아파트 부근일 경우 확 털어내고 상가를 만들어 학원으로 임대할 수도 있다. 하여튼 다가구주택으로 재미를 보는 분들이 많으니 관심을 가져보기 바란다.

즉 주위의 환경에 따라 다가구주택을 상가건물이나 독서실, 목욕탕, 학원 등으로 바꿀 수 있다. 이렇게 수리를 해 일정한 수익을 올릴 수 있도록 해놓은 다음에 매수인을 찾아 매도를 하면 고수익을 얻을 수가 있고, 현재 이런 방법을 통해 고수익을 올리는 사람들이 늘고 있다.

연립주택 및 다세대주택은 재개발, 재건축에 대한 기대심리가 높아 경매 시장에서도 수도권을 중심으로 인기가 높다.

재건축이 가능한 곳, 임대주택이 될 만한 곳, 교통이 편리한 지역의 물건은 상한가에 낙찰되는 경우도 있다. 그러나 연립주택은 아파트와 달리 기준이 되는 매매가가 없어 가격의 산정에 많은 어려움이 있다.

연립주택을 물건으로 선정을 하였다면 반드시 현장방문을 통해 주변매매가를 확인한 후 수익성을 따져 봐야 한다.

현장방문 시에는 주변의 사람들에게 시가 등을 문의해 보고 옆의 공인중개사 사무실에 들러 매매가 등을 알아보아야 하는데, 한 곳이 아닌 세 곳 정도의 공인중개사 사무실에 알아보아야 내용을 제대로 알 수가 있다.

왕초보가 연립주택이나 다세대주택 경매에 참여하여 돈을 벌려고 한다면 다음과 같은 점을 고려해야 한다.

마을에서 동떨어진 연립주택은 피해야 한다. 그러나 대학가 주변, 지하철 역세권 지역, 업무용 사무실이 밀집한 지역의 연립주택이나 다세대주택은 적극 검토할 필요가 있다.

이런 곳의 연립주택이나 다세대주택은 재건축이나 리모델링을 통해 임대 사업하기가 좋기 때문이다. 또 다세대주택이나 연립주택의 경우 주위환경을 고려해야 한다.

연립주택도 아파트 같이 오래된 곳은 재건축하기 마련이다. 따라서 수도권의 재건축 가능성이 높은 연립주택을 노린다면 고수익을 창출할 수도 있다.

상가 및 근린생활시설이란 수익성 부동산을 말하는 것으로, 임대사업을 하기에 적당해 경매를 통해 수익을 얻으려는 사람들이 가장 관심을 많이 가지는 물건이다.

소규모의 근린생활시설을 이용해 임대수익을 얻으려는 사람들에게는 가장 인기가 좋은 상품이다.

특히 서울의 주택을 처분해 10억 원 안팎의 자금을 마련해, 공해에 찌든 서울을 떠나 환경이 좋은 수도권 근처인 천안, 안산 등지의 대지 100평 내외의 3, 4층 건물을 매입, 1층은 상가, 2층은 학원, 3층은 사무실, 4층은 주택으로 사용하면서 아래층의 건물을 관리해 그곳에서 얻은 임대수익으로 노후를 넉넉하게 보내려는 사람들이 많다.

상가는 수익성 부동산으로서 다른 부동산과 달리 임대수익을 얻을 수 있어 적은 비용으로 큰 수익을 얻을 수 있는 장점이 있다.

수도권 근처가 아니라도 3, 4층짜리 건물을 경매로 매수해 상가로 만들어 보유하든지 처분함으로써 고수익을 낼 수 있으니 많은 관심을 가지기 바란다.

기존의 주택단지에 재개발로 아파트단지가 들어섰거나 다른 요인이 있을 경우 단독주택을 경매로 매수 상가로 만들어 고수익을 얻을 수 있다. 그러나 물건분석이 잘못되면 상당히 오랜 기간 묶일 수 있다는 점에 유의하기 바란다.

고수익을 위해서는 물건 선정 시 주택의 단지 내에서 사람들의 통행이 가장 빈번한 동네입구 쪽을 선택하여야 한다. 또 건물의 노후 상태에 따라 리모델링비도 감안해야 하며 주변 상가로서의 여건도 봐야 한다.

유동인구가 많은 역세권이나 시장 안이면 더 좋을 것이다. 주변에 대형 건물이 있고, 임대광고가 많이 붙어 있는 건물과 대형마트가 있는 곳은 상가로서의 역할을 기대하기 어려우므로 피하는 게 좋다.

　도시의 생활에서 벗어나 농촌에서 농사를 지으며 자연과 더불어 살아가려는 사람들이 남녀노소를 불문하고 차츰 늘어가는 추세다.

　그런 관계로 농지의 가격이 주변의 환경에 따라 많은 차이를 보이고 있다. 접근성이 있고 주변의 풍광이 좋은 곳은 평당 몇 십만 원 하는 곳이 있는가 하면 몇 만 원짜리도 허다하다. 경매에 나오는 물건이 아니더라도 잘만 고르면 고수익을 낼 수 있는 게 농지이다.

　자금이 넉넉하다면 정말 권해 보고 싶은 게 농지와 임야이다. 농지와 임야는 경매에서 거의 절반 가격에 매수를 할 수 있다. 그러나 처분기간이 상당히 길 수가 있어 자금회수에 몇 년이 걸릴 수도 있다. 따라서 자금사정이 넉넉하지 않은 분은 여러 가지를 고려해 봐야 한다.

　농지를 구입하기 위해 몇 가지 주의할 점은 농지의 매수는 투자자의 입장이 아닌 실수요자의 입장에서, 매수자 본인이 전원생활을 한다는 관점에서 보아야 실패를 하지 않는다는 것이다. 서울, 즉 대도시에서 1시간 이내에 도착이 가능한 곳이 좋다. 멀어도 서울에서 1시간 30분 이내에 도착이 가능한 곳이어야 한다. 또 전철역에서 내려 차로 10~20분 이내에 도착이 가능한 곳이면 장래성이 있다고 판단된다.

농지가 맹지가 아니고 도로와 연결되어 있어야 한다. 농지에 접근할 도로가 없으면 건축허가가 나지 않는다. 그러나 농지의 주변에 구거가 있다면 구거를 통해 농어촌기반공사나 시,군청의 허가를 얻어 도로를 낼 수도 있다. 그런데 구거를 횡단하는 가로로의 도로는 허가를 받기가 쉬우나, 구거를 따라 종단하는 세로로의 도로는 허가를 받기가 어렵다. 맹지이나 꼭 마음에 드는 농지가 있다면 농어촌기반공사나 관할 시, 군청에 문의를 해 보고 난 후 입찰에 응하는 게 현명한 방법이다.

지대가 높아 물이 잘 빠지고 한눈에 시골의 전원을 만끽할 수 있는 곳이어야 한다. 주변에 인구 10만 정도의 도시가 있고 그 도시에서 택시로 20분 이내에 도착할 수 있는 곳이 좋다.

또 주변에 개천을 끼고 항상 물이 흐르는 곳이면 금상첨화일 것이다. 절대농지의 경우 용도변경이 어려우므로 건축하기에 법적으로 제한이 없는지, 관리지역인지 잘 살펴야 한다. 지상에 분묘가 있어 집을 짓기가 어렵거나 건축물이 있어 법정지상권 성립이 될 우려가 없는지도 잘 살펴야 한다.

접근이 용이한 도로가 있고, 지대가 높으며, 옆에 개천이 흐르는 풍광이 좋은 농지라면 누구든 탐을 내고 있으므로, 경매로 싼 가격에 매수를 해 전원주택단지로 개발을 하든지, 매수자를 기다렸다가 그냥 처분을 해도 고수익을 창출할 수 있다. 열심히 발품을 팔아서 좋은 자리를 잡는다면 전원생활을 하면서 큰 수익도 얻을 수 있을 것이다.

농지를 취득할 경우 농지취득 자격증명을 받아야 하는데, 현재 농사를 짓겠다는 확인만 하면 전국 어디에서나 농지취득자격증명을 받을 수 있으나, 입찰 전에 해당 농지가 있는 읍, 면 사무소에 문의를 한 후 입찰하기 바란다. 일반적으로 300평 이하의 농지는 영농계획서 제출 없이 누구나 신청만 하면 발급을 받을 수가 있고, 그 이상일 경우 영농계획서를 작성하여 제출하여야 한다.

농지취득 자격의 가장 중요한 점이 직접 경작을 하여야 한다는 것이다. 한 마디로 농지를 구입해 놓고 놀려서는 안된다는 것이다. 농지는 보통 1,000평 정도로 구성이 되어 있다. 300평 이하의 농지를 구하기는 어려우므로 영농계획을 잘 세워 보기 바란다.

요사이 농촌 주변에 보면 대도시 사람들이 위치 좋은 곳에 1,000평 정도의 농지를 구입해 20평 정도의 건물에 침실 2개와 거실, 자그만 서재까지 갖춘 아담한 농가 주택을 짓고, 산딸기, 매실, 오가피, 오미자, 도라지, 더덕 등 온갖 식물을 다 심어 가꾸면서 도심과 전원을 오가며 오붓한 노후생활을 하는 분들이 많아졌다.

어떤 분들은 도시의 주택을 전세 놓고 농촌으로 가 멋진 진돗개 한 쌍과 부부 이렇게 두 쌍을 이루어, 해뜨기 전 두 시간 해진 후 두 시간 밭일을 하면서 밭둑에 설치된 스피커에서 흘러나오는 나훈아의 '강촌에 살고 싶네'를 들으며 농사일로 건강을 유지하면서 행복한 노후를 보내기도 한다.

닭장에는 여러 마리의 암탉이 알을 낳고, 냇가에는 오리들이 헤엄을 치고, 집 옆에 만든 연못에서는 붕어와 메기 등 온갖 종류의 물고기가 살고, 염소까지 기르며 반가운 손님이 오면 촌닭을 잡거나 연못에 물고기를 잡아 대접하고, 흥이 나면 노래방 시설이 되어 있는 방에서 노랫가락으로 시름을 달래는 품위있는 농촌생활을 하는 분도 있다.

양지 바른 언덕 위에 가묘를 해 두어 자신의 묘소를 준비해 둔 분도 있다. 값이 싼 농지를 경매로 취득해 농사 짓는 김 서방이 되어 대자연과 어우러져 즐기다가 죽어서도 정든 땅에 묻힌다면 참 행복하다는 생각이 든다. 농지를 구입해 전원생활을 꿈꾼다면 먼저 몇 가지 정도를 생각해 봐야 한다. 농지가 100% 맘에 들지 않더라도 구입을 해, 자신이 명당으로 만들어 간다고 생각을 해야 한다.

이 세상에 정자 좋고 물 좋은 곳이 없다는 말과 같이, 다 좋으면 좋겠지만 그런 곳이 잘 없다. 어느 정도 마음에 들면 자신이 만들어 간다고 생각을 해야 한다. 너무 고르다가 다 놓치고 만다.

또 행복한 전원생활을 위해서는 3W(wife, work, water)가 필수적이라는 이야기가 있어 소개할까 한다.

wife : 부인과 같이 해야 한다. 부인은 도심에 있고 남편만 전원생활을 하면 생이별이나 마찬가지다. 또 한쪽은 전원생활을 원하는데 한쪽은 아니면 안 된다.

work : 어떤 농사를 어떻게 지을 것인지 계획이 있어야 한다. 그래야 소일도 되고 자라는 식물과 함께 자연을 만끽할 수 있다.

water : 물이 있어야 한다. 물이 너무 많은 댐이나 강가의 경우 습기가 많아 문제가 있을 수 있다. 그러나 실개천이 흐르고 작은 호수 정도가 보이면 참 좋을 것이다. 물론 생활수가 좋아야 한다.

집을 지을 때도 자금이 풍부하면 모르겠으나 그렇지 않은 경우 너무 넓거나 화려하게 짓지 말고, 부부가 살기에 맞게 부부방 하나에 손님이나 자식들이 오면 잘 사랑방, 거실과 주방 정도로 하고, 좀 더 넓힌다면 작은 서재 정도로 해서 단층으로 20평 정도가 맞다. 넓으면 연료비와 청소에 부담이 되며 한겨울 외에는 온 천지가 집이나 다름없다. 여름에는 원두막을 지어 원두막에서 기거를 하는 사람도 많다.

농지는 한 자리가 보통 1,000평 정도 된다. 큰 것은 2,000평 정도 되는 것도 많다. 가격이 천차만별이니 비싸더라도 제대로 된 농지를 매수하는 것이 보유와 처분 어느 쪽을 택하더라도 장래에 유리하다. 농지의 가격상승이 기대되므로 대도시에서 1시간 정도의 거리 내에 있는 농지에 투자를 하면 후회하지 않을 것이다.

또 우리나라에서 가장 아름답고 경관이 좋은 곳이 강원도 고성 통일전망대에서 동해바다를 끼고 쭉 내려오는 7번 국도 주변이다. 이곳에 고속도로가 개통되지 않아 아직 잠자고 있는 농지들이 많다. 가격도 아주 싸다. 영덕, 울진, 동해, 삼척 지역 등 경관이 좋은 곳을 한두 곳 잡아 두면 머지않아 동해안 고속도로가 개통되면서 복덩이가 되지 싶다.

농지 입찰 시에는 맹지가 아닌지 개발이 가능한지를 꼭 확인해 보아야 한다는 점을 다시 한 번 강조한다. 도로가 없는 맹지이거나, 절대농지인 경우 건축허가에 문제가 있다.

임야는 크기가 방대하다. 경매에 나오는 임야를 보면 산중 오지에 있고, 접근할 길도 없는 임야도 간혹 볼 수가 있는데, 길가의 임야로 접근성이 좋고 개발 가능성이 있는 임야는 농지보다 가격이 높은 경우도 종종 있다.

보존임야의 경우에는 개발이 제한되므로 개발이 가능한 준보전임야를 선택하여야 한다. 또 관리지역인지를 토지이용계획확인서를 통해 잘 살펴보고 관공서에 들러 다시 한 번 개발가능성을 확인한 후 입찰 여부를 결정하여야 한다. 임야의 입지 조건인 산지의 방향, 지세, 지질 등을 확인하기 위해서는 여름보다 겨울이 훨씬 좋다. 여름에는 수목이 우거져 임야의 전체적인 모습을 보기가 어렵다.

보통 임야는 평수가 커 경매로 나와도 관심을 가지는 분들이 적지만 임야만 전문으로 경매에 참가하는 사람도 있다. 싼 가격에 입찰을 해 바로 부동산시장에 내놓았다가 매수자가 나타나면 매도하는 것이다.

임야는 적게는 몇 천 평, 많게는 몇 만 평이 되는데 그 가격 또한 농지와 같이 천차만별이어서 평당 몇 천 원부터 몇 만 원까지 호가하는 곳도 있다. 싼 가격에 매수를 하여 두었다가 풍수지리가를 통해 좋은 묘터 몇 자리를 정해 둔 후 묘터로 매도하여 재미를 보는 사람들도 꽤 있다.

공원묘지의 가격이 상당히 비싼 것을 감안하면 싼 가격에 임야를 매수한 후 묘터로 매매하는 것도 하나의 방법일 것이다. 물건분석을 잘한다면 임야에서 고수익을 낼 수 있다. 또 임야를 전용 대지로 바꾸어 위락시설로도 이용할 수 있다. 접근성이 좋아 승용차 정도가 다닐 수 있는 도로가 있는 고도가 낮은 임야를 선정해 매수한다면 좋은 결과를 얻을 수 있을 것으로 판단이 된다. 전국의 임야를 전문으로 경매를 봐 고수익을 올리는 사람들도 있는데 임야는 투자기간이 길어 자본금이 충분하여야 성공할 수가 있다.

가끔 종중의 임야가 종손 앞으로 명의신탁이 된 상태에서 경매가 나오는 경우가 있다. 이 경우 매수인이 소유권을 취득하는 데 별 무리가 없으나, 명의신탁된 임야에 종손이 근저당권을 설정하여 경매가 들어온 경우 종중원이 원인무효로 소유권 말소소송과 근저당권말소 소송을 하였을 때 근저당권이 원인무효로 말소가 될 경우 소유권을 잃을 수 있으니 주의를 요한다.

　공장이 경매에 나오는 경우가 종종 있는데 공장이 경매에 나올 경우 대지와 그 위의 있는 건축물을 잘 살펴야 한다. 공장으로 사용하기 위해 건물의 옆에 달아서 지은 제시 외 건물들이 많이 붙어 있는 경우가 많다. 이 경우 법정지상권의 성립여지가 있기 때문에 이 제시 외 건축물들이 감정평가에 포함되어 있는지, 입찰자에게 소유권이 넘어오는지를 꼼꼼히 따져 보아야 한다.

　공장의 경우 공장저당법에 의해 담보되는 기계기구 목록이 함께 경매가 되는 경우가 대부분인데 이 기계기구 목록에 따라 기계들이 현존하는지도 따져 보아야 한다. 이 기계들이 리스는 아닌지, 양도담보로 제공이 된 것은 아닌지도 챙겨 보아야 한다.

　공장을 경매로 취득하면 여러 가지로 얻는 것이 많다. 공장을 신축하기 위해서는 토지의 매입과 매입된 토지의 전용 인허가 과정 등 많은 노력이 필요한데 경매로 취득할 경우 이런 시간과 많은 비용을 절약할 수가 있다.

또 기계기구 목록에 따라 기계까지 취득할 수 있고, 공장의 경우 보통 감정가의 절반 가격에 낙찰이 되므로 법률적인 면인 법정지상권 문제 유치권 문제 기계기구목록 문제만 잘 해결하면 고수익을 올릴 수 있는 매력적인 물건이다. 입찰 전에 철저한 물건분석과 권리분석이 있어야 한다.

임대를 놓은 공장이 경매로 나왔을 경우 명도문제에 많은 어려움이 있으니 입찰 전에 임차인을 먼저 만나 임대차 관계와 매수 후 다시 임차인에게 임대를 놓을 수 있는지 등 명도관계를 알아보는 것이 좋다.

공장의 근로자들이 임금이나 퇴직금을 받지 못해 공장을 점거하고 있는 경우도 있는데 이럴 경우 배당요구종기 전이면 법원에 배당요구할 것을 임금채권자들에게 적극 권유해 매각대금에서 우선배당을 받을 수 있도록 권유하여야 한다.

전기세, 수도세 등의 체납으로 단전, 단수는 되지 않았는지, 공장 내 폐기물을 쌓아 놓았거나 매립한 경우는 없는지도 살펴야 한다.

공장을 경매로 매수하는 경우 여러 가지의 이득이 있지만 그에 따른 비용지출도 만만치 않으니 입찰 전에 많은 정보를 얻어 잘 판단하여야 한다.

여관이나 호텔, 목욕탕 등이 경매에 나온 경우 '추락하는 것은 날개가 없다' 는 식으로 낙찰가가 하염없이 떨어지는 경우를 종종 본다.

여관이나 호텔, 목욕탕을 경매를 볼 경우 매수인 자신이 영업을 할 수가 있을까, 즉 경영권을 가져 올 수가 있을까를 많이 우려하기 때문인데 건물의 노후관계나 영업 시 이익 창출 등 물건분석과 가치분석을 잘 해 보고 입찰을 하여야 실패가 없다.

물건분석에서 별 문제가 없어 싼 가격에만 매수를 한다면 나머지 부분은 낙찰 후에 정리할 수 있는 여러 가지 방법이 있다.

그래서 경매에서는 명도가 중요하다고들 하는데 명도도 입찰이 이루어져 새로운 주인이 정해지면 별 어려움 없이 해결되는 것이 또 우리네 인생사다. 명도가 잘 안 될 시 인도명령을 신청하고 손해배상 청구 등 압박을 가해

가면 점유자도 별 수 없이 손을 들 수밖에 없다.

인도명령을 받아 안에 있는 물건들을 집행관이 들어내겠다는데 무슨 방법으로 버티겠는가. 실내에 있는 집기들을 매수인에게 한 푼이라도 받고 팔아야지 밖에 꺼내면 쓰레기가 되어 치우기도 힘들다는 것을 점유자도 잘 알고 있고, 매수인도 집기를 새 것으로 채워 넣으려면 많은 비용이 든다는 것을 알고 있다.

따라서 시간이 흐르면 해결점을 찾게 되고 매수인은 실내에 있는 집기들도 싼 가격에 인수할 수 있게 된다.

특히 여관의 경우 침구류 등을 전 소유자가 가져가 봤자 돈이 되는 물건이 아니므로 새 주인에게 몇 푼이라도 받고 넘기려 하고, 그러다 보면 서로 간에 양보를 통해 절충점이 나와 해결이 될 것이다.

이 정도의 노력 없이는 고수익을 내기 어렵다는 심정으로 인내심을 가지고 대하면 잘 정리가 되고 자신감도 얻게 될 것이다.

명도가 잘 정리되고 난 후 처분을 하든지, 보유를 하든지 여러 가지 형편에 따라 결정하면 될 것이다.

인구 10만 정도의 지방 중소도시 호텔 경매과정을 본 적이 있는데, 감정가격이 70억 원이 넘었는데도 떨어지고 떨어지고 하더니 결국 30억 원 정도의 가격에 낙찰이 되었다. 명도를 받기 위해 싸우다가 결국은 법원에 인도명령을 신청해 인도명령이 떨어지고, 집행관이 안에 있는 물건을 들어내겠다고 하니 합의가 들어와 호텔 안의 모든 집기를 10억에 인수하는 선에서 합의가 되었다. 인도명령이 떨어지기 전에는 호텔 집기와 주방기구를 새 것으로 구입하는 가격으로 30억 원을 요구하다가 응하지 않자 20억 원으로 낮추어졌는데, 매수인이 이에도 응하지 않자 점유자가 마음대로 하라는 식이다. 그러나 비오는 날 집행이 이루어져 집행관이 들어내겠다니 10억 원만 달라고 사정을 해 2억 원씩 5회로 나누어 지급하기로 합의서를 작성하고 명도받았다. 결국 40억 원으로 70억 원짜리 호텔을 산 것이 되었다. 입찰보증금 3억을 제외한 잔대금 27억 원은 은행대출로 처리하였다. 감정가가 70억 원 이었으니 27억 원은 은행에서 금방 대출되었다. 그 후 잘 정리를 해 60억 원에 다시 매도를 하였다는 이야기를 들었다. '인생역전' '행복한 노후' 라는 단어가 나올 만하다. 단기간에 평생 만지기 힘든 거액을 입찰보증금 3억 원을 투자해 만지게 된 것이다. 경매는 어려운 문제가 있을수록 고수익을 올릴 수 있다.

목욕탕의 경우도 마찬가지다. 동네 목욕탕이 경매에 들어올 정도면 얼마나 낡았겠는지 상상을 해 보라. 그런 목욕탕에 입찰자가 있을 리 없고 낙찰가는 하염없이 자꾸 떨어지게 되어 있다.

기존 목욕탕의 리모델링이 아닌 새 목욕탕을 지으려면 쉽지 않다. 건축법이 많이 강화되어 주차장 설치 등으로 비용이 많이 들어 새 목욕탕을 짓기란 매우 어려운 것이 현실이다.

물건분석을 잘해 여건이 맞으면 적정가격에 취득 후 완전 수리해 환경을 바꾸어 동네에서 가장 좋은 새 목욕탕을 만든다면 손님이 들끓을 것이다.

동네목욕탕의 경우 위치만 좋으면 하루 손님이 겨울에는 300명, 여름에는 100명 정도 온다고 한다. 4,000원일 경우 하루 매상이 겨울에는 120만 원 여름에는 40만 원 정도의 수입이 될 것이다. 동네목욕탕이 깨끗하고 분위기가 좋다면 동네사람들은 멀리 가지 않고 자주 이용할 것이다.

평균으로 하루 80만 원을 보면 줄잡아 1년에 3억 원 정도의 수입이 될 것이다. 비용을 제하고 나더라도 1억 원 이상의 순수익이 될 것이다.

그 후 영업실적을 봐 가면서 계속 보유를 하든지 처분 쪽을 택하든지 택일하면 될 것이다. 가장 수익을 올리기 좋은 것이 동네 목욕탕으로 소문이 나 있다.

호텔, 모텔, 목욕탕의 경우 대출이 가능한지를 입찰 전 금융기관에 확인해 봐야 한다. 모텔의 경우 대출이 잘 되지 않는 경우가 많다.

대개의 경우 영업허가권이 승계되나, 혹 모르니 영업허가권의 이전 가능 여부도 구청, 시청에 알아보아야 한다.

또 영업허가가 취소되어 있는 경우도 있는데 이런 경우 구청, 시청에 허가가 다시 날 수 있는지 알아본 후 입찰에 임해야 한다.

리모델링비는 매도 시 과세대상에서 제외되므로 공사비는 철저하게 영수증을 챙겨 두어야 한다.

　퇴직자들이 퇴직금으로 오피스텔을 분양받아 노후자금 계획을 세우는 경우가 많은 것 같다. 경매로 나온 물건도 많이 있다. 신규로 비싼 가격에 분양을 받아 노후자금으로 하는 것보다는, 가격 면에서 저렴하고 성패 여부를 알아볼 수 있는 경매로 나온 오피스텔을 권하고 싶다.

　신규오피스텔의 경우 분양을 위해 홍보가 요란해 성패 여부를 판단하기 어렵다. 그러나 기존에 있는 오피스텔은 그 부근의 공인중개사 사무실을 찾아 매매상담만 해 봐도 금방 알 수 있다.

　또 오피스텔을 경매로 매수할 경우 아파트처럼 거의 가격이 정해져 있어 실패할 확률이 적다. 그러나 실패할 확률이 적은 만큼 수익도 적을 수밖에 없다. 오피스텔은 지방보다는 서울 쪽이 성공률이 높다.

Part 4

가치분석

1. 물건의 입찰가 결정

　물건이 선정되었다면 선정된 물건에 대한 가격분석이 있어야 한다. 수익이 어느 정도 예상되어야 입찰을 결정할 수 있고, 입찰의 가격이 정해지는 것이다. 또 여기서 입찰 후 보유할 것인지 아니면 처분할 것인지, 임대할 것인지, 임대를 할 경우 임대 수익은 어느 정도인지, 처분을 한다면 실거래 시 어느 정도의 가격을 받을 수 있는지, 급매일 경우 시세는 어느 정도인지 전체 비용을 공제하면 수익은 얼마이고 앞으로 몇 년 후 처분을 할 것인지를 정해야 한다.

　입찰가 결정을 위해서는 정확한 목표설정이 우선되어야 한다. 또 현재가치 뿐만 아니라 미래가치도 계산해야 한다. 경매로 매수하는 사람이나 경매로 매수한 물건을 매수하는 사람이나 똑같은 마음이기 때문이다.

　부동산가격은 공시지가 각종 정보사이트 등 여러 가지의 방법으로 알아볼 수 있지만 현 시세의 정확한 판단은 부동산 소재지의 공인중개사 사무실이 제일 정확하다고 볼 수 있다. 부동산소재지 공인중개사를 잘 이용한다면 현 시세는 물론 매수 후 매도에서도 큰 도움이 될 것이다. 물건이 선정이 되면 가치분석 차원에서 부동산 소재지 공인중개사무실에 들려 정보를 얻기 바란다. 3곳 정도는 들려야 정확한 정보를 얻을 수 있다. 꼭 입찰 전에 부동산 소재지 공인중개사를 통해 정보를 얻어 충분한 가치분석을 하기 바란다.

부동산의 가격은 수시로 변하므로 감정가격을 너무 과신하지 말고 감정한 시기가 오래된 경우 현재의 시세와 비교분석을 해 보아야 한다. 감정 때보다 부동산 가격이 하락한 경우 감정가가 높을 수가 있고 반대로 감정 때보다 부동산가격이 상승한 경우 감정가가 낮을 수가 있으므로 입찰 가격을 정할 때 감정년도가 언제이고 감정 시의 부동산 시세는 어떠했는지를 참고해야 한다. 감정시기가 오래된 경우 현재 시가와 많은 차이를 보일 수 있다. 경매로 무조건 돈을 벌 수 있다는 맹신을 버리고 차분히 1년에 봄가을 2건 정도만 매수한다는 생각으로 발품을 열심히 팔면 좋은 결과를 얻을 수가 있을 것이다. 너무 무리한 입질은 피하는 게 좋다.

　　매수 후 장기 보유 쪽을 택했다면 향후 지역의 발전계획을 알아보고 언제까지 보유하는 것이 좋은지도 알아보아야 한다. 단기 매도로 시세차익을 얻기를 원한다면 급매가격을 확인한 후 급매가격보다 아파트는 5%, 단독주택 상가는 10%, 농지나 임야는 20% 정도 내린다는 계획을 세워야 바로 현금화할 수 가 있다. 예를 들어 물건으로 선정된 아파트 가격이 현시세가 3억인데 급매물일 경우 2억 8천만 원이라고 한다면 그보다 싼 2억 7천만 원 정도에 내 놓아야 한다. 현금화가 빠르다.

　　만일 매수한 부동산을 임대할 예정이라면 부동산 중개사무실과 현장의 임대업자들을 만나서 임대 시 수익이 어느 정도인지, 특히 임대가 잘 되어 공실은 없는지 등을 살펴야 한다. 특히 상가의 경우 임대 시 임차인이 어떤 품목으로 영업을 할 것인지도 알아보아 옆 상권과 품목이 중복은 없는지, 성공가능성이 있는지 등을 꼼꼼히 살펴야 한다. 임차인이 이익창출을 못한다면 임대료가 밀리게 되고, 임차인이 이사를 해 공실로 남는 경우 등 여러 가지로 어려워진다.

부동산가격은 여러 가지 외부요인, 내부요인에 의해 내렸다 올랐다 하므로 내일을 예측할 수 없다. 따라서 입찰 시 선정된 물건의 현재 가치뿐만 아니라 미래가치도 따져 보고 입찰에 응해야 한다. 한번 실수로 발이 묶이면 앞으로 더 나아가기 어렵고 경매로 부를 창출할 수가 없다.

또 입찰 후에는 항상 추가 부담이 따른다. 이 추가부담이 클 경우 문제가 많다. 따라서 명도관계, 장기보유 시 각종의 세금관계, 주변 사람들과의 관계 등을 잘 살펴보아야 하고 특히 근처에 종교시설이 없는지를 알아보아야 한다. 종교시설이 있을 시 매도에 어려움이 있다.

경매 시 소요되는 비용은 이전비용(취득세, 등록세 등 등기비용)+명도비용+수리비용에 매도 시 공인중개사 비용을 나누어 보면 알 수 있다. 여기에 대출을 받을 경우 대출 비용을 제하고 나면 총 비용이 나오고 투자금액에서 총 비용을 제하면 총 수익을 알 수 있고 매수금액이 나온다.

통상적으로 단기매도(1년 내 매매)일 경우 비용이 55% 정도 든다고 보면 된다. 일단 단기 매매가 되므로 양도소득세가 중과된다. 물론 각종 비용은 공제되지만 55%의 비용을 잡고 가치분석을 하는 게 좋다.

어느 아파트를 경매로 취득을 하여 5천만 원의 차익을 남겼다면 이 5천만 원에 각종의 세금을 제하고 나면 2,000만 원에서 2,500만 원 정도의 이익 창출이 된다고 보면 정확하다. 3억 정도의 자금을 투자해 단기 3개월 내에 2,000만 원의 수익을 올렸다면 노력한 대가에 비해 적은 수익이 아닐 것이다.

사실 아파트는 이미 형성된 가격이 있어 안전하지만 고수익을 창출하기란 어렵다. 근린생활시설이나 상가 나대지 공장 등의 물건을 잘 선정한다면 적은 투자로 고수익을 올릴 수 있다. 모텔의 경우 영업이 잘 안 되어 경매에 나오는 경우가 종종 있는데 모텔은 시내에서는 집단적으로 시외에서는 따로 지어진 경우가 많다. 시내의 모텔이 경매에 나왔을 경우 분명 어떤 문제가 있을 것이다. 옆의 다른 모텔보다 영업실적이 떨어져 경매에 나올 터인데 반드시 영업상에 문제가 있을 것이다.

2번 정도 유찰이 된 모텔을 3번째 입찰에 참가를 해 성공하면 모텔에 약간의 변화만 주어도 옆 모텔에 버금 가는 소득을 얻을 수 있고 소득을 올려 놓은 후 매도하면 고수익이 창출될 것이다.

이는 2년 정도의 계획을 잡아야 한다. 보통 시내의 모텔은 15억 정도의 가격에 경매가 나온다 2번 정도 유찰이 되고 3번째 입찰을 하면 8~9억에 낙찰을 볼 수가 있다. 낙찰 후 1~2억 정도를 들여 리모델링을 하고 룸 안의 분위기도 좀 바꾸고 옆집보다 좀 더 나은 서비스를 제공해 좋은 이미지를 남기면 영업실적이 금방 오를 것이다.

10억 정도를 은행에서 대출을 받았다면 월 이자가 600만 원 정도 될 터이니 영업만 제대로 된다면 이자는 별 부담이 안 될 것이다. 하루 수익이 30~50만 원은 될 것이나 영업실적을 올려놓고 매도를 한다면 처음 경매에 나온 15억은 시세의 최저가격이므로 15억에 매물로 내놓으면 금방 매도가 되고 매수 시 빌린 융자금 10억 원을 갚고도 5억 원의 차익을 얻을 수가 있다. 이때 리모델링 비용 1~2억 원은 위 세액에서 공제가 된다. 그렇다면 자신의 돈 한 푼 들이지 않고 2~3 억 원의 이익을 창출 할 수가 있다.

그러나 숙박업소의 경우 은행의 대출이 어려운 경우가 있으니 대금납부를 은행 대출로 해결하려고 한다면 입찰전에 은행에 대출이 되는지를 꼭 확인해 보기 바란다. 제1금융권이 어렵다면 제2금융권은 대출이 쉬우므로 제2금융권에 대출문의를 하기 바란다.

공장이나 상가 건물도 마찬가지이다. 공장도 경매에 나오는 물건들이 감정가의 절반에 낙찰이 되는 경우가 많다. 그러나 공장은 여러 가지로 어려운 점이 많으니 정밀 분석이 필요하다 잘 못하면 늪에 빠질 우려가 있다. 그러나 상가건물은 적은 돈을 투자해 큰 수익을 내는 경우가 많다.

5억 이상 10억 미만의 소상가를 경매로 취득해 고수익을 얻는 경우가 많은데 이때 임차인에 대한 조사를 많이 해야 한다. 첫째, 월 임대료가 얼마인지를 조사해 봐야 한다. 둘째, 임차인들이 경매대금에서 배당을 받을 수 있는지 매수인에게 대항력은 없는지를 조사해 본다. 셋째, 경매로 정리가 된 후 임차인이 계속 임차를 원하는지도 알아봐야 한다.

대개는 영업상 다시 임차하기를 원한다. 감정가 8억 원짜리 상가가 경매로 나왔다고 하자 첫 기일에 유찰이 되어 두 번째 기일에 최저경매가격이 5억 6천만 원이었으나 1억을 더 써 넣어서 6억 6천만 원에 매수가 되었다. 현재의 상가건물 상태는 보증금 5천만 원에 월 200만 원의 월세로 임차인이 두 사람이 있다. 다시 말하면 보증금 1억에 월 400만 원의 임대료가 들어온다.

임차인들은 선순위 저당권이 있어 매수인에게 대항력이 없다. 따라서 임차관계는 매수인이 인수대상이 아니다. 또 매수인이 인수 대상이라고 하더라도 입찰자들은 보증금 1억을 감안해 입찰에 응할 것이므로 별 문제는 없다.

결국 매수인은 6억 6천만 원의 대급지급을 한 후 인도명령을 받아 임차인들에게 명도를 요구할 것이다. 이럴 경우 임차인들은 보증금을 배당금에서 받았든지 받지 않았든지 상관없이 매수인과 새로운 임대차 계약으로 계속적으로 영업을 하길 원할 것이다. 왜냐하면 그 동안 영업상 닦아 놓은 자리를 잃기 싫기 때문이다.

그렇다면 전과 같은 내용으로 임대차가 이루어지게 된다. 매수인 입장에서는 보증금 1억이 새로 들어오니 결국 5억 6천만 원에 매수를 한 것이 된다. 5억 6천만 원에 매수한 상가에서 매월 400만 원의 임대료가 들어오게 된다. 단기 매매로 8억에 매도할 경우 2억 4천만 원의 고 수익이 예상이 된다.

이런 내용으로 물건선정이 된 후 가치분석이 있어야 최저입찰가격이 나오고 입찰에 자신감을 가지게 되고 실패가 없다. 막연히 감정가 보다 낮아졌으니 입찰에 응한다는 것을 잘못된 것이고 물건의 가치분석에 따라 감정가보다 높게 입찰할 수도 있다.

경매로 고수익을 얻고자 한다면 경매기간이 오래 걸리는 물건, 즉 2008 타경 사건처럼 현재년도보다 빠른 사건번호가 있는 사건을 유심히 살펴본다. 이런 사건일수록 문제가 복잡하므로 경매진행이 늦고 유찰이 많아 최저경매가가 감정가의 절반 이하로 떨어진 경우가 많다.

또 복잡한 물건일수록 그 사건의 이해관계인들은 지쳐 있고 하루속히 종결되길 원하는 경우가 많아 의외로 쉽게 풀릴 수 있으므로 관심을 가지고 잘 살펴보면 의외의 진주를 얻을 수 있다.

매수한 부동산의 인수 후 들어갈 비용도 감안을 하여야 한다. 각종 세금은 물론이고, 명도비용 주택이나 건물인 경우 수도세, 전기세 등 각종 사용료도 미납이 된 것이 많을 것이다.

　원칙상으로 매수인은 경매로 매수한 부동산의 등기부에 기재된 등기일을 기준으로 그 전의 공과금은 전사용자가 내도록 되어 있으나 경매를 당한 입장인 전 소유자가 낼 리가 만무하다는 점을 참작하여야 한다.

　일단 입찰계획에 따라 최저입찰가격이 정해지면 자금계획을 세워야 한다. 입찰 후 자금계획을 세우면 늦다. 잘못하면 대금지급이 안 되어 보증금을 떼이는 경우가 발생한다.

　대금 미납부 시 재경매가 들어가는데 재경매 3일 전까지 그 동안의 이자를 합한 금액으로 대금을 지급하면 소유권이 취득된다.

　금융권에서 경락대금잔금대출상품이 있는데 이를 이용하면 편리하나 단기간 이용한다는 선입관 때문에 이자가 조금 높다.

　대출금의 한도는 은행마다 차이가 있는데 제1금융권이 대출한도가 좀 낮은 반면 이율이 좀 낮고, 제2금융권은 대출한도가 높은 반면 이율이 좀 높다. 통상 제2금융권에서 대출을 받았다가 장기보유 쪽으로 가면 제1금융권으로 바꾸는 경우가 종종 있다. 입찰 전에 대출할 금융기관에 대출이 어느 정도 되는지 알아 보아야 한다.

경락대금대출상품을 보면 상가나 모텔은 감정가 60% 정도의 대출을 받을 수가 있고, 매수인이 직접 영업을 할 경우 감정가의 100%까지도 대출이 되는 경우가 있다.

경매에서의 대출은 장기간이 아니고 길어야 6개월 보통 2~3개월이니 이를 감안해서 대출신청을 하여야 한다.

모텔의 감정가격이 15억인 모텔을 3번 유찰 후 8억 5천만 원에 낙찰을 보았을 경우 감정가의 60%인 9억의 대출을 받을 수 있다는 계산이 나온다. 그렇다면 매수인은 자신의 매수보증금 1억 미만으로 10억대의 투자를 할 수가 있고 작은 자금으로 큰 수익을 올릴 수 있다. 대출이 많이 된 부동산일수록 매도 시에 유리하다. 모텔의 경우 대출이 잘 안 되는 경우가 있으니 사전에 대출 여부를 확인해 보기 바란다.

주택이나 상가는 은행 대출에 임대보증금과 임대료가 나와 적은 돈으로 투자가 가능하다. 그러나 나대지와 임야는 임대료가 없다는 것을 항상 기억해야 한다. 한번 잠기면 헤쳐나오기가 힘들다는 것을 명심하여야 한다.

주택 아파트 상가는 지렛대 효과를 이용할 수 있다. 지렛대 효과란 15억짜리 모텔이 경매에 나왔을 경우 경매의 문외한들은 15억의 자금이 있어야 입찰에 참가를 할 수 있다는 생각을 한다. 그러나 은행의 대출을 이용하면 자신의 돈은 보증금 정도 들면 된다. 아파트도 마찬가지이다.

5억짜리 아파트를 4억에 경매를 봤다면 은행대출 2억을 받고 아파트를 2억 5천에 전세를 놓는다면 은행의 2억과 전세금 2억 5천이 지렛대 역할로 본인의 돈은 한 푼도 들이지 않고도 경매를 볼 수 가 있다.

이 물건을 감정가가 5억이니 급매물로 4억 8천에 내놓으면 속히 팔리고 단 몇 달만에 큰 자본금 없이 몇 천만 원의 고수익을 올릴 수 있다. 상가도 마찬가지이다. 은행대출과 상가의 임대보증금 등을 지렛대로 이용하면 본인의 돈은 별로 들이지 않고 물건을 취득할 수가 있다.

다시 한 번 강조하지만 자금계획은 매우 중요하니 입찰하기 전에 반드시 철저한 자금계획을 세우기 바란다.

부동산취득 시 납부해야 하는 세금은 취득세, 등록세, 교육세, 농어촌발전특별세가 있다. 경매로 부동산을 취득하려는 사람들은 취득한 부동산을 단기간에 팔아야 하므로 팔 때의 양도소득세를 감안하면서 입찰금액을 정하여야 한다.

경매로 취득한 부동산의 과세기준은 일반 매매에서와 달리 낙찰대금이 과세기준이 된다.

이를 세목별로 정리해 보면 다음과 같다.

취득세

취득세의 과세표준은 낙찰대금 그대로이다. 낙찰대금이 1억이었다면 과세표준은 1억이 되고, 여기에 대항력 있는 임차인이 있어 매수인이 부담하여야 할 경우 그 보증금이 과세표준금액에 합산이 된다. 낙찰대금 1억에 대항력 있는 임차인 보증금이 3,000만 원이 있으면 과세표준은 1억 3천만 원이 된다. 세율은 2%로 2억 3천만 원에 대한 취득세는 260만 원이 된다. 고급주택의 경우 기본세율의 5배, 즉 10%가 부과되는데 고급주택의 기준은 단독주택의 경우 대지가 150평 이상에 연면적이 80평 이상인 경우와 아파트 등 집합건물의 경우 전용면적 149㎡ 이상이고 시가가 6억 이상인 주택을 말한다. 매각대금 납부일로부터 30일 이내에 납부해야 한다. 기간을 도과하면 20%의 가산금을 내야 한다. 또 2년 이내에 납부를 하지 않고, 매각하는 경우 80%의 가산세를 내야 한다.

등록세

등기는 등기부에 기입이 되어야 권리자로서 효력이 있다. 등록세는 등기부에 등록하는 데 대한 세금이다. 세율은 3%이다. 1억 3천만 원에 대한 세금은 390만 원이 된다. 등기할 물건이 농지인 경우 세율은 1%이다. 등록세는 등기할 때 납부해야 하므로 미납되는 경우가 없다. 단, 매수일로부터 6일 이내에 등기하지 않으면 등록세의 5배까지 과태료 부과 대상이 된다.

교육세와 농어촌특별세

등록세를 납부하면서 등록세액의 20%에 해당하는 금액을 교육세로 납부해야 한다.

취득세를 납부하면서 취득세액의 10%에 해당하는 금액을 농어촌특별세로 납부해야 하는데 25.7평 이하인 국민주택 규모에는 과세되지 않는다.

1억짜리 아파트를 경매로 매수했다면 납부해야 할 세금은 다음과 같다.

세금의 종류	세　율	금　액
취　득　세	2%	200만 원
농어촌특별세	취득세의 10%	20만 원
등　록　세	3%	300만 원
교　육　세	등록세의 20%	60만 원
합　　　계	5.8%	80만 원

입찰 시에는 위 세금을 감안해서 입찰가격을 정하여야 한다.

양도소득세

양도가액이 과세표준이 된다. 예전에는 2중계약서를 작성해 실거래가를 낮추어 신고를 해 각종 세금을 줄여서 내 왔다. 현재는 법률로 금지하고 있어 실거래가가 과세표준이 된다.

양도소득세의 계산은

양도차익 = 양도가액 − 취득가액 − 기타필요경비

양도소득 = 양도차익 − 장기보유특별공제

과세표준 = 양도소득 − 양도소득기본공제

산출세액 = 과세표준　세율

양도가액은 실거래 가격이다. 실지거래로 매매된 가격이다.

취득가액은 취득 당시에 지급한 실지거래 가격이다.

기타 필요경비는 부동산의 가치증가를 위한 자본적 지출액 및 각종의 세금을 말하는데 양도가액에서 공제가 된다.

장기보유특별공제(양도자산별로 보유기간에 따라 양도차익에 다음의 율을 곱한 금액)

보유기간	토지, 건물	과세대상 1세대 1주택
3년 이상 4년 미만	10%	24%
4년 이상 5년 미만	12%	32%
5년 이상 6년 미만	15%	40%
6년 이상 7년 미만	18%	48%
7년 이상 8년 미만	21%	56%
8년 이상 9년 미만	24%	64%
9년 이상 10년 미만	27%	72%
10년 이상	30%	80%

세율

가. 아래 나의 2년 미만 보유 부동산과 다 및 라 이외의 부동산

과세표준	2010 ~ 2011년	2012년부터
1,200만 원 초과	6%	6%
1,200만 원 초과 4,600만 원 이하	15%	15%
4,600만 원 초과 8,800만 원 이하	24%	24%
8,800만 원 초과	35%	33%

나. 1년 이상 2년 미만 보유자산 : 40%, 1년 미만 보유자산 : 50%

다. 1세대 3주택 이상인 자 : 60%, 미등기전매자산 : 70%

라. 1세대 2주택 소유자 : 50%, 비사업용 토지 : 60%

1세대 2주택(조합원 입주권 포함) 이상인 자의 주택 또는 비사업용 토지를 2년 이상 보유한 자가 2010년 12월 31일까지 양도하는 경우에는 위 가의 2010년 세율을 적용하며, 지정지역 내의 1세대 3주택 이상인 자의 주택과 비사업용 토지를 2010년 12월 31일까지 양도하는 경우에는 위 가의 2010년 세율에 100분의 10을 더한 세율을 적용한다.

양도 또는 취득의 시기

양도 또는 취득의 시기는 원칙적으로 대금을 청산한 날로 하되 대금을 청산한 날이 분명하지 아니한 경우에는 매매계약서상의 잔금지급 약정일(잔금약정일을 확인할 수 없거나 잔금지급약정일로부터 등기접수일까지 1개월이 초과되는 경우에는 등기접수일로 한다)

대금을 청산하기 전에 소유권이전등기나 등록을 먼저 한 경우에는 등기부 등에 기재된 등기접수일로 한다.

신고납부

예정신고납부기한 : 양도일이 속하는 달의 말일부터 2개월

확정신고납부기한 : 양도일이 속하는 연도의 다음연도 5월 31일까지. 단, 예정신고를 한 경우로서 누진세율적용으로 인한 세액차이가 없는 경우에는 확정신고를 하지 아니함.

예정신고납부세액공제 폐지에 따른 경과규정

2010년도에 양도하는 부동산에 대하여 과세표준이 4,600만 원 이하인 경우 예정신고 기한 내에 납부하는 세액의 5%, 과세표준이 4,600만 원을 초과하는 경우에는 291,000원을 공익사업을 위한 토지의 수용(협의매수 포함)으로 2010년 12월 31일까지 양도하는 부동산의 경우 예정신고납부하는 세액의 5%를 예정신고납부세액 공제함.

취득세의 경우 납부기간 내에 납부를 하지 아니하면 가산세가 부과되는데 그치고 등록세의 경우는 등기 시에 납부하여야 하므로 별 문제가 없다.

그러나 양도소득세의 경우 양도일(보유기간)에 따라서 세율의 많은 변동이 있다. 경매로 수익을 올리고자 하는 사람들은 단기매매를 목적으로 하고 있으므로 위 나 항을 잘 살펴볼 필요가 있다. 위 나 항의 경우 1년 이상 2년 미만 보유자산은 40%, 1년 미만의 보유자산은 50%의 양도소득세가 부과된다.

물론 여기에는 기타필요경비를 공제한 금액이 된다. 따라서 경매로 부동산을 취득해 단기에 매매를 한다면 무조건 50%의 양도세가 부과된다는 것을 염두 해 두고 입찰가격을 정해야 한다. 양도소득세에 대한 사전 계획 없이 입찰에 응했다가는 큰 낭패를 볼 수 있다.

경매로 취득한 부동산을 매수인의 손에 넣기엔 여러 가지의 난제가 있다. 일반 부동산을 매수했다면 등기와 동시에 소유권이 넘어오지만 경매는 소유자의 특수한 사정에 의하여 법원의 공권력에 의해 강제처분이 이루어지는 관계로 소유자, 임차인, 법정지상권자, 공유자, 유치권을 주장하는 자 등 여러 부류의 사람들이 자신의 권리를 주장하거나 억울하다는 말로 명도에 응하지 않는 경우가 많다.

일단은 타협에 의해 명도를 받는 게 가장 좋다. 정말 억울한 사람에게는 이사비용 정도는 배려를 하되, 소유자 겸 채무자나 가장임차인의 경우는 냉정함을 보여야 한다. 타협이 잘 되지 않을 경우 인도명령을 받아 압박을 가한다.

타협과 인도명령은 동시에 진행하여야 효과적이다. 인도명령은 낙찰대금을 납부한 후 6개월 이내에 매수인이 법원에 신청을 하여야 한다. 6개월이

지나면 명도소송을 해야 하므로 명도를 거부하는 사람이 있다면 조속한 시일에 인도명령을 신청하여야 한다.

매수인에게 대항력을 가진 사람에게는 인도명령을 할 수 없으나 소유자, 소유자겸 채무자 및 압류의 효력이 발생하고 난 후 점유를 시작한 사람들 모두 인도명령 대상이다. 임차인들이 법원으로부터 배당을 받았을 경우 명도하였다는 확인서를 매수인으로부터 받아와야 배당금을 지급하므로 보증금을 다 배당에서 돌려받은 임차인은 별 문제가 없다.

그러나 소액임차인이 우선변제권이 인정되어 보증금의 일부만 배당을 받고 일부가 남아 있는 경우가 문제가 된다. 이들 역시 매수인이 인수하여야 할 것은 아니다. 그런데 보증금 전부를 돌려받기 전에는 이사를 할 수 없다고 하는 경우가 많다.

이 경우 매수인으로서는 인도명령과 타협을 동시에 진행을 해 나가야 한다. 임차인에게야 세 사는 사람으로서 보증금이 전 재산인데 일부를 받지 못하는 데 대하여 참으로 안타까운 일이지만 매수인의 입장에서는 도덕적으로나 법률적으로 책임 질 일이 아니니 냉철한 판단이 요구된다.

그렇다고 너무 매몰차게 인도명령에 따라 집행관을 동원해 들어내는 것도 참 어렵고 힘든 일이다. 수익의 범위가 어떤지 보고 임차인에게 대해서는 좀 더 양보해 주는 것도 미덕일 것이다. 또 임차인이 계속 임차하길 원하는 경우 새로운 임대차계약서를 작성하고 임대를 놓아야 한다.

일단 명도가 다 이루어졌다면 건물의 용도에 따라서 수리를 좀 하여야 한다. 아무리 좋은 상품도 포장이 중요하듯이 구석구석 청소와 페인트칠, 도배, 전선의 교체 등으로 누가 보아도 새집처럼 단장을 하여야 한다. 그래야 매매를 하든 임대를 하든 처분이 빨라야 단기간에 투자금을 회수하여 또 다른 물건에 투자를 할 수가 있다.

공실로 6개월 이상이 가면 안 된다. 6개월간 잠겨 있다고 생각해 보라 얼마나 답답하겠는가. 또 입찰 시에 세워둔 보유냐 처분이냐도 정해야 한다. 계획대로 보유면 빨리 임대를 놓고 처분이면 가격을 좀 낮추어 빨리 처분하는 것이 좋다.

그렇다고 큰 손해를 보면서까지 처분을 서두를 필요는 없다. 기다리다 보면 주인이 나타나는 게 부동산이다.

자금의 여유가 있다면 인내심을 가지고 꿋꿋하게 기다려 보는 것도 좋은 방법이다. 또 명도 시에 들어갈 비용도 감안해 입찰가격을 정해야 한다.

법원은 소유자 또는 압류의 효력이 발생한 후에 점유를 시작한 부동산 점유자에 대하여 매수인에게 부동산을 인도할 것을 명할 수 있다.

채무자 및 소유자 이외의 자에 대하여 인도명령을 할 때는 점유자를 심문하여야 한다. 심문기일에 점유자가 출석을 하지 아니한 경우 진술 없이 인도명령을 발할 수 있다.

인도명령은 매각대금을 완납한 후 6개월 이내에 집행법원에 신청을 해야
한다. 6개월이 경과하면 인도명령대상이 아니어서 명도소송을 하여야 한다.

명도소송을 하기 전에 점유이전금지 가처분으로 점유자가 다른 제3자에
게 점유를 이전하는 것을 막아야 한다. 오랜 기간 동안 명도소송을 해 승소
판결을 받아 집행하러 가 보면 점유를 제3자에게 이전해 다시 그 제3자를
상대로 명도소송을 제기하여야 하는 경우가 있다.

인도명령의 상대방은 채무자 및 소유자이다. 채무자와 소유자에는 동거
하는 가족과 그 점유보조자 등이 포함된다. 구 민사소송법은 압류의 효력
발생 이후에 점유를 시작한 자만 인도명령의 대상자였다. 그러나 민사집행
법은 경매에서 명도의 어려움이 악용되는 경우가 많은 점을 고려해 인도명
령 대상자를 부동산 점유자로 규정하여 압류의 효력 발생 이전부터 점유한
자도 인도명령대상자다. 단, 점유자가 매수인에게 대항할 수 있는 권원에 의
한 점유일 경우 인도명령 대상자로 볼 수 없다. 여기에 해당하는 점유자로
는 대항력 있는 임차인, 유치권자, 법정지상권자 등이 있고, 이들에 대하여
는 별도의 명도소송으로 다툴 수밖에 없다.

인도명령은 집행관의 집행으로 이루어진다. 법원의 인도명령 결정에 대
하여 불복이 있는 자는 즉시 항고를 할 수 있다.

7. 소유권이전촉탁으로 말소되는 등기와 매수인이 인수하여야 할 등기

매수인(낙찰인)이 인수하여야 할 등기는 말소가 되지 않는다. 그러나 나머지는 소멸주의에 의해 말소된다.

경매신청기입등기

무조건 말소대상이다.

저당권(근저당권)

무조건 말소대상이다.

지상권, 지역권, 전세권

경매압류등기(압류) 후에 등기된 용익물권은 무조건 말소대상이다.

경매압류등기(압류) 전에 등기된 용익물권이라도 선순위 저당권이 있는 경우 무조건 말소대상이다. 그러나 경매압류등기(압류) 전에 등기된 용익물권으로 선순위 저당권이 없는 경우 낙찰인에게 대항할 수 있으므로 말소되지 않는다.

전세권은 경매압류등기 전에 등기되어 최선순위 전세권일 경우라도 존속기간이 정하지 않았거나 경매압류등기로부터 6개월 이내에 전세기간이 만료하는 것은 말소된다.

가압류등기

경매압류등기 후에 등기된 가압류는 가압류채권자가 매수인에게 대항할 수 없으므로 낙찰에 의해 말소된다. 경매압류등기 전에 등기된 가압류는 매각대금으로부터 배당을 받을 수 있으므로 말소된다.

경매압류등기 전에 등기된 가압류로서 가압류등기 후에 목적부동산의 소유권이 이전되어 현 소유자의 채권자가 경매신청을 하여 경락된 경우 전소유자에 대한 가압류채권자는 매각대금으로부터 배당을 받을 수 없으므로 말소되지 않는다.

가처분등기

경매압류등기 후에 등기된 가처분은 매수인에게 대항력이 없으므로 말소된다. 경매압류등기 전에 등기된 가처분이라도 낙찰에 의해 말소되는 선순위 저당권 가압류등기가 있는 경우 말소된다.

경매압류등기 전에 등기된 가처분으로 낙찰에 의해 말소되는 선순위의 저당권 등이 없는 경우에는 매수인에게 대항할 수 있으므로 말소되지 않는다.

가등기

담보가등기인 경우 경매신청등기의 선후를 불문하고 저당권과 같이 무조건 말소된다. 순위보전을 위한 가등기는 경매압류등기 후에 등기된 경우 무조건 말소된다.

순위보전을 위한 가등기가 경매압류등기 전에 등기된 경우라도 낙찰에 의해 말소되는 선순위 저당권 가압류가 되어 있는 경우에는 말소되고, 선순위 저당권이나 가압류가 없는 경우는 말소되지 않는다.

체납처분에 의한 압류등기

낙찰대금에서 배당을 받을 수 있으므로 무조건 말소된다.

예고등기

예고등기는 경매부동산의 낙찰에 의하여 말소되지 않는다. 수소법원의 재판결과에 따라 운명이 결정된다. 매수인이 매각대금을 완납하고 소유권을 취득하였다 하더라도 훗날 예고등기 권리자가 승소판결을 받게 되면 소유권을 잃을 수가 있다.

임차권등기

임대차계약기간이 지났으나 임차인이 임대보증금을 지급받지 못해 이사를 갈 수 없는 경우 임차인이 법원에 임차권등기명령신청을 하면 사법보좌관이 임차권등기명령을 하여 임차권등기가 된 후에 이사를 하여도 임차인의 대항력이 그대로 유지되도록 한 제도를 임차권등기명령제도라고 한다.

임차권등기가 된 경우 임차주택에 대하여 임차인이 당연히 배당을 요구한 것으로 되며 임차인이 이사를 갔으나 이사를 가지 않고 임차주택에서 살고 있는 것과 같은 효력이 유지된다.

즉, 임차인이 직장을 옮기거나 자녀의 진학 등으로 이사를 가야 하는데 이사를 갈 경우 주택임대차보호법상의 권리보전이 어려운 경우 임차인에게 대항력 등 기존의 권리를 유지시켜 줌으로써 거주이전의 자유를 주기 위한 제도이다.

대항력의 시점은 임차권등기가 된 날이 아니고 임차인이 처음 대항력을 갖추었을 때가 시점이 된다.

임차권이 경매압류등기 후에 발생하는 경우에는 경락인에게 대항할 수 없으므로 등기된 임차권은 말소되고 임차인은 주택을 매수인에게 명도해야 한다.

임차권이 경매압류등기 전에 발생하였다 하더라도 낙찰에 의해 말소되는 선순위 저당권, 가압류가 있는 경우 매수인에게 대항할 수 없으므로 임차권은 말소대상이고 임차인은 임차주택을 매수인에게 명도하여야 한다.

임차권이 경매압류등기 전에 발생하는 경우 경락에 의해 말소되는 선순위 저당권, 가압류가 없는 경우에는 매수인에게 대항력이 있어 임차권은 말소되지 않고 매수인이 인수하여야 한다. 그러나 임차인이 배당요구종기까지

배당요구를 하면 배당을 받고 말소되며 임차인이 배당에서 보증금의 일부
만 받았을 경우 나머지 잔액을 받을 때까지 임대차관계의 존속을 주장할 수
있어 결국 매수인이 나머지 잔액을 부담해야 한다.

Part 5

각종 경매서식

강매경매개시결정에 대한 이의신청

사건번호

신청인(세무자)

     ○시   ○구   ○동   ○번지

피신청인(채권자)

     ○시   ○구   ○동   ○번지

신 청 취 지

  위 사건에 관하여　년　월　일 귀원이 행한 강제경매개시결정은 이를 취소한다.

피신청인의 본건 강제경매신청은 이를 기각한다.

라는 재판을 구함.

신 청 이 유

1. 채권자인 피신청인은 채무자인 신청인과의 사이의 ○○지방법원 ○호 ○○청구사건의 집행력이 있는 판결정보에 기하여 ○○○○년 ○월 ○일 귀원에 강제경매신청을 하여, ○○○○년 ○월 ○일 위 개시결정이 되어, 이 결정에 ○○○○년 ○월 ○일 채무자인 신청인에게 송달되었습니다.

2. 그런데 위 강제집행의 전제인 위 집행권원은 신청인에게는 송달되지 않은 것으로 그 송달 전에 위 개시결정을 한 것은 집행개시 요건의 흠결이 있음에도 불구하고 행한 위법한 것이므로 본건 이의를 신청하는 바입니다.

○○○○년　　　　○월　　　　일

위 신청인(채무자)　　　　　　(인)

연락처(☎)

지방법원　　　　귀중

---

1) 이해관계인은 매각대금을 완납할 때까지 법원에 개시결정에 대한 이의신청을 할 수 있고 이의사유는 집행법원이 준수하여야 할 경매절차상의 형식적하자로서 개시결정전의 것이어야 함이 원칙이나, 집행권원의 존재는 집행속행요건이기도 하므로, 그 실효와 같은 사유는 그 후에 발생한 것이라도 무방합니다.

2) 신청서에는 1,000원의 인지를 붙여 1통을 집행법원에 제출하고, 이의재판정 본 송달료를(2회분) 납부하여야 합니다.

강제집행정지명령신청서

신 청 인 :
주　　소 :
피신청인 :
주　　소 :

신 청 취 지

　피신청인으로부터 신청인에 대한 신청의　　　의 집행권원　　　지방법원지원
가　　호 집행력있는 판결 정본에 의하여 별지목록기재 부동산에 의한 강제집행은 귀
원　　가단 제　　호제 판결 선고시까지 이를 정지한다.
라는 재판을 구합니다.

신 청 이 유

입 증 방 법

첨 부 서 류

년　　　월　　　일
위 신청인　　　　　　　　　　(인)

○○지방법원　○○지원 귀중

공동입찰신고서

법원 집행관   귀하

사건번호   20   타경   호
물건번호
공동입찰자   별지 목록과 같음

위 사건에 관하여 공동입찰을 신고합니다.

20   년   월   일

신청인   외   인(별지목록 기재와 같음)

공동입찰자목록

번호	성 명	주 소		지분
		주민등록번호	전화번호	
	(인)	—		
	(인)	—		
	(인)	—		
	(인)	—		
	(인)	—		
	(인)	—		
	(인)	—		
	(인)	—		
	(인)	—		
	(인)	—		

용지규격 210㎜×297㎜(A4용지)

공동입찰신고서

사건　　　　20○○타경 ○○○○○부동산강제(임의)경매

채권자

채무자(소유자)

공유자

매각기일 : 20○○. ○. ○. 00 : 00

부동산의 표시 : 별지와 같음

　공유자는 민사집행법 제140조 제1항의 규정에 의하여 매각기일까지(집행관이민사집행법 제115조 제1항에 따라 최고가매수신고인의 성명과 가격을 부르고 매각기일을 종결한다고 고지하기 전까지) 민사집행법 제113조에 따른 매수신청보증을 제공하고 최고매수신고가격과 같은 가격으로 채무자의 지분을 우선매수하겠다는 신고를 합니다.

첨 부 서 류

1. 공유자의 주민등록표 등본 또는 초본 1통

2. 기타(　　　　　　　　　　　　　)

　　　　　　　　　200 　.　.　.

우선매수신고인(공유자)　　　　　　　　　[인]

(연락처 :　　　　　　　　　　　　　)

　　　　　　　　　　　　○○지방법원　경매○계 귀중

(앞면)

기 간 입 찰 표

지방법원 집행관　　　　　　　　　귀하　　매각(개찰)기일 :　　　　년　　　월　　　일

사건 번호		타경	호	물건번호	※ 물건번호가 여러개 있는 경우에는 꼭 기재	
입 찰 자	본 인	성　　명			전화번호	
		주민(사업자) 등록번호		법인 등록번호		
		주　　소				
	대 리 인	성　　명			본인과의 관　계	
		주민(사업자) 등록번호			전화번호	－
		주　　소				

입찰 가격	천 억	백 억	십 억	억	천 만	백 만	십 만	만	천	백	십	일	원	보 증 금 액	백 억	십 억	억	천 만	백 만	십 만	만	천	백	십	일	원

보증의 제공방법	□ 입금증명서 □ 보증서	보증을 반환받았습니다. 　　　　　　　　　　　　입찰자

1. 입찰표는 물건마다 별도의 용지를 사용하십시오. 다만, 일괄매각시에는 1매의 용지를 사용하십시오.
2. 한 사건에서 입찰물건이 여러 개 있고 그 물건들이 개별적으로 입찰에 부쳐진 경우에는 사건번호 외에 물건번호를 적으십시오.
3. 입찰자가 법인인 경우에는 본인의 이름란에 법인의 명칭과 대표자의 지위 및 이름을, 주민등록번호란에는 법인의 등록번호를 적고, 대표자의 자격을 증명하는 문서(법인의 등기부 등 · 초본)를 제출하여야 합니다.
4. 주소는 주민등록상의 주소를, 법인은 등기부상의 본점소재지를 기재하시고, 신분 확인상 필요하오니 주민등록증을 꼭 가지고 오십시오.
5. 금액의 기재는 수정할 수 없으므로, 입찰가액란의 기재를 수정할 필요가 있는 때에는 새 용지를 사용하십시오.
6. 대리인이 입찰하는 때에는 입찰자란에 본인 및 대리인의 인적 사항을 모두 기재하는 외에 본인의 위임장과 인감

증명을 제출하십시오.

7. 위임장, 인감증명 및 자격증서는 이 입찰표에 첨부 하십시오.

8. 일단 제출된 입찰표는 취소, 변경이나 교환이 불가능합니다.

9. 공동으로 입찰하는 경우에는 공동입찰신고서를 입찰표와 함께 제출하되, 입찰표의 본인란에는 "별첨 공동입찰 자목록 기재와 같음"이라고 적은 다음, 입찰표와 공동 입찰신고서 사이에는 공동입찰자 전원이 간인하십시오.

10. 입찰자 본인 또는 대리인 누구나 보증을 반환받을 수 있습니다. (입금증명서에 의한 보증은 예금계좌로 반환됩 니다.)

11. 보증의 제공방법(입금보증서 또는 보증서) 중 하나를 선택하여 ☑표를 기재하십시오.

(뒷면)

위 임 장

대리인	성 명		직 업	
	주민등록번호		전화번호	
	주 소			

위 사람을 대리인으로 정하고 다음 사항을 위임함.

다   음

지방법원   타경   호 부동산

경매사건에 관한 기입입찰행위 일체

본인1	성 명		인감란	직 업	
	주민등록번호			전화번호	
	주 소				
본인2	성 명		인감란	직 업	
	주민등록번호			전화번호	
	주 소				
본인3	성 명		인감란	직 업	
	주민등록번호			전화번호	
	주 소				

*본인의 인감증명서 첨부
*본인이 법인인 경우에는 주민등록번호란에 사업자등록번호를 기재

지방법원 귀중

(앞면)

기 일 입 찰 표

지방법원 집행관　　　　　　　　귀하　　　입찰기일 :　　　　년　　　월　　　일

<table>
<tr><td rowspan="2">사건
번호</td><td colspan="3">타경　　　　　　　　호</td><td>물건번호</td><td>※ 물건번호가 여러개 있는 경
우에는 꼭 기재</td></tr>
</table>

<table>
<tr><td rowspan="8">입

찰

자</td><td rowspan="3">본
인</td><td>성　　　명</td><td></td><td>전화번호</td><td></td></tr>
<tr><td>주민(사업자)
등록번호</td><td></td><td>법인
등록번호</td><td></td></tr>
<tr><td>주　　　소</td><td colspan="3"></td></tr>
<tr><td rowspan="3">대
리
인</td><td>성　　　명</td><td></td><td>본인과의
관　　계</td><td></td></tr>
<tr><td>주민등록
번　　호</td><td></td><td>전화번호</td><td>－</td></tr>
<tr><td>주　　　소</td><td colspan="3"></td></tr>
</table>

<table>
<tr><td rowspan="2">입찰
가격</td><td>천
억</td><td>백
억</td><td>십
억</td><td>억</td><td>천
만</td><td>백
만</td><td>십
만</td><td>만</td><td>천</td><td>백</td><td>십</td><td>일</td><td>원</td><td rowspan="2">보
증
금
액</td><td>백
억</td><td>십
억</td><td>억</td><td>천
만</td><td>백
만</td><td>십
만</td><td>만</td><td>천</td><td>백</td><td>십</td><td>일</td><td>원</td></tr>
<tr><td></td><td></td><td></td><td></td><td></td><td></td><td></td><td></td><td></td><td></td><td></td><td></td><td></td><td></td><td></td><td></td><td></td><td></td><td></td><td></td><td></td><td></td><td></td><td></td></tr>
</table>

<table>
<tr><td>보증의
제공방법</td><td>□ 현금 · 자기앞수표
□ 보증서</td><td>보증을 반환받았습니다.
　　　　　　　　　　　　　입찰자</td></tr>
</table>

1. 입찰표는 물건마다 별도의 용지를 사용하십시오. 다만, 일괄매각시에는 1매의 용지를 사용하십시오.
2. 한 사건에서 입찰물건이 여러 개 있고 그 물건들의 개별적으로 입찰에 부쳐진 경우에는 사건번호 외에 물건번호를 적으십시오.
3. 입찰자가 법인인 경우에는 본인의 이름란에 법인의 명칭과 대표자의 지위 및 이름을, 주민등록번호란에는 법인의 등록번호를 적고, 대표자의 자격을 증명하는 문서(법인의 등기부 등 · 초본)를 제출하여야 합니다.
4. 주소는 주민등록상의 주소를, 법인은 등기부상의 본점소재지를 기재하시고, 신분 확인상 필요하오니 주민등록증을 꼭 가지고 오십시오.
5. 금액의 기재는 수정할 수 없으므로, 입찰가액란의 기재를 수정할 필요가 있는 때에는 새 용지를 사용하십시오.
6. 대리인이 입찰하는 때에는 입찰자란에 본인 및 대리인의 인적 사항을 모두 기재하는 외에 본인의 위임장과 인감

증명을 제출하십시오.

7. 위임장, 인감증명 및 자격증서는 이 입찰표에 첨부 하십시오.

8. 일단 제출 된 입찰표는 취소, 변경이나 교환이 불가능합니다.

9. 공동으로 입찰하는 경우에는 공동입찰신고서를 입찰표와 함께 제출하되, 입찰표의 본인란에는 "별첨 공동입찰 자목록 기재와 같음"이라고 적은 다음, 입찰표와 공동 입찰신고서 사이에는 공동입찰자 전원이 간인하십시오.

10. 입찰자 본인 또는 대리인 누구나 보증을 반환받을 수 있습니다. (입금증명서에 의한 보증은 예금계좌로 반환됩 니다.)

11. 보증의 제공방법(입금보증서 또는 보증서) 중 하나를 선택하여 ☑표를 기재하십시오.

(뒷면)

위 임 장

대리인	성 명		직 업	
	주민등록번호		전화번호	
	주 소			

위 사람을 대리인으로 정하고 다음 사항을 위임함.

다   음

지방법원   타경   호 부동산

경매사건에 관한 기입입찰행위 일체

본인 1	성 명	인감란	직 업	
	주민등록번호		전화번호	
	주 소			
본인 2	성 명	인감란	직 업	
	주민등록번호		전화번호	
	주 소			
본인 3	성 명	인감란	직 업	
	주민등록번호		전화번호	
	주 소			

*본인의 인감증명서 첨부
*본인이 법인인 경우에는 주민등록번호란에 사업자등록번호를 기재

지방법원 귀중

매각결정취소신청서

사건번호
매수인
부동산표시

   매수인이 매수한 위 부동산에는 아래와 같은 사유가 있으므로 위 사건에 관한 매각허
가결정을 취소하여 주시기 바랍니다.

아   래

20 . . .

매수인   인

법원   귀중

매각기일 변 경 / 연 기 신청서

사건번호 　　　　타경　　　　호

채 권 자

채 무 자

　위 사건에 관하여　　　　.　　.　　.　　:　　로 매각기일이 지정되었음을　　　　　　　통지받았는바 사정으로 그 변경(연기)을 요청하오니 조치하여 주시기 바랍니다.

년　　　월　　　일

채권자　　　　　　　　　　　　(인)

연락처(☎)

지방법원　　　　　귀중

매각대금 납입신청서

사건번호　　　　　타경　　　　　호
채 권 자
채 무 자
소 유 자
매 수 인

　위 사건에 관하여　　　년　　　월　　　일에 대금지급기일을 지정 받았으나 사정에 의하여 지정일에 납입하지 못하였으므로 다음과 같이 매수잔대금, 지연이자 및 진행된 경매절차의 비용을 합산하여 대급납입을 신청합니다.

매수금액 :
보 증 금 :
잔 대 금 :
지연이자 : (잔대금 × 경과일수 / 365 × 25%)

　　　　　　　　　　년　　　월　　　일

　　　채권자　　　　　　　　　　　　(인)
　　　연락처(☎)

　　　　　　지방법원　　　　　　귀중

매각대금 완납증명원

<table>
<tr><td>사　건</td><td>타경</td><td>호</td><td rowspan="5" style="border:1px solid;">수입인지
500원</td></tr>
</table>

사　건　　　타경　　　호

채 권 자

채 무 자

소 유 자

매 수 인

수입인지
500원

　위 사건의 별지목록기재 부동산을 금　　　　　　　　　　원에 낙찰

받아　　　.　　.　　. 에 그 대전 금액을 납부하였음을 증명하여 주시기 바랍

니다.

년　　　월　　　일

매 수 인　　　　　　　　　　　(인)

연락처(☎)

지방법원　　　　　귀중

1) 매각부동산 목록을 첨부합니다.
2) 2부를 작성합니다.(원본에 500원 인지를 붙임).

(매각허가결정)등본교부신청서

사　　건:　　　　　　타경　　　　　호
　　　　　　　채 권 자:
　　　　　　　채 무 자:
　　　　　　　낙 찰 자:

　위 당사자간　　　　타경　　　　부동산임의(강제) 경매 사건에 대하여 매각허가결정 등본　　　통을 청구하오니 교부하여 주시기 바랍니다.

　　　　　　　　　　년　　　월　　　일

　　　　　　　　　　　　(인)

　　　　(전화:　　　　　　　　　　　　　　)

○○지방법원 귀중

매각허가에 대한 이의신청서

사건번호
채무자(이의신청서)

　　　　○시　　○구　　○동　　○번지

채권자(상대방)

　　　　○시　　○구　　○동　　○번지

　위 사건에 관하여 다음과 같이 이의 신청합니다.

신 청 취 지

별지목록 기재 부동산에 대한 매각은 이를 불허한다.
라는 재판을 구함

신 청 이 유

　　　　　　　년　　　　월　　　　일

　　　채무자(이의신청인)　　　　　　　　　　　　　　　　　(인)
　　　연락처(☎)

지방법원　　　귀중

☞ 신청서에는 인지를 붙일 필요가 없고, 채권자(상대방)는 특정하지 않을 수도 있으며, 법원은 이 신청에 대하여
　결정을 하지 아니할 수도 있습니다.

명 도 확 인 서

사건번호 :

이 　름 :

주 　소 :

　　위 사건에서 위 임차인은 임차보증금에 따른 배당금을 받기 위해 매수인에게 목적 부동산을 명도하였음을 확인합니다.

첨부서류 : 매수인 명도확인용 인감증명서 1통

년　　　　월　　　　일

채권자　　　　　　　　　　　　　　(인)

연락처(☎)

지방법원　　　　　　　귀중

---

1) 주소는 경매기록에 기재된 주소와 같아야 하며, 이는 주민등록상 주소이어야 합니다.

2) 임차인이 배당금을 찾기 전에 이사를 하기 어려운 실정이므로, 매수인과 임차인간에 이사날짜를 미리 정하고 이를 신뢰할 수 있다면 임차인이 이사하기 전에 매수인은 명도확인서를 해줄 수도 있습니다.

보 정 서

사건번호
채 권 자
채 무 자

귀원의 보정명령에 대하여 다음과 같이 보정합니다.

다   음

1.
2.
3.

년   월   일

신청인   (인)

연락처(☎)

☞ 보정명령이 송달되면 흠결사항을 보정기간 내에 하셔야 합니다. 만약 그 기간을 어기면 불이익을 받을 수 있기 때문에 보정이 어려울 경우에는 기간연장을 받는 등 처리경과를 해당 경매계에 알려 주어야 합니다.

부동산목록

1. 서울 서초구 서초동 ○○번지
   대 ○○○평방미터(㎡)

2. 위지상
   철근콘크리트조 슬래브지붕 주택
   1층 ○○평방미터(㎡)
   2층 ○○평방미터(㎡)

3. 목록(아파트 등 대지권 표시 예)
   1동의 건물의 표시
   서울 서초구 ○○동 ○○-○
   ○○아파트 제○○동
   철근콘크리트조 슬래브지붕 ○○층 아파트

   전유부분의 건물의 표시
   건물의 번호 : ○○-○-○○
구조 : 철근콘크리트조
면적 : ○층 ○○호 ○○.○○평방미터(㎡)

대지권의 표시
토지의 표시 : 1. 서울 서초구 서초동 ○○번지
대 ○○○평방미터(㎡)

지대지권의 종류 : 1. 소유권

대지권의 비율 : ○○○○분의 ○○○

붙임 【이해관계 일람표 양식】

순위	이해관계인	성 명	주 소
	채권자	○ ○ ○	서울 동대문구 ○○○
	채무자	○ ○ ○	서울 광진구 ○○○
	소유자	○ ○ ○	서울 중랑구 ○○○
	근저당권자	주식회사○○은행	서울 서초구 ○○○
	전세권자	김○○	서울 송파구 ○○동 ○○
	"		
	"		
	"		
	"		

<table>
<tr><td rowspan="2">청구수수료
(수입인지)</td><td rowspan="2" colspan="3">경매기록 열람등사 청구서</td><td>허</td><td>부</td></tr>
<tr><td></td><td></td></tr>
<tr><td rowspan="2">청 구 인</td><td>성 명</td><td></td><td>전화번호</td><td colspan="2"></td></tr>
<tr><td>자 격</td><td></td><td>소명자료</td><td colspan="2"></td></tr>
<tr><td>청구의 종류</td><td colspan="5">☐ 열람　　　☐ 등사</td></tr>
<tr><td>대상기록
(사건번호)</td><td colspan="5"></td></tr>
<tr><td>등사할 부분
(등사매수)</td><td colspan="5"></td></tr>
<tr><td>등 사 방 법</td><td colspan="5">☐ 필사　　☐ 변호사단체복사기　　☐ 법원 복사기(비용 :　　　원)</td></tr>
<tr><td>접 수 일 자</td><td colspan="2">20　.　.　.</td><td>전화번호</td><td colspan="2"></td></tr>
<tr><td>영 수 일 자</td><td colspan="2">20　.　.　.</td><td>영 수 인</td><td colspan="2"></td></tr>
<tr><td>비 고</td><td colspan="5"></td></tr>
</table>

1. 청구인 · 영수인 란은 서명 또는 기명날인
2. 청구수수료는 1건 당 500원, 법원복사기로 등사하는 비용은 1장 당 100원(수입인지로 납부)
3. 사건의 당사자 및 그 법정대리인 · 소송대리인 · 변호인(사무원 포함) · 보조인 등이 그 사건의 계소 중에 열람등사하는 때에는 청구수수료 면제

부동산소유권이전등기 촉탁신청서

사건번호　　　　　　타경　　부동산강제(임의)경매

채 권 자

채무자(소유자)

매 수 인

위 사건에 관하여 매수인　　　　　　　　는(은) 귀원으로부터 매각 허가결정을 받고
년　　　월　　　　일 대전금액을 완납하였으므로 별지목록 기재 부동산에 대하여 소
유권이전 및 말소등기를 촉탁하여 주시기 바랍니다.

첨 부 서 류

1. 부동산목록　　4통
1. 부동산등기부등본　　1통
1. 토지대장등본　　1통
1. 건축물대장등본　　1통
1. 주민등록등본　　1통
1. 등록세 영수증(이전, 말소)
1. 대법원수입증지 – 이전 9,000원, 말소 1건당 2,000원(토지, 건물 각각임)
1. 말쇄 사항(말소할 각 등기를 특정할 수 있도록 접수일자와 접수번호) 4부

년　　　　　월　　　　　일

신청인(매수인)　　　　　　　　　　　(인)

연락처(☎)

지방법원　　　　　　　귀중

1. 법인등기부등(초)본, 주민등록(초)본, 토지대장 및 건물대장등본은 발행일로부터 3월 이내의 것이어야 함
2. 등록세 영수필확인서 및 통지서에 기재된 토지의 시가표준액 및 건물의 과세표준액이 각 500만 원 이상일 때
에는 국민주택권을 매입하고 그 주택채권발행번호를 기재하여야 함

부동산인도명령신청서

사건번호
신청인(매수인)

    ○시   ○구   ○동   ○번지

피신청인(임차인)

    ○시   ○구   ○동   ○번지

  위 사건에 관하여 다음과 같이 이의 신청합니다.

위 사건에 관한 매수인은   . . . 에 매각대금을 완납한 후 채무자(소유자, 부동산점유자)에게 별지 매수부동산의 인도를 청구하였으나 채무자가 불응하고 있으므로, 귀원 소속 집행관으로 하여금 채무자의 위 부동산에 대한 점유를 풀고 이를 매수인에게 인도하도록 하는 명령을 발령하여 주시기 바랍니다.

년   월   일

매수인   (인)
연락처(☎)

지방법원   귀중

1) 매수인은 대금완납 후 6개월 내에 채무자, 소유자 또는 부동산 점유자에 대하여 부동산을 매수인에게 인도할 것을 법원에 신청할 수 있습니다.
2) 신청서에는 1,000원의 인지를 붙이고 1통을 집행법원에 제출하며 인도명령 정본 송달료 (2회분)를 납부하여야 합니다.

임대주택법에 따른 임차인 우선매수신고서

사건　　　　20○○타경 ○○○○○부동산강제(임의) 경매

채권자

채무자(소유자)

공유자

매각기일 : 20○○. ○. ○. 00 : 00

부동산의 표시 : 별지와 같음

　임차인은 임대주택법 제15조의2 제1항의 규정에 의하여 매각기일까지(집행관이 민사집행법 제115조 제1항에 따라 최고가매수신고인의 성명과 가격을 부르고 매각기일을 종결한다고 고지하기 전까지) 민사집행법 제113조에 따른 매수신청보증을 제공하고 최고매수신고가격과 같은 가격으로 채무자인 임대사업자의 임대주택을 우선매수하겠다는 신고를 합니다.

첨 부 서 류

1. 임차인의 주민등록표 등본 또는 초본 1통
2. 기타(　　　　　　　　　　　)

20　　.　.　.

우선매수신고인(임차인)　　　　　　　　인

(연락처 :　　　　　　　　　　　)

○○지방법원　경매○계 귀중

재 항 고 장

재항고인 :

　　위 재항고인은 ○○지방법원　　호 매각허가 결정에 대한 즉시 항고사건에 관한 동원의　년　월　일자 즉시항고 기각 결정에 대하여 불복하므로 이에 재항고합니다.

원 결정의 표시 : 항고를 기각한다.

재 항 고 취 지

원 결정은 취소하고 다시 상당한 재판을 구한다.

재 항 고 이 유

※ 재항고 이유를 기재하거나 또는 "추후제출함"으로 적고 나중에 제출할 수 있다.

년　　　　월　　　　일

재항고인　　　　　(인)

대법원　　귀중

정부수입인지
(2,000원)
첨부란

주택임차권등기명령신청서

신청인(임차인)   성 명: (주민등록번호: -   )
주 소:
연락전화(FAX 또는 호출)번호:
피신청인(임대인) 성 명:
주 소:
등기부상 주소:
송달장소:

신 청 취 지

별지목록 기재 건물 중   층 전부   평방미터에 관하여 아래와 같은 주택임차권등기를 명한다. 라는 결정을 구합니다.

아   래

1. 임대차계약일자: 20   .   .   .
2. 임차보증금액: 금   원,(현재가지 잔액)   차임(월세): 금   원
3. 주민등록일자: 20   .   .   .
4. 점유개시일자: 20   .   .   .
5. 확 정 일 자: 20   .   .   .

신 청 이 유

신청인은 피신청인과 위 주택에 대하여   .   .   .부터   년간 임대차계약을 체결하고 현재까지 거주하고 있습니다.

그러나 임대차기간이 20   .   .   .만료되어 나가려고 하나 보증금을 반환받지 못하여 부득이 이건 신청에 이르게 되었습니다.

첨 부 서 류

1. 건물등기부등본 1통.   2. 주민등록증 1통.
3. 임대차계약증서 사본 1통.   4. 부동산목록 7통

20   .   .   .

신청인   (인)

서울지방법원 ○○지원 귀중

※ 부동산목록(작성례 – 등기부등본 표부제를 보고 작성) → 별도 백지에 작성하여 7통 제출

증 명 원

사건번호 :

채 권 자 :

채 무 자 :

위 사건의   대한   가 귀원에
20   .   .   . 자료 접수되었음을 증명하여 주시기 바랍니다.

○○지방법원 ○○지원   귀중

위 서류를 영수하였습니다.

년   월   일

신청인   (인)

항 고 장

사 건 　　　타경　　　　　호　　　부동산임의(강제)경매

항고인(채무자) ○ ○ ○

주 소

　위 사건에 관하여 귀원이 　　　년　　　월　　　일에 한 결정은 　　　년　　　월　　　일에 그 송당을 받았으나, 전부 불목이므로 항고를 제기합니다.

원 결정의 표시

항 고 의 취 지

원결정을 취소하고 다시 상당한 재판을 구함.

항 고 이 유

첨부서류

1.
2.

　　　　　　　　　　년　　　월　　　일

　　　항 고 인

　　　연락처(☎)

　　　지방법원　　　귀중

1) 이해관계인은 매각허부여부의 결정에 따라 손해를 볼 경우에만 그 결정에 대하여 즉시항고를 할 수 있고 매각허가에 정당한 이유가 없거나 결정에 적은 것 외의 조건으로 허가하여야 한다고 주장하는 매수인 또는 매각허가를 주장하는 매수신고인도 즉시항고를 할 수 있습니다.

2) 매각허가결정에 대한 항고는 민사집행법에 규정한 매각허가에 대한 이의신청 사유가 있다거나, 그 결정절차에 중대한 잘못이 있다는 것을 이유로 드는 때에만 할 수 있습니다.

3) 매각허가결정에 대하여 항고를 하고자 하는 사람은 보증으로 매각대금의 10분의 1에 해당하는 금전 또는 법원이 인정한 유가증권을 공탁하여야 합니다.

등기부등본(말소사항 포함) – 건물

대구광역시 중구 남산1동 620

고유번호 1111-1996-082881

【 표　　제　　부 】		(건물의 표시)		
표시번호	접　수	소재지번 및 건물번호	건 물 내 역	등기원인 및 기타사항
1 (전 2)	~~1998년 5월 11일~~	~~대구광역시 수성구 가천동 96~~	~~벽돌 시멘트 기와 지붕 단층 주택~~ ~~50.3㎡~~ ~~지층 7.44㎡~~	부동산등기법 제177조의 6 제1항의 규정에 의하여 1999년 4월 20일 전산이기
2		대구광역시 중구 남산1동 620	벽돌조 시멘트 기와 지붕 단층주택 50.3㎡ 지층 7.44㎡	1995년 3월 1일 행정구역 변경으로 인하여 1999년 7월 9일 등기

【 갑　　　　구 】		(소유권에 관한 사항)		
순위번호	등 기 목 적	접　수	등 기 원 인	권리자 및 기타사항
1 (전 8)	소유권 이전	1997년 9월 30일 제69354호	1997년 9월 24일 매매	소유○○1 이○○600728-1234567 대구광역시 북구 ○○동0가 123
				부동산등기법 제177조의 6 제1항의 규정에 의하여 1999년 4월 20일 전산이기

* 실선으로 그어진 부분은 말소사항을 표시함　　　　* 등기부에 기록된 사항이 없는 갑구 또는 을구는 생략함.

발행번호 11120011101190071010960211SLD0828022BOG181150411121　　　1/3　　　발행일 2000/07/21

대구광역시 중구 남산1동 620 고유번호 1111-1996-082881

순위번호	등 기 목 적	접 수	등 기 원 인	권리자 및 기타사항
2	가압류	1999년 7월 30일 제55813호	1999년 7월 28일 대구지방법원○○지원의 가압류 결정(99타경9389)	청구금액 금18,565,792원 채권자 주식회사○○○○ 대구 동구 살산동 199
3	2번가압류등기말소	1999년 11월 1일 제80026호	1999년 10월 19일 일부해제	
4	임의경매신청	1999년 12월 6일 제87904호	1999년 12월 4일 대구지방법원 ○○지원의 경매개시 결정(99타경38839)	채권자 ○○농업협동조합 111136-0000166 대구 달서구 갈산동 358

【 을 구 】 (소유권 이외의 권리에 관한 사항)

순위번호	등 기 목 적	접 수	등 기 원 인	권리자 및 기타사항
1 (전 8)	근저당권설정	1996년 4월 18일 제20712호	1996년 4월 18일 설정계약	채권최고액 금52,000,000원정 채무자 왕미용 대구 서구 내당동 8 근저당권자 ○○농업협동조합 111136-0000166 대구 남구 대명 10동 공동 담보 동 소동번지 토지
1-1	1번 근저당권 변경	1998년 5월 7일	1998년 5월 6일	채무자 이희성 ○○

* 실선으로 그어진 부분은 말소사항을 표시함   * 등기부에 기록된 사항이 없는 갑구 또는 을구는 생략함.

발행번호 11120011011900710109602l1SLD0828022BOG181150411121   2/3   발행일 2000/07/21

대구광역시 중구 남산1동 620

고유번호 1111-1996-082881

순위번호	등 기 목 적	접 수	등 기 원 인	권리자 및 기타사항
(전8-1)		제23668호	계약인수	대구광역시 북구 고성동3가 50
2 (전 12)		1997년 12월 22일 제87379호	1997년 12월 19일 설정계약	채권최고액 금삼천일백이십만 원 채무자 이○○ 대구 북구 ○○동0가 123 근저당권자 농업협동조합중앙회 110- 136-0000018 대구 중구 ○○동 123 공동담보 동소 동 번지 토지
				부동산등기법 제177조 6 제1항의 규정에 의하여 1번 내지 2번 등기를 1999년 4월 20일 전산이기

－ 이 하 여 백 －

수수료 1,200원 영수함

관할등기소 지방법원 동부지원 등기과

이 등본은 부동산 등기분의 내용과 틀림 없음으로 증명합니다.

서기 2000년 7월 21일

대구지방법원 ○○지원 등기과　　　　　등 기 관　　　이○○

* 실선으로 그어진 부분은 말소사항을 표시함　　　* 등기부에 기록된 사항이 없는 갑구 또는 을구는 생략함.

발행번호 1112001110119007101096021ISLD0828022BOG181150411121　　　1/3　　　발행일 2000/07/21

토지이용계획확인서

처리기간
1일

신청인	성명		주소	대구광역시 수성구 범어동 174-1 성광빌딩 1층 10
			전화번호	

신청토지	소재지		지번	지목	면적(㎡)
	경상북도 경산시 압량면 부적리		483-5	대	146.0

지역·지구 등 지정여부	「국토의 계획 및 이용」에 관한 법률에 따른 지역·지구 등	제2종일반주거지역, 최고고도 지구(7층 이하), 소로1류(압9)(접합), 소로3류(12)(접합)[이하공란]
	다른 법령 등에 따른 지역·지구 등	문화재보존영향 검토대상구역〈경상북도 문화재보호조례〉, 비행안전 제3구역(전술)〈군사기지 및 군사시설 보호법〉[이하공란]

「토지이용규제기본법시행령」 제9조 제4항 각호에 해당되는 사항	[해당없음]

확인도면		범 례
		□ 문화재보존영향 검토대상 구역 □ 준보전산지 □ 비행안전 제3구역(전술) □ 일반상업지역 □ 제2종 일반주거지역 □ 행정구역 리 □ 상대정화구역 □ 최고고도지구 □ 소로3류 □ 소로1루 □ 어린이공원 □ 법정동
		측척 1/1200

「토지이용규제 기본법」 제10조 제1항에 따라 귀하의 신청토지에 대한 현재의 토지이용 계획을 위와 같이 확인합니다.

2010 / 11 / 11

경 산 시 장

수입증지 붙이는 곳
수 수 료   전 자 결 제   민 원

| 유의사항 | 1. 「토지이용 계획확인서」는 토지이용규제 기본법 제5조 각 호에 따른 지역 · 지구 등의 지정 내용과 그 지역 · 지구 등에서의 행위제한 내용, 그리고 같은 법 시행령 제9조 제4항에서 정하는 사항을 확인해 드리는 것으로서 지역 · 지구 · 구역 등의 명칭을 또는 모든 것을 확인해 드리는 것은 아닙니다.

2. 「토지이용규제 기본법」 제8조 제2항 단서에 따라 지형도면을 작성 · 고시하지 않는 경우로서 철도안전법 제45조에 따른 철도보호지구, 「학교보건법」 제5조에 따른 학교환경위생 정화구역 등과 같이 별도의 지정 절차 없이 법령 또는 자치법규에 따라 지역 · 지구 등의 범위가 직접 지정되는 경우에는 그 지역 · 지구 등의 지정 여부를 확인해 드리지 못할 수 있습니다.

3. 「토지이용규제 기본법」 제8조 제3항 단서에 따라 지역 · 지구 등의 지정 시 지형도면 등의 고시가 곤란한 경우로서 「토지이용규제 기본법 시행령」 제7조 제4항 각 호에 해당하는 경우에는 그 지형도면 등의 고시 전에 해당 지역 · 지구 등의 지정 여부를 확인해 드리지 못합니다.

4. "확인도면"은 해당 필지에 지정된 지역 · 지구 등의 지정 여부를 확인하기 위한 참고 도면으로서 법적 효력이 없고, 측량이나 그밖의 목적으로 사용할 수 없습니다.

5. 지역 · 지구 등에서의 행위제한 내용은 신청인의 편의를 도모하기 위하여 관계 법령 및 자치법규에 규정된 내용을 그대로 제공해 드리는 것으로서 신청인이 신청한 경우에만 제공되며, 신청 토지에 대하여 제공된 행위제한 내용 외의 모든 개발행위가 법적으로 보장되는 것은 아닙니다. |
| 지역 · 지구 등에서의 행위제한내용 | ※ 지역 · 지구 등에서의 행위제한 내용은 신청인이 확인을 신청한 경우에만 기재되며, 「국토의 계획 및 이용에 관한 법률」에 따른 지구단위계획구역에 해당하는 경우에는 담당 과를 방문하여 토지이용과 관련한 계획을 별도로 확인하셔야 합니다. |